# 古代歷史文化研究輯刊

## 十九編

王明蓀 主編

## 第 13 冊

### 宋代州級司法幕職研究（下）

廖峻 著

國家圖書館出版品預行編目資料

宋代州級司法幕職研究（下）／廖峻 著 — 初版 — 新北市：
花木蘭文化事業有限公司，2018〔民 107〕
目 4+198 面；19×26 公分
（古代歷史文化研究輯刊 十九編；第 13 冊）
ISBN 978-986-485-409-7（精裝）
1. 中國法制史 2. 官制 3. 宋代
618                                                                              107002310

ISBN-978-986-485-409-7

古代歷史文化研究輯刊
十九編　第十三冊　　　　　　　ISBN：978-986-485-409-7

## 宋代州級司法幕職研究（下）

作　　者　廖峻
主　　編　王明蓀
總 編 輯　杜潔祥
副總編輯　楊嘉樂
編　　輯　許郁翎、王筑　美術編輯　陳逸婷
出　　版　花木蘭文化事業有限公司
發 行 人　高小娟
聯絡地址　235 新北市中和區中安街七二號十三樓
　　　　　電話：02-2923-1455／傳真：02-2923-1452
網　　址　http://www.huamulan.tw 信箱 hml810518@gmail.com
印　　刷　普羅文化出版廣告事業
初　　版　2018 年 3 月
全書字數　289708 字
定　　價　十九編 39 冊（精裝）台幣 100,000 元

# 宋代州級司法幕職研究(下)

廖峻 著

# 目

# 次

## 上 冊

緒 論 ……………………………………………………… 1

　一、選題及意義 ……………………………………… 1

　二、宋代州級司法幕職研究現狀述評 ……………… 5

　三、研究方法 ………………………………………… 12

## 第一章　宋代州級司法幕職制度源流考略 ……… 17

　第一節　宋朝州級行政區劃溯源 …………………… 19

　　一、宋朝「州」之溯源 …………………………… 19

　　二、宋朝「府」之溯源 …………………………… 23

　　三、宋朝「軍」之溯源 …………………………… 24

　　四、宋朝「監」之溯源 …………………………… 25

　　五、對於宋朝州級行政區劃設置及變遷的
　　　　認識 ………………………………………… 26

　第二節　兩漢至五代十國幕職官溯源 ……………… 27

　　一、兩漢至隋唐幕職官略考 ……………………… 27

　　二、五代幕職官略考 ……………………………… 38

　　三、十國幕職官制度略考 ………………………… 48

第三節　宋朝州級的司法幕職及其司法職掌………… 50

　一、簽判、判官………………………………… 52

　二、推官………………………………………… 53

　三、錄事參軍…………………………………… 54

　四、司法參軍…………………………………… 56

　五、司戶參軍…………………………………… 56

　六、司理參軍…………………………………… 58

　七、對兩宋州級司法幕職之職能變化的認識… 64

第二章　宋代州級司法的模式及其運作過程……… 69

第一節　宋代州級司法的程序…………………… 70

　一、獄訟受理…………………………………… 70

　二、獄訟的追證、檢勘及訊問………………… 74

　三、獄訟審判中的判決環節…………………… 80

　四、獄訟的翻異別勘…………………………… 86

　五、疑獄的奏讞………………………………… 91

第二節　宋代州級司法權力架構的分析………… 93

　一、長吏與僚佐：上下相維，相扶成治……… 93

　二、司法幕職之間：張官置吏，各司其局…… 98

　三、獄訟諸環節之間：前後相銜，關防嚴密 103

　四、制度與實踐之間：分官設職，互兼職事 104

第三節　宋代州級司法幕職的獎懲制度………… 108

　一、州級司法幕職的獎勵制度………………… 108

　二、州級司法幕職的責任制度………………… 112

第四節　宋朝州級司法模式的利弊分析………… 118

　一、宋朝州級司法模式之利…………………… 118

　二、宋朝州級司法模式之弊…………………… 127

下　冊

第三章　宋代州級司法幕職的社會角色分析……… 133

第一節　宋朝州級司法幕職的角色叢…………… 135

　一、州級司法幕職的角色之一：士大夫……… 135

　二、州級司法幕職的角色之二：司法官員…… 144

　　　三、州級司法幕職的角色之三：州級佐官……145

　　　四、州級司法幕職的角色之四：行政官員……150

　　第二節　宋朝州級司法幕職的角色規範………158

　　　一、宋朝州級司法幕職的考課制度…………158

　　　二、考詞中的州級司法幕職角色規範………159

　　　三、規範與行為：「循名責實」下的「欺罔
　　　　　誕謾」…………………………………………164

　　第三節　宋朝州級司法幕職的社會地位………167

　　　一、選任與來源：社會地位的確立…………167

　　　二、升遷與貶黜：社會地位的升降…………179

　　　三、俸祿：社會地位的經濟表現……………190

第四章　多重角色下的州級司法幕職行為模式……201

　　第一節　老於科場與仕進多門的矛盾…………203

　　　一、老於科場、得官不易……………………203

　　　二、恩蔭任子、仕進多門……………………207

　　第二節　剛正不阿與治獄阿隨的分化…………209

　　　一、剛正不阿、據法理斷……………………209

　　　二、阿隨長官、治獄刻迫……………………211

　　第三節　據法勘鞫與以獄市利的背離…………212

　　　一、據法勘鞫、合於程序……………………213

　　　二、以獄市利、受賂壞法……………………214

　　第四節　困於銓調與奔競獵官的對立…………216

　　　一、困於銓調，改官尤難……………………217

　　　二、奔競獵官、改官不實……………………221

　　第五節　冗官待闕與不赴偏遠的兩極…………225

　　　一、冗官待闕…………………………………225

　　　二、不赴偏遠…………………………………228

第五章　宋朝州級司法幕職的社會關係……………233

　　第一節　宋朝州級司法幕職與監司、長吏、同僚
　　　　　　之關係………………………………………237

　　　一、宋朝州級司法幕職與監司之關係………237

　　　二、宋朝州級司法幕職與州郡長吏之關係…245

三、宋朝州級司法幕職與同僚的關係 ⋯⋯⋯⋯ 250

四、宋代州級司法過程中諸官僚與共生制衡
關係格局 ⋯⋯⋯⋯⋯⋯⋯⋯⋯⋯⋯⋯⋯⋯⋯ 253

第二節　宋朝州級司法幕職與胥吏之關係 ⋯⋯⋯⋯ 255

一、宋代州級司法中的胥吏 ⋯⋯⋯⋯⋯⋯⋯⋯ 255

二、宋朝州級司法幕職與胥吏的交往行為 ⋯⋯ 257

三、宋代州級司法幕職與胥吏之關係 ⋯⋯⋯⋯ 260

第三節　宋代州級司法幕職與「健訟之徒」的關係
⋯⋯⋯⋯⋯⋯⋯⋯⋯⋯⋯⋯⋯⋯⋯⋯⋯⋯⋯⋯ 269

一、健訟風氣與「健訟之徒」 ⋯⋯⋯⋯⋯⋯⋯ 270

二、宋代州級司法幕職與健訟之徒的關係
準據 ⋯⋯⋯⋯⋯⋯⋯⋯⋯⋯⋯⋯⋯⋯⋯⋯⋯ 275

三、宋代州級司法幕職與健訟之徒的關係 ⋯⋯ 279

第四節　宋朝州級司法幕職的鬼神報應觀 ⋯⋯⋯⋯ 284

一、立法、司法之鬼神報應的歷史資源 ⋯⋯⋯ 284

二、宋代社會的鬼神報應觀 ⋯⋯⋯⋯⋯⋯⋯⋯ 286

三、鬼神報應觀之下的司法行為 ⋯⋯⋯⋯⋯⋯ 290

餘論　法、情、理的世界：宋代州級司法的「中庸」
之道及其實踐 ⋯⋯⋯⋯⋯⋯⋯⋯⋯⋯⋯⋯⋯ 299

一、「中庸」之道及其法律的意涵 ⋯⋯⋯⋯⋯⋯ 300

二、極高明而道中庸：治道與國法 ⋯⋯⋯⋯⋯ 306

三、宋代司法的中庸理念及其方法 ⋯⋯⋯⋯⋯ 309

四、「中庸」之道的現代司法價值 ⋯⋯⋯⋯⋯⋯ 313

參考文獻 ⋯⋯⋯⋯⋯⋯⋯⋯⋯⋯⋯⋯⋯⋯⋯⋯⋯⋯ 315

一、古籍類 ⋯⋯⋯⋯⋯⋯⋯⋯⋯⋯⋯⋯⋯⋯⋯ 315

二、今人專著類 ⋯⋯⋯⋯⋯⋯⋯⋯⋯⋯⋯⋯⋯ 321

三、論文類 ⋯⋯⋯⋯⋯⋯⋯⋯⋯⋯⋯⋯⋯⋯⋯ 326

# 第三章　宋代州級司法幕職的
## 社會角色分析

　　「角色」一詞原指演員按照劇本規定所扮演的某一特定人物及其行爲模式。社會學家在分析不同類型的個人行爲之時，將這一概念作爲一個重要範疇藉以分析社會結構、社會行爲。所謂「社會就是一個大舞臺」，即形象地揭示了社會與戲劇舞臺、社會行動者與演員角色之間的內在關聯。

　　一般而言，「角色」包含著兩層內涵：「一是一個演員擔當某一特定的角色時，他就要扮演這個角色的行爲舉止，從而轉化爲一種客觀的社會行爲規範和行爲模式；二是扮演某個角色的某個演員消失了，但這個角色仍然會長期存在，即使某個演員不存在了，將來會有別的演員去扮演這個角色」。由可見「角色」由劇情的需要而被設定，在社會生活中，不同的社會角色首先按「劇情」的要求而非其個性好惡來安排其行爲模式。

　　儘管在社會學研究中往往未對「角色」與「社會角色」作細緻的區別，但比較而言，除了「角色」所指，「社會角色」的含義更爲豐富，它是指與人們的某種社會地位、身份相一致的一整套權利、義務的規範與行爲模式，同時，它也是作爲整體的社會對具有特定社會身份的人的行爲期望，正是社會角色構成了社會群體或組織的基礎。因此，「社會角色」至少應當包括以下四個含義：

　　其一，社會角色實質上是社會中的人的一整套權利、義務的規範以及相應的行爲模式。這一點在分工，以及與分工相適應的技能和職責上表現得尤其明顯。社會是一個組織系統，不同的社會角色在這一系統中有不同的分工，

因而不同社會角色各有其相異的技能和職責。比如宋朝州級司法幕職群體中州縣官與幕職官有所區別，而州縣官中的判官與推官相異，而幕職官中的錄事參軍、司理參軍、司法參軍和司戶參軍又有不同。

其二，社會角色是這一角色在社會之中地位的外在表現。社會地位是社會成員在社會系統中所處的位置，它一般由社會規範、法律和習俗來限定。一個人的社會地位藉由財富、收入、文化教育程度、社會聲望、權力以及社會關係網絡等維度顯現出來。就社會地位與社會角色二者的關係而言，前者直接決定了後者的具體內容。

其三，社會角色是作為整體的人們對於特定地位的人的行為之期待。俗語說「當官不為民做主，不如回家賣紅薯」，實際上蘊含了社會大眾對官員行為即「為民做主」的期望。若對此進行更深一層的分析，不難發現社會大眾對某一社會角色的期待首先與這一社會角色的設定相一致，在司法制度的設計中，一系列的司法規範——權力、權利或義務的規範——規定了某一司法官員的行為模式，因此，社會大眾的期待實際上是社會角色的行為規範和行為模式的另一種表達。

其四，社會角色是構成社會群體或社會組織的基礎。實際上，宋代州級司法過程離不開判官、推官、錄事參軍、司理參軍、司法參軍和司戶參軍這些角色，如果抽離了這些角色，宋朝州衙及其下屬司法部門即告解體或者變質，而宋朝州級司法過程亦無從產生。

由此可見，社會角色這一概念有其自身的特性。首先，社會角色絕非主觀的臆想或虛構，任何一種社會角色的設定，都不同程度的受制於特定社會的物質生活條件，脫離社會客觀需要的社會角色在社會生活實踐中並不存在，比如宋朝的州級司法幕職就不會存在於今日中國社會的司法之中；其次，社會角色具有單一性，即一個社會生活中找不到完全相同的兩種不同角色，而且一個社會對同一社會角色的行為規範及其社會期望完全相同——儘管對同一個社會角色可能會有不同的表達，比如「分官設職、各司其局」的宋朝州級司法幕職各有其社會角色，且各自的職責及其社會擔當均無本質差別；再次，一個社會中會有不同角色存在，這些不同的社會角色往往相互對應，如君與臣，上司與下級等等，倘若抽離了對偶的此一方，則彼一方便難以存在。

藉由以上理論切入宋朝州級司法幕職群體，則不免產生以下問題：宋朝州級司法幕職的只是一個單純的社會司法角色嗎？如果不是的話，那麼除此

之外還有哪些角色？這些角色又是如何設定的？從這些角色的設定，能否進一步探知州級司法幕職的社會地位？以上問題，又會對宋朝州級司法幕職的行為模式帶來什麼影響，並由此會對宋朝州級司法造成什麼樣的影響？本章所論，則試圖回答這一系列的問題。

# 第一節　宋朝州級司法幕職的角色叢

即使是在司法活動中，宋朝州級司法幕職也不可能只是某一項制度設計出來的一個社會角色，而是諸多規範所設定的不同角色的集合。要言之，宋朝州級司法幕職的角色有四，即士大夫、司法官員、州級佐官和行政官員。這四種角色交集於宋朝州級司法幕職一身，產生並制約著他們的行為模式。由於為了行文方便，已在前列第二章宋朝州級司法過程中探討過州級司法幕職作為司法官員的角色，故本節僅就州級司法幕職在宋朝司法體系中的位置略加闡述，其他方面則不作贅述，因此，本節重點探討宋朝州級司法幕職的士大夫、佐官和行政官員這三種角色。

## 一、州級司法幕職的角色之一：士大夫

### （一）宋朝士大夫之界定

「士大夫」一語，最不易定義，學界對此頗多研究，[註1] 就宋朝州級司法幕職這一範圍而言，其所指誠如陳景良先生之確論：「宋代士大夫，是指那些經過科舉考試，有了出身，被政府機關錄用的士人。」[註2] 然陳景良先生之論斷因研究角度之限定，未曾詳論其內涵，此處以陳景良先生之論斷為前提，並結合學界研究成果，對「士大夫」一詞之含義撮述如下。

其一，經過科舉考試而獲得「出身」。作為一個社會的組成部份，士大夫階層至宋代方正式形成。雖然隋唐時期就有開科取士之制，但直至宋代以降科舉才真正成為選拔政府官員的唯一途徑。所謂「出身」，是指國家為科舉考試通過者所規定的身份或資格。據《宋史‧選舉志》記載：「太平興國二年，御殿覆試……得呂蒙正以下一百九人。越二日，覆試諸科，得二百人，並賜科一百八十餘人，並賜出身；『九經』七人不中格，亦憐其老，特賜同『三傳』

---

〔註1〕參見閻布克《士大夫政治演生史稿》，北京大學出版社 1996 年 5 月版。
〔註2〕陳景良：《宋代司法傳統的現代解讀》，《中國法學》2006 年第 5 期。

出身。」

其二，為政府機關所錄用而身居官位。宋代及第之讀書人即可除授官職，由此觀之，儘管宋人言及士大夫之時也曾泛指沒有任官的士子，但出任官職者必為士大夫無疑。以今日之說法，則士大夫並不等同於知識分子，雖然士大夫都是知識分子，但是知識分子不一定是士大夫。士大夫須身居官位，這一點明確地表現在文彥博與宋神宗的對話之中：「上曰：『更張法制，於士大夫誠多不悅，然於百姓何所不便？』彥博曰：『為與士大夫治天下，非與百姓治天下也。』」〔註3〕此段對話顯然以能否「治天下」作為士大夫與百姓之區別，由此可見，民間沒有官位的讀書人即使其文學才識與身居官位之人無異，也無法「治天下」，故不可稱為士大夫。

其三，士大夫僅指文官而不包括武官。宋朝自始至終推行文官政治，崇文抑武，選拔官員時嚴格區別文武流品，在這一傳統之下，宋人一般不認為武官是士大夫。宋人稱「近時文士鄙薄武人過甚，指其僚屬，無賢不肖，謂之『從軍』，……文武一道也，何至如是之區別哉！」〔註4〕南宋時宋高宗召用陳桷一事更能說明宋朝的士大夫是文官而非武臣：

> 秦會之（檜）為相，高宗忽問：「陳桷好士人，今何在？可惜閒卻，當與一差遣。」會之乃繆以元承為對，云：「今從韓世忠，辟為宣司參議官。」元承、季任，適同姓名。上笑云：「非也，好士人豈肯從軍耶？」因此遂召用。〔註5〕

當時名為「陳桷」者有二人，其中一人在韓世忠屬下為武官，而秦檜試圖以此「陳桷」代替彼「陳桷」來敷衍宋高宗的詢問，但宋高宗認為「陳桷」既然是好士人，自然不肯屈就去當武官，由此可見，即便在皇帝眼中，只有通過科舉考試的文官才是士大夫，而武官似乎並不算士大夫。實際上，武人亦有不以士大夫自居之例證，如宋太宗朝的樞密使曹彬，雖然位居高官，但出身武官序列，「遇士（大）夫於途，必引車避之」。〔註6〕

因此，宋代士大夫可稱「文人士大夫」，而武官即使高級將帥亦不在士大夫之列。

---

〔註3〕《續資治通鑑長編》卷二百二十一，熙寧四年三月戊子，第5370頁。

〔註4〕李心傳：《建炎以來繫年要錄》卷八十九，中華書局1956年版，第1490頁。

〔註5〕《揮塵後錄》卷十一，世紀出版集團、上海書店出版社2001年版，第169～170頁。

〔註6〕《宋史》卷二百五十八，列傳第十七，「曹彬」，第8982頁。

## （二）宋朝士大夫的風氣

士風者，士大夫之風尚氣度也。考諸國史，可知歷朝歷代士大夫之風氣有前後沿襲，亦各有不同。至於宋朝士大夫的風氣，擇其大要而言之，即天下意識，治道理想，崇尚道德，佛道浸潤和貪利奢靡。作為宋朝士大夫的一個組成部份，其州級司法幕職自然不免受到士大夫風氣的浸潤，但是，州級司法幕職在士大夫階層中畢竟序列較低，甚至是處於底層，故其社會角色既有士大夫階層之共性，又有自身之特點。若從「司法活動」這一角度來觀察，宋朝州級司法幕職將天下意識、治道理想和崇尚道德之風氣貫注於司法活動之中，形成了宋朝州級幕職的司法理念及其精神追求，但受社會地位相對於其他官員較為低下的限制，其佛道之風更多的表現為關注現世報應而非純粹的心靈追求，而士大夫之貪利奢靡之風則令州級司法幕職產生了深刻的社會角色衝突。此處為行文方便，只對宋朝士大夫的風氣略作撮述，其余問題則於下文再行詳論。

### 1、天下意識

中國人所謂天下，一般是指國家之內的領土及其人民，即「普天之下，莫非王土；率土之濱，莫非王臣」。〔註7〕中國傳統認識中的天下，歷來都是「家國同構」的天下，這一認識在宋朝得以空前強化，文彥博「為與士大夫治天下」〔註8〕一語，便是宋朝士大夫「天下意識」的鮮明寫照。對此，杜範亦論曰：「以天下為天下，不以一己為天下，雖萬世不可易也。」〔註9〕

宋朝士大夫一掃五代以來士大夫放縱頹廢、疏於政事之風，積極上書言事，評判歷史，其務實有為和仕以行道的願望之強烈，為其他朝代難以比擬。比如范仲淹「每感激論天下事，奮不顧身，一時士大夫矯厲尚風節，自仲淹倡之。」〔註10〕又如石介於國家政事，往往「極陳古今治亂成敗，以指切當世賢愚善惡，是是非非，無所諱忌」〔註11〕，而趙普更直接地以「天下」作為刑賞之依據，「刑賞，天下之刑賞，非陛下之刑賞」〔註12〕。北宋張載曾歸

---

〔註7〕　《詩經》，「小雅·北山」。
〔註8〕　《續資治通鑑長編》卷二百二十一，熙寧四年三月戊子，第5370頁。
〔註9〕　杜範撰：《清獻集》卷十三，「相位五事奏箚」。
〔註10〕　《宋史》卷三百一十四，列傳第七十三，「范仲淹」，第10267頁。
〔註11〕　（清）黃宗羲原著、全祖望補修，陳金生、梁運華點校：《宋元學案》卷二，《泰山學案·泰山門人·直講石徂徠先生介》，中華書局1986年版，第111頁。
〔註12〕　《宋史》卷二百五十六，列傳第十五，「趙普」，第8940頁。

結其平生志向有四，「爲天地立心，爲生民立命，爲往聖繼絕學，爲萬世開太平，」〔註13〕其言誠可爲宋朝士大夫志向之代表。

宋朝士大夫以天下爲己任的風氣，不單是「原始儒教的復蘇」〔註14〕，從達則兼濟天下的角度來看，宋朝士大夫在其階層利益與國家利益取得高度一致，並由此得到保證之後，必然轉而關注其他階層的利益。

### 2、治道理想

「治道」即治國之道。宋人所謂治道，大略指上古聖王的「三代」之道。宋神宗熙寧二年（1069）曾經召對張載「問治道，（張載）皆以『漸復三代』爲對，上悅之。」〔註15〕儘管這一記載並未指明何爲「三代」，但「治道」是「三代之道」這一點確鑿無疑。

宋人認爲，治道的實現之首務在於得人。宋眞宗曾經向時任參知政事的重臣李沆「問治道所宜先。沆曰：『不用浮薄新進喜事之人，此最爲先。』上問其人，曰：『如梅詢、曾致堯、李夷庚等是矣。』上深然之，故終上之世，數人者卒不進用。」〔註16〕由此可見，治道之先在於用人，而李沆認爲梅詢、曾致堯、李夷庚等人是「浮薄新進喜事之人」，故終其一生不爲朝廷所用。無獨有偶，宋哲宗亦曾問王岩叟何爲治道之先，王岩叟仍以「舉仁者而用之」，對曰：

> 在上下之情交通而無壅蔽之患，則治道自行。上下之情所以通，由舉仁者而用之。仁者之心，上不忍欺其君，下不忍欺其民。故君有恩意推而達於下，民有疾苦告而達其上，不以一身自便爲心。不仁者不然，坐視人之疾苦而不以告於上，君有惠澤萬物之心而不推而廣之於下。人主雖欲成治道，不可得也。〔註17〕

欲恢復「三代之道」，則必先得人，宋人柳開對這一點的論述至爲精闢：

> 秦漢魏晉，取士者或亡或存，故不逮於三代也。夫士之賢愚，混不可不用，擇其良者也。前代之衰亂者，非不取士也，取不以其

---

〔註13〕張載著、章錫琛點校：《張載集》，「朱軾康熙五十八年本張子全書序」，中華書局1970年版，第396頁。

〔註14〕余英時《士與中國文化》，上海人民出版社1987年版，第10頁。

〔註15〕張載著、章錫琛點校：《張載集》，「呂大臨橫渠先生行狀」，中華書局1970年版，第382頁。

〔註16〕《續資治通鑑長編》卷五十六，景德元年七月丙戌，第1243頁。

〔註17〕《續資治通鑑長編》卷四百六十四，元祐六年八月甲寅，第11094頁。

賢者也。〔註18〕

　　宋朝禮遇士大夫爲其他朝代所不及，士大夫社會地位的提高，現實境遇的改變，則直接引起其階層的心理意識在全新水平上的高度自覺，進而以恢復終極的「三代之道」爲理想。這一治道理想反映在宋朝士大夫活動的方方面面，在治理社會之外，比如在史學上司馬光編著《資治通鑒》的出發點就是「鑒前世之興衰，考當今之得失，嘉善矜惡，取是捨非，足以懋稽古之盛德，躋無前之至治，」〔註19〕質言之，即以「三代之道」以資當世之治。在這一風氣的激勵之下，宋朝士大夫踐行治道理想的例子比比皆是。

### 3、崇尚道德

　　宋朝士大夫社會地位的上升和俸祿的優厚爲他朝所不及，「倉廩實而知禮節，衣食足而知榮辱」，因此宋朝士大夫的人生價值取向不單單限於功名，而是更多地轉向對道德主體精神的弘揚，宋代「理學」將修身、齊家、治國平天下一理貫通，誠可爲宋朝士大夫崇尚道德的力證。

　　宋朝士大夫非常注重道德精神的培養，強調以理統情，自我節制。如周敦頤曾論曰：「天地間至尊者道，至貴者德而已矣。」〔註20〕范仲淹則針對士大夫任官，指出「潔白而有德義，官師之規也。」〔註21〕程朱理學家則將倫理道德提升到「天理」的高度，以「尊德性」爲聖賢之根本。程朱等人對王安石變法的批判，即蘊含著這一認識。總體而言，二程與朱熹並不反對「興利」之變法，而是要將「興利」置於「尚德」的統領之下，然而在程朱看來，王安石新政只注重「因天下之財，以生天下之利」，忽視道德教化，天下尚德之風浸衰。〔註22〕朱熹認爲王安石新政「不明義理」，背離了三代聖王「道統」這一根本原則。「凡事求可、功求成，取必於智謀之末，而不循天理之

〔註18〕柳開撰《河東集》卷五，「上王學士第二書」，影印文淵閣四庫全書本。

〔註19〕司馬光編著，（元）胡三省音注，「標點資治通鑒小組」校點：《資治通鑒》，「進書表」，中華書局1956年版，第9608頁。

〔註20〕周敦頤著：《周元公集》卷一，「師友上第二十四章」。

〔註21〕范仲淹著，李勇先、王蓉貴點校：《范仲淹全集》，《范文正公文集》卷第九，《清白堂記》，四川大學出版社2007年版，第193頁。

〔註22〕參見《明道先生行狀》，《河南程氏文集》卷第十一，《二程集》，中華書局1981年版，第634頁。「數月之間，章數十上，尤極論者：輔臣不同心，小臣與大計，公論不行，青苗取息，賣祠部牒，差提舉官多非其人及不經封駁，京東轉運司剝民希寵不加黜責，興利之臣日進，尚德之風浸衰等十餘事」。

正者，非聖賢之道」。〔註23〕因此，「介甫（指王安石）之心固欲救人，然其術足以殺人，豈可謂非其罪？」〔註24〕「荊公初時與神宗語亦如此，曰：『願陛下以堯、舜、禹、湯爲法。……』說得甚好，只是他所學偏，後來做得差了，又在諸葛、魏徵之下。」〔註25〕「（安石）若眞有意於古，則格君之本，親賢之務，養民之政，善俗之方，凡古之所謂當先而宜急者，曷爲不少留意，而獨於財利兵刑爲汲汲耶？大本不正，名是實非，先後之宜，又皆倒置，似是稽古，徒益亂耳。」〔註26〕

　　道德之約束是一種內在的自律，非道德主體的自覺遵循而不能實現，無論是身居廟堂之高抑或是處江湖之遠，宋朝士大夫中的典範大都能恪守道德操守，如范仲淹對於其子弟爲之建園林別墅之舉嚴詞峻拒，他說，「人苟有道義之樂，形骸可外，況居室乎？」〔註27〕周敦頤、張載、二程、朱熹、陸九淵等兩宋名士皆於日用常行之中以德自律。宋朝士大夫以個人道德爲起點進而示範天下的風氣，在中國歷史上無可否認。

### 4、佛道浸潤

　　終兩宋之世，其士大夫風氣受佛道浸潤可以說不絕如縷。要言之，其背景性因素大略有三：其一，隋唐以降儒、道、佛三教相互摩蕩、融合、吸納，而宋代儒學於佛、道二教借鑒甚多，對此陳寅恪先生曾論曰「凡新儒家之學說，似無不有道教或與道教有關之佛教爲之先導。」〔註28〕其二，兩宋始終未能擺脫強敵環伺的窘境，這與兩宋之際的繁榮形成鮮明對比，這一對比恰與佛教所言「四大皆空」、「諸行無常」相通。其三，兩宋黨爭之害於士大夫階層綿延因循，士大夫之升遷、貶黜往往只出於一念之間，如蘇軾、歐陽

〔註23〕黎德靖編，楊繩其、周嫻君校點：《朱子語類》卷一百八，嶽麓書社 1997 年版，第 2419 頁。

〔註24〕黎德靖編，楊繩其、周嫻君校點：《朱子語類》卷一百三十，嶽麓書社 1997 年版，第 2794 頁。

〔註25〕黎德靖編，楊繩其、周嫻君校點：《朱子語類》卷九十三，嶽麓書社 1997 年版，第 2121 頁。

〔註26〕朱傑人、嚴佐之、劉永翔主編《朱子全書》（第 23 冊），《晦庵集》卷七十「讀兩陳諫議遺墨」，上海古籍出版社、安徽教育出版社 2002 年版，第 3382 頁。

〔註27〕朱傑人、嚴佐之、劉永翔主編《朱子全書》（第 12 冊），《五朝名臣言行錄》卷七之二「參政范文正公·遺事」，上海古籍出版社、安徽教育出版社 2002 年版，第 219 頁。

〔註28〕陳寅恪：《陳寅恪集·金明館叢稿二編》，《馮友蘭〈中國哲學史〉下冊審查報告》，北京：生活·讀書·新知三聯書店 2001 年版，第 284 頁。

修、王安石、黃庭堅等名公巨卿都不免於此。如王安石晚年作《讀維摩經有感》曰：「身如泡沫亦如風，刀割香塗共一空；宴坐世間觀此理，維摩雖病有神通。」〔註29〕又如蘇軾「自爲舉子，至出入侍從，忠規讜論，挺挺大節，但爲小人擠排，不得安於朝廷，鬱際無聊之甚，轉而逃入於禪。」〔註30〕

　　宋代名士多有融攝佛道思想之言行。如司馬光曾作《秀水眞如華嚴法堂記》，其文將「慈愛之心遍」與「聖人之德周」相並列。〔註31〕他曾於遊覽洛陽諸寺之時，「見沙門端坐默默，方進匕箸，欣然謂左右曰：『不謂三代禮樂在緇衣中』。」〔註32〕宋朝理學的代表人物朱熹亦與佛、道二教頗有淵源，據《崇安縣新志》記載，朱熹「少年慨然有求道之志，……雖釋老之學亦必究其趣，訂其是非。」〔註33〕宋人對於佛、道思想的涵攝，集中地表現在宋代詩詞之中，而宋詞之中更是有儒、道、佛三教合一的表述，如沈瀛曾作《行香子》，茲錄於下：

> 野叟長年。一室蕭然。都齊收，萬軸牙籤。只留三件，三教都全。時看周易，讀莊子，誦楞嚴。　　闢髀會得，萬語千言。得魚兒，了後忘筌。行行坐坐，相與周旋。待將此意，尋老孔，問金仙。
> 〔註34〕

　　儒、道、佛三教的融合已多有述論，此處僅就其中一點加以略說，早在唐末五代，士大夫參禪已較爲常見，至宋朝則更爲普遍，在這一風氣的浸潤之下，佛教很有可能通過影響科舉考試的考官，進而影響到宋代的科舉考試。〔註35〕從現有的宋代史料來看，宋朝士大夫之中，與禪僧交遊者不勝枚舉，而佛教的因果報應等思想對於士大夫的影響亦至爲深刻，這一點容後文予以詳論。

---

〔註29〕　《臨川文集》，卷三十四，「讀維摩經有感」。

〔註30〕　（清）黃宗羲原著、全祖望補修，陳金生、梁運華點校：《宋元學案》卷九十九，《蘇氏蜀學略》，中華書局 1986 年版，第 3287 頁。

〔註31〕　（元）釋念常撰《佛祖歷代通載》卷十九，《大正新修大藏經》四十九冊，河北省佛教協會 2006 年印，第 670 頁。

〔註32〕　釋志磐撰《佛祖統紀》卷四十五，《大正新修大藏經》四十九冊，河北省佛教協會 2006 年印，第 412 頁。

〔註33〕　《崇安縣新志》卷十二。

〔註34〕　《全宋詞》第二百三十二卷，沈瀛《行香子》。

〔註35〕　余英時《朱熹的歷史世界》上冊，北京：生活·讀書·新知三聯書店 2004 年版，第 89～93 頁。

## 5、貪利奢靡

南宋文人張端義在總結宋人風氣時，曾說「漢人尙氣好博，晉人尙曠好醉，唐人尙文好狎，本朝尙名好貪」，〔註36〕此即言宋人「貪利」，大異於前朝。考諸宋代史料，亦可見宋朝士大夫在物質方面的追求較前朝人更爲突出，其貪利奢靡之例俯拾皆是。

宋朝士大夫的貪利奢靡有其特定的時代背景，首先是宋代經濟尤其是工商業較前朝更爲發達，其次是宋代士、農、工、商這「四民」都有機會通過科舉進入士大夫階層，士大夫階層與工、商階層的壁壘不似前朝森嚴，如北宋宰相李邦彥即爲銀匠之子，〔註37〕宋朝納粟授官之制更爲商人提供了入仕的捷徑。故宋人不僅不恥於談商言利，反而對此多加褒揚，如范仲淹曾作詩讚揚商人曰「嘗聞商者云，轉貨賴斯民，遠近日中合，有無天下均。上以利吾國，下以藩吾身，周官有常籍，豈雲逐末人。……吾商則何罪？君子恥爲鄰。」〔註38〕不僅如此，范仲淹還建言朝廷以官爵勸人從商：「有逐處富實之家，不爲商旅者，必須以利勸之……二萬貫者與上佐官；三萬者京官致仕。」〔註39〕因爲觀念的轉變，所以宋朝名士之中不乏從商之人，如趙普、晏殊、蘇軾、程頤、程顥等，〔註40〕故以「貪利」來概括宋朝士大夫之風氣，似無不當。

宋朝士大夫之奢靡，除了上述原因之外，還在於宋廷對於士大夫厚祿有加，「恩逮於百官者唯恐其不足，財取於萬民者不留其有餘。」〔註41〕自後周而入北宋的翰林學士李昉，對此感受頗爲深刻，他說：「昉頃在翰林，前後出處，凡二十有五載。不逢今日之盛事者有七：新學士謝恩日，賜襲衣，金帶，寶鞍，名馬，一也；十月朔，改賜新樣錦袍，二也；特定草麻例物，三也；改賜內庫法酒，四也；月俸並給見錢，五也；特給親事官隨從，六也；新學士謝恩後，就院賜宴設，雖爲舊事，而無此時供帳之盛，七也。凡此七事，

〔註36〕 張端義撰《貴耳集》卷下。
〔註37〕 轉引自姚瀛艇主編：《宋代文化史》，河南大學出版社 1992 年版，第 7 頁。
〔註38〕 范仲淹著，李勇先、王蓉貴點校：《范仲淹全集》，《范文正公文集》卷第一，「四民詩·商」，四川大學出版社 2007 年版，第 25 頁。
〔註39〕 《續資治通鑑長編》卷一百四十一，慶曆三年六月甲子，第 3391 頁。
〔註40〕 郭學信《時代遷易與宋代士大夫的觀念轉變》，載於《文史哲》2000 年第 3 期。
〔註41〕 （清）趙翼著、王樹民校證：《廿二史札記校證》卷二五，《宋制祿之厚》，中華書局 1984 年版，第 534 頁。

並前例特出異恩，以見聖君待文臣之優厚也。」〔註42〕如此一來，則不免造成宋朝士大夫的奢靡之風氣，故「一時人士相趨以成乎風尙者，章醮也，花鳥也，竹石也，鍾鼎也，圖畫也。清歌妙舞，狹邪冶遊，終日疲役而不知倦。」〔註43〕

宋朝士大夫的貪利奢靡之風之盛，竟然可以將出身寒門的士子變得前後判若兩人，這一點在宋庠、宋祁兄弟二人身上體現得淋漓盡致。據載，宋庠宋祁兄弟「就學安陸，居貧。冬至，召同人飲，元憲（庠）謂客曰：『至節無以爲具，獨有先人劍鞘上裹銀得一兩粗以辦節。』（祁）乃笑曰：『冬至吃劍鞘，年節當吃劍耳』。」〔註44〕然而一旦飛黃騰達，便窮奢極欲，如宋庠「郊居政府，上元節至書院內讀《周易》，聞其弟學士祁點華燈擁歌妓醉飲達旦。翌日諭所親令誚讓云：『相公寄語學士：聞昨夜燒燈夜宴，窮極奢侈，不知記得某年上元同在某州州學內吃虀煮飯時否？』學士笑曰：『卻寄語相公：不知某年同在某處州學吃虀煮飯是爲甚底？』」〔註45〕而宋祁「晚年知成都府，帶《唐書》於本任刊修。每宴罷，盥漱畢，開寢門，垂簾，燃二椽燭，媵婢夾侍，和墨伸紙，遠近觀者，皆知爲尙書修《唐書》，望之如神仙焉。」〔註46〕

宋朝士大夫之貪利奢靡，與宋朝皇帝駕馭臣子的方法多多少少有些關聯。宋太祖立國之初，便杯酒釋兵權，令石守信等重將「多致歌兒舞女，日飲酒相歡，以終其天年」〔註47〕。清人王夫之曾論「宋所忌者，宣力之武臣耳，非偷生邀寵之文士也。」〔註48〕將王夫之對於宋朝文士「偷生邀寵」的判語與宋太祖之策略相對照，則不難看出宋朝皇權在有意或無意間對於其士大夫貪利奢靡之風氣的助長，由此則不難理解爲何「韓黃門持國典藩，觴客，早食則凜然談經史節義及政事設施，晚集則命妓勸飲，盡歡而罷。」〔註49〕

---

〔註42〕洪遵編《翰苑群書》卷七。

〔註43〕王夫之《宋論》卷八，「徽宗」，中華書局年1964年版，第154頁。

〔註44〕王得臣《麈史》，卷二。

〔註45〕錢世昭《錢氏私志》。

〔註46〕魏泰撰、李裕民點校：《東軒筆錄》卷十五，中華書局1983年版，第171頁。

〔註47〕《宋史》卷二百五十，列傳第九，「石守信」，第8809頁。

〔註48〕王夫之《宋論》卷二，「太宗」，中華書局1964年版，第37頁。

〔註49〕周輝撰、劉永翔校注：《清波雜志》卷十，「待遇僚屬」，中華書局1994年版，第444頁。

## 二、州級司法幕職的角色之二：司法官員

司法官員這一角色，是宋代州級司法幕職的核心角色。鑒於本文第二章已對這一角色多有描述，故此處僅就其重要性略作撮述。

宋朝的司法體系大略有四個層次，從高到低依次是中央、路、州、縣，不過路這一級的司法機關屬於中央派出機關的性質，故可作別論。由此觀之，在宋朝的司法體系中，州級司法處於上承中央、下接郡縣的中樞位置。就州級司法而言，幕職作為州級司法屬官，其重要性自然不容忽視，加之宋朝對於司法尤其重視，故州級司法幕職的關鍵地位不言而喻。

在宋朝州級司法幕職群體之中，與刑事案件尤其是與死刑案件相涉的「獄官」如司理參軍，其重要性多為宋人關注。如南宋孝宗時朱熹因召對上奏，其言曰：

> 臣聞獄者民命之所繫，而君子之所盡心也。今天下之獄，死刑當決者，皆自縣而達之州，自州而達之使者，其有疑者，又自州而上之朝廷，自朝廷而下之棘寺，棘寺讞議，而後致辟焉。其維持防閑，可謂周且審矣。然而憲臺之所詳覆，棘寺之所讞議者，不過受成於州縣之具獄，使其文案粗備，情節稍圓，則雖顛倒是非，出入生死，蓋不得而察也。是故，欲清庶獄之源者，莫若遴選州縣治獄之官。〔註50〕

不獨朱熹有此認識，南宋著名的司法官員眞德秀也於寧宗嘉定元年上奏曰：

> 臣竊觀四方郡國之間，猶有亡罪而致死，有罪而逭刑者，推原其故，豈非典獄之官未盡得其人乎。蓋天下之獄，起於縣而成於州，審訂其情而研覈其實，皆州郡獄官之責也。獄官而非其人，則委成於吏手，變亂於賕賂，何所不有？郡守不能盡知也，提點刑獄不能遍察也，由是而上之朝，雖刑寺審詳之，憲部讞決之，淑問如皋陶，不過憑已成之案牘少加考閱焉耳。本源既失，救之末流，何益哉！
> 〔註51〕

在朱熹、眞德秀二人看來，儘管死刑案件的終審環節在中央司法一級，但是中央司法機關並不能對所有死刑案件親加查勘，更多時候是依靠州級司

〔註50〕《歷代名臣奏議》，卷二百十七。
〔註51〕《歷代名臣奏議》，卷一百六十二。

法機關上報的文件來加以定奪，如此一來，州級司法機關所擬法律文書就關乎整個案件最終判決。在州級司法過程中，法律文書雖然由州級長吏拿出最終的確定意見，但對於具體案情也不可能盡知，還須依靠州級司法幕職，即使路級提點刑獄司有監察州級司法的權力，但實踐之中亦無法監察所有的案件。可以說在這一流程中，中央司法機關、提點刑獄司和州級長吏的司法活動，無一例外地取決於州級司法幕職，如果州級司法幕職的法律素養達不到要求，則刑獄冤濫在所難免。

　　朱熹、眞德秀所言州級司法幕職在抑制刑獄冤濫方面的重要作用，在宋代史料中亦不乏例證，如泰州司理參軍唐肅之例：

　　　　唐肅，字叔元，杭州錢塘人。……舉進士，調郿縣主簿，徙泰州司理參軍。有商人寓逆旅，而同宿者殺人亡去，商人夜聞人聲，往視之，血沾商人衣，爲捕吏所執，州趣獄具。肅探知其冤，持之，後數日得殺人者。〔註52〕

　　《折獄龜鑒》一書中對於此類事例多有記載，此處僅摭一例予以說明，比如：

　　　　姚仲孫龍學爲許州司理參軍時，民有被盜殺者，其妻言：「里胥常責賄於夫，不與而怨之。此必盜也。」乃捕繫獄，將傳以死。而仲孫疑之，知州王嗣宗曰：「若保非盜耶？」然亦不敢遽決。後數日，果得眞盜。嗣宗復喜曰：「察獄當如是也。」改資州。轉運使檄往富順監按疑獄，全活者數十人。〔註53〕

## 三、州級司法幕職的角色之三：州級佐官

　　在宋人穆修所作《送魯推官赴南海序》一文之中，作爲佐官的幕職爲官尤難，其言曰：

　　　　人之佐，其難矣哉！夫令而行之者，其長之所專也；從而輔之者，其佐之所守也。凡政有害於公，有悖於理，知而必言，此己所可爲爾；言而必從豈己之所能哉？苟上無必從之勢，則政有必失之患，爲之佐者罪先及之，故爲：「人之佐，其難矣！」〔註54〕

---

〔註52〕《宋史》卷三百三，列傳六十二，「唐肅」，第 10041 頁。

〔註53〕鄭克著、楊奉琨校釋：《折獄龜鑒校釋》卷一，「釋冤上」，復旦大學出版社 1988 年版，第 59～60 頁。

〔註54〕穆修：《穆參軍集》（四庫全書本）卷中，「送魯推官赴南海序」，臺灣商務印

　　由此可見，作為佐官的州級司法幕職有上言州郡政事利弊得失的責任，但是，如果長官並無聽從諫言之心，幕職反而會因上言得罪長官。作為佐官的州級司法幕職的佐政表現究竟如何，試從下文加以分析。

## （一）州級司法幕職的佐官性質

　　宋朝州級司法幕職雖各有其權限，然就其設置的原意而言，卻是副署於州級長吏之下的佐官，即「州郡僚屬所資以協贊者，幕職官若也。」〔註55〕在州級官僚體系之中，司法幕職的地位亦僅限於「助理郡政，分案治事」。如《寶慶四明志》之「職曹官」所載：

> 皇朝因唐制，兩使各置判官、推官一，節度置掌書記，觀察置支使為幕職官，錄事、司戶、司理、司法參軍各一為曹官，幕職官掌助理郡政。〔註56〕

　　儘管宋朝州級司法幕職各司其局，但其所掌事務的決斷，須州級行政長官來行使，「幕職官：簽書判官廳公事，兩使、防、團軍事推、判官，節度掌書記，觀察支使掌裨贊郡政，總理諸案文移，斟酌可否，以白於其長而罷行之。」〔註57〕對此，《哲宗正史・職官志》記述得更為明確：

> 幕職官掌助理郡政，分案治事。其簿書、案牘、文移付受催督之事，皆分掌之。凡郡事與守、倅通簽書。〔註58〕

　　故學者龔延明先生總結州級幕職官的職掌是「協辦郡（州、府、軍、監）政，總理諸案文移，斟酌可受理、可施行或可轉發、可奏上與否，以告稟本郡（州、府、軍、監）長官最後裁定。」〔註59〕

　　實際上，州級司法幕職的佐官性質非宋朝所規定，而是承襲李唐之故制，對於這一點，馬端臨有論如下：

> 唐州牧之官為節度、觀察諸使，而其屬官則有推官、判官、書記、支使之屬。至宋而節度、觀察特為貴官之虛名，初不預方岳之事。而州牧之任則自有閫帥、漕、憲等官，而各臺又自有掾屬。若

　　　書館 1969 年版，第 12～13 頁。

〔註55〕《宋會要輯稿》職官四八之 17。

〔註56〕（宋）方萬里、羅濬纂，胡矩修《寶慶四明志》卷三，「職曹官」。

〔註57〕《宋史》卷一百六十七，《職官七》「幕職官」，第 3975 頁。

〔註58〕《宋會要輯稿》職官四八之 8。

〔註59〕龔延明編著《宋代官制辭典》，「三、幕官與諸曹官門」，中華書局 1997 年版，第 541 頁。

　　唐節度、觀察之屬官，則反爲列郡之元僚。蓋雖冒以節度推官、觀
　　察推官、判官、書記、支使等名，而實則郡僚耳。故敘其職於州佐
　　之後，而不並之於戶曹理掾之流，存其舊也。〔註60〕

## （二）宋朝州級司法幕職的佐政表現

　　作爲州郡長吏之下的佐官，宋朝州級司法幕職當然只能在州郡長吏的宰
制下開展工作。鑒於考課、升遷、貶黜等諸多事宜皆不同程度的左右於長吏
之手，故宋朝州級司法幕職的在輔佐長吏行政的過程中，難免以長吏之意見
作取捨。但是，宋朝州級司法幕職畢竟是士大夫階層中的一員，多受宋朝士
大夫之精神的浸潤，故於佐政之中，亦多有盡心職事，秉忠直諫之人。圍繞
州郡長吏這一決策中樞，宋朝州級司法幕職的佐政表現大略有二，以下分述
之。

### 1、盡心職事

　　儘管州郡一切事務的決斷權操於長吏之手，但宋朝州級司法幕職並未因
此而敷衍了事，其行列中盡心職事之人於宋代史料中多有所見，如榮州司戶
參軍兼司法參軍何普「遇有公職事，則聞命引道，不避雨暘，不間劇易」，嘉
定元年（1208年），「乃以勤瘁致疾」病故。〔註61〕

　　作爲佐官的宋朝州級司法幕職往往面臨著兩難境地，即盡心職事與順應上
意不易兩全，但是，仍然有司法幕職以盡心職事爲先，而不是一味順應長吏之
意，如曾任房州司法參軍、泰州觀察推官的蔡難就是其中一例，據記載：

　　　　（蔡難）及從仕，則專意文法簿書之務，纖悉靡密，辯論上官
　　前，一無避憚，至於不可屈而後已。……其邑文移精詳有理，致屢
　　持以白府，府中滯訟疑獄數以委之，於朋僚中特親厚。……由是當
　　位者多稱薦之。〔註62〕

　　作爲士大夫階層中的一個組成部份，宋朝州級司法幕職自然不乏天下意
識、治道理想和重德尚節之氣質，這三者落實到其佐政活動之中，自然而然
地呈現出盡心職事的佐政表現。同時，就盡心職事本身而言，也是司法幕職
仕宦榮進——至少是不被貶黜——的法則，宋人呂本中對此所論，頗有代表
性：

---

〔註60〕《文獻通考》，卷六十二。
〔註61〕魏了翁《鶴山集》。
〔註62〕《蘇魏公文集》卷五十六，《職方員外郎知泰州蔡君墓誌銘》。

當官之法，唯有三事，曰清，曰慎，曰勤。知此三者，可以保祿位，可以遠恥辱，可以得上之知，可以得下之援。然世之仕者，臨財當事不能自克，常自以爲不必敗，持不必敗之意，則無所不爲矣。然事常至於敗而不能自已，故設心處事，戒之在初，不可不察。藉使役用，權智百端，補治幸而得免，所損已多，不若初不爲之爲愈也。〔註63〕

### 2、隱忍貴和

儘管宋朝州級司法幕職中不乏前述耿直之士，但客觀上來說，其仕宦前途多執於州郡長吏之手，故可以推測惟長吏是從，甚至是刻意迎合阿諛者亦不在少數。如宋神宗時明州知州苗振「故入人罪」，而司理參軍辛肅「以阿隨故」而被勒停。〔註64〕又如南宋時左朝散郎知沅州李景山「與通判丁濤交惡，判官鞏澡聞之，遂興獄連逮數百人，時方盛暑，有繫死者，荊湖北路提點刑獄公事楊椿言止繫守貳不和互相論告，乞罷此三人而釋其眾，詔如所請」〔註65〕。再如南宋光宗「詔前知邵武軍趙師造降兩官，司理參軍張令照降一官放罷。（趙）師造前知邵武日，按奏建寧知縣韋爔心不法七項，其六無實跡，縱容獄司假作干照，肆爲欺罔，以應元奏。令照奉承郡守之意，昏繆任吏，有同兒戲，全不覺察。並以臣僚論列，故有是命。」〔註66〕

但是，若將其責任全部歸於州級幕職本身，則有失偏頗，州級幕職的諂諛或多或少應歸於宋朝的制度設計，此亦俗語所云「身不由己」是也。宋朝有所謂「對移」之制，「（兩易）俗謂對移也，或因避嫌，或以得罪被劾而罰輕者，皆兩易其任。」〔註67〕「對移」之權爲長吏所把持，如果遇到強勢的長吏，宋朝州級司法幕職往往顯得身不由己，其「對移」與否往往繫於長吏一念之間，如「廖子晦爲小官，遭長官以非理對移，殊不能堪」。〔註68〕南宋時王炎在論及「對移」之制時，就指出了作爲長吏下屬的無奈：

爲牧守監司者，怒一令則對移以一丞，怒一丞則對移以一簿尉，怒一簿尉則對移以一監當官。所使之對移者，間有不曾識其面目，

〔註63〕呂本中《官箴》。
〔註64〕《續資治通鑑長編》卷二百十四，熙寧三年八月辛酉，第5199頁。
〔註65〕《建炎以來繫年要錄》，卷一百六十八。
〔註66〕《宋會要輯稿》職官七三之11。
〔註67〕《朝野類要》卷三，《陞轉》「兩易」，第72頁。
〔註68〕《鶴林玉露》甲編卷之四，《小官對移》，第72頁。

況能悉其材之短長乎？所謂因材任職者，姑以行牧守監司喜怒之私
而已矣。〔註69〕

因此，「若長吏偃然自尊，不以情通於下，僚屬退然自默。」〔註70〕明哲
保身，默然隱忍者不僅是藉藉無名的普通司法幕職，甚至是一朝名士，若身
爲幕職，亦不免於此，如蘇軾任鳳翔府簽判之時，屢被知府陳希亮所侮，也
只是一忍了之：

　　　　陳希亮字公弼，天資剛正人也。嘉祐中，知鳳翔府。東坡初擢
　　制科，簽書判官事，吏呼蘇賢良。公弼怒曰：「府判官何賢良也？」
　　杖其吏不顧，或謁入不得見。故東坡客次假寐詩：「雖無性命憂，且
　　復忍斯須。」又《九日獨不預府宴登眞興寺閣》詩「憶弟恨如雲不
　　散，望鄉心似雨難開。」其不堪如此。又東坡詩案云：任鳳翔府簽
　　判日，爲中元節不過知府廳，罰銅八斤，亦公弼案也。東坡作府齋
　　醮禱祈諸小文，公弼必塗墨改定，數往反。〔註71〕

對於官場中的隱忍，宋人呂本中於《官箴》中專闢一論，茲錄於下：

　　　　忍之一事，眾妙之門。當官處事，尤是先務。若能清慎勤之外，
　　更行一忍，何事不辦？書曰：「必有忍其乃有濟，此處事之本也」，
　　諺曰：「忍事敵災星」，少陵詩云：「忍過事堪喜」。此皆切於事理，
　　爲世大法，非空言也。王沂公常說：「吃得三斗釅醋，方做得宰相」，
　　蓋言忍受得事。〔註72〕

當然，宋朝立國三百年間，其州郡長吏不可能全是蠻橫無理之人，以常
理推測，長吏與僚佐雖有上下之分，但總體來看仍是同僚，況且倘若遇到此
等上司，州級司法幕職並非沒有反戈一擊的能力及制度保障，故州郡長吏與
幕職僚佐之間的常態，仍然是以和爲貴。宋代官箴對於同僚之和多有論述，
如《州縣提綱》曰：

　　　　同僚宜和，而不和者，多起於廳吏之間諜，彼此胸中蘊蓄，不
　　曾吐露，至有一發而遽傷和氣，不可不察。始至須明以此相告，語
　　凡有嫌疑，宜悉面白，勿包藏怒心，以中廳吏之奸計，間有兇險不

〔註69〕《雙溪類稿》卷二十二，「與潘徽猷」。
〔註70〕《名公書判清明集》卷一《官吏門》，「咨目呈兩通判及職曹官」，第3頁。
〔註71〕邵博撰，劉德權、李劍雄點校：《邵氏聞見後錄》卷十五，中華書局1983年
　　　　版，第121頁。
〔註72〕呂本中《官箴》。

可告語者，宜待之以禮而優容之，使彼潛消其狠戾足矣，若戛戛焉

與之相較於是非之間，則我與彼一等人耳。〔註73〕

又如《作邑自箴》也有相似的表述：

同官失和，多因小人間謀，可詢即詢之，切無置疑，非意相干，

可以理遺。古老云：時下面赤，過後得力。真藥石言也。」〔註74〕

## 四、州級司法幕職的角色之四：行政官員

儘管在宋朝的州級司法制度設計之中，司法幕職最重要的角色是司法官員，但是在國家權力的運作之中，由於宋代地方行政、司法合一的現實，使得州級司法幕職的司法事務與行政事務往往合而為一，比如自太祖起，中央朝廷就屢頒禁止幕職州縣官下鄉擾民之令，而判官、錄事參軍就負有監察、追究簿、尉無事下鄉擾民的責任：

張官置吏，所以為人，吏或不循，人將受弊。故於近歲曾降明

文，如聞比來多有踰越，奉吾詔以不謹，致斯民之未康，宜示申明。

俾令遵守，應諸縣令尉、無事不得下鄉，宜一準建隆四年五月戊辰

詔書從事。自今令簿尉，委本州島島島判官錄參等常切覺察，如有

不因公事，輒下鄉村，及追領人戶，節級銜參，兼勘罪以聞。〔註75〕

實際上，除了行政、司法合一的這些事務，州級司法幕職的還會履行一些純粹的行政職能，比如督捕盜賊，稅賦財政徵收、管理以及其他行政事務之管理。因此，州級司法幕職既是司法官員，又是行政官員。此外，有必要指出這樣一點，即這兩種角色所涉及的具體事務是交集的，而此處僅就其不重疊的部份進行探討。

### （一）督捕盜賊

督捕盜賊雖非州級司法幕職之日常事務，但史書對此亦有記載。北宋真宗時王均聚眾反抗中央朝廷，「晉江陳從易實為軍事判官，攝州事，斬其首謀者，召餘黨曉以禍福，赦之，眾皆伏悅。乃率屬將吏，嚴守械，戒其家僮積

〔註73〕《州縣提綱》卷一《同僚貴和》。

〔註74〕《作邑自箴》卷第一。

〔註75〕《宋大詔令集》卷第一百九十八，《政事五十一‧禁約上》，「禁令簿尉無事下鄉詔」，第730頁。

薪舍後，曰：『吾力不足以守，當死於此。』賊聞有備，不敢入境。」〔註76〕

究其原因，大致是盜賊蜂起之下，地方武力缺乏，州級地方長官畢竟員數有限，故於捕盜一事難免在人手上捉襟見肘而致疲於奔命，故此事委於幕職，亦合於情理。因此，盜賊勢盛之時，如儂智高之亂，其中不乏節度推官、觀察推官及司戶參軍等幕職殉職之例，據載宋仁宗皇祐年間，儂智高圍邕州城，邕州知州陳珙令通判王乾祐「守來遠門，權都監、三班奉職李肅守大安門，指使武吉守朝天門。張立自賓州來援，既入，珙犒軍城上，酒行而城破。珙、立、乾祐及節度推官陳輔堯、觀察推官唐鑒、司戶參軍孔宗旦皆被執，」〔註77〕後張立、王乾祐、陳輔堯、唐鑒、孔宗旦皆被殺。

## （二）稅賦、財政之徵收與管理

宋朝州級司法幕職所掌財賦稅務之事務，隨州、監之別以及官職之別而各有其內容，舉其要而言，大略有校定戶籍、賦稅受納，財政監督與平糴賑濟三者，以下分而述之。

### 1、校定戶籍、賦稅受納

宋朝立國之初行「收其錢穀」之策以制天下州縣，其州級「戶籍賦稅、倉庫收納悉」委於司戶參軍。〔註78〕建隆四年（963）又令諸州判官、錄事參軍等幕職，查實所轄人戶並製造版籍，據以徵收州縣賦稅。宋太宗淳化四年（993）更對於戶口帳籍不實等問題，詔曰：

> 知州、通判、幕職州縣官各具規劃，何以得均平稅賦，招葺流亡，惠恤孤貧，止絕奸幸，及鄉縣積弊、民間未合便行條貫事，令知州、通判共為一狀，縣令、簿、尉共為一狀，限一月內附驛以聞。如有異見，亦許別上封章，須並畫一指陳，直書實事。已差中書舍人看詳可否，如是理優長，當議旌賞；若公然魯莽，今後不得任親民官。〔註79〕

宋神宗時王安石更革地方賦稅之制，重新制定地方賦稅上報流程：

---

〔註76〕《長編》卷四十八，眞宗咸平四年四月丁未，第1057頁，或見《宋史》卷三百，「陳從易」，第9978頁。

〔註77〕《長編》卷一百七十二，仁宗皇祐四年五月乙巳，第4142頁。

〔註78〕《宋史》卷一百六十七，職官志七，第3976頁。「戶曹參軍掌戶籍稅賦、倉庫收納。」

〔註79〕《宋會要輯稿》食貨十二之1。淳化四年三月「令知州通判等規劃鈞平賦稅招葺流亡等事上聞詔」。

諸州稅籍，錄事參軍按視，判官振舉，形勢戶立別籍，通判專
掌督之。二稅須於三限前半月畢輸。歲起納二稅，前期令縣各造稅
籍，具一縣戶數、夏秋稅、苗畝、桑功及緣科物為帳一，送州覆校
定，用州印，藏長吏廳，縣籍亦用州印，給付令佐。造夏稅籍以正
月一日，秋稅籍以四月一日，並限四十五日畢。〔註80〕

由此可見，宋朝州級幕職與戶籍賦稅之事所涉大略有二：一則校定所轄
州郡的版籍、戶數；二則核查稅務徵收。雖然此二項事務明確規定由州郡長
吏負責，但不難推測其具體細故多經由錄事參軍、司法參軍、判官在規定時
限內完成。比如宋朝在收取穀物等實物形式的賦稅時，即涉及到斛斗衡器之
規格多有不守定樣而變造的問題，對此，紹興五年九月四日，朝廷即採納左
司諫淩哲上言：

諸路州軍受納秋苗，去年朝廷頒降斛樣，本以革斗量輕重之弊，
而諸州每月交量，令兩夫持杴夾立，抄米入斛，時復按搖，務令堅
實，較其多取之數，又過倍。於用斗之時，人戶反略倉斗，願依舊
用斗量。至於乞取情弊，略不悛革。伏望嚴戒諸路州軍長吏，自今
受納官，上自幕職以至管下縣鎮，有剛介自守、曉事戢受之人，通
行選差，使之遵守前後所降條禁，以杜塞關節。仍乞委各路提刑專
一體訪，如有違戾去處，依條按劾，必罰無貸。〔註81〕

由此可見，宋朝諸州的賦稅受納所採用的量具原來是斗，而用斗之弊在
於糧食輕重名實不符，故改為以斛計量，為此朝廷頒佈定樣，但在實踐之中
這一舉措往往因納稅戶賄賂相關官員而得不到貫徹，故令「剛介自守、曉事
戢受」的幕職主管受納。

此外，尚有一點與賦稅相關連的問題須特別予以說明，即依傍江河的州
縣，往往因夏秋漲水而致土地毀廢不可復耕，在宋朝賦稅徵收直接決定於土
地面積的前提下，重新丈量土地面積就顯得尤為重要，這一情況在江、淮、
兩浙、福建、廣南等山水之鄉較為普遍，故宋朝有制曰「緣江河州縣，有人
戶披訴河塌並落江地土者，並行委逐處差通判或幕職與縣令佐同詣，逐戶地
檢量詣實。」〔註82〕藉由這一規定，則更能加深前述之認識，即稅賦、財政

〔註80〕《宋史》卷一百七十四，志一百二十七，食貨上二，「賦稅」第4203～4204頁。
〔註81〕《宋會要輯稿》食貨六八，「受納」，淳化四年三月。
〔註82〕《宋會要輯稿》食貨七〇。

之徵收與管理的具體事務多由州級幕職完成。

## 2、財政監督

督攝逋賦。太祖開寶元年起（968）「詔諸道州府追屬縣租，以籍付孔目官，擅自督攝逋賦，因緣欺詐，破擾吾民，自今令錄事參軍躬按文簿，本判官振舉之。」〔註83〕根據這一詔令，各州錄事參軍需依諸道文簿帳籍之記錄，躬親視察。

折納欠負。所謂「折納」，即按錢折價交納粟帛，折納起於唐代兩稅法，宋因襲之。宋神宗熙寧十年七月癸丑，因開封府界、諸路秋收豐稔，「遣官提舉折納民戶欠負：虞部員外郎楊景芬淮南西路，太子右贊善大夫曾孝綽兩浙路，山南東道節度推官李孝博永興、秦鳳等路，澶州司戶參軍黃好信河北東、西路。」〔註84〕由此可見，州級幕職亦有催收民眾所欠租稅的職責。

筦榷歲課。宋朝的「筦榷」即商品專賣事務，據宋史記載，州級幕職中的團練推官須掌管轄區內的「筦榷」，如畢士安於「開寶四年，歷濟州團練推官，專掌筦榷，歲課增羨。」〔註85〕

課利場務。宋仁宗康定元年（1040），朝廷將州郡課利場務之盈虧，納入官員考課，規定「十分虧五釐以下，知州、通判、縣令罰俸一月；一分以下，兩月；二分降差遣。增二分，升陟差遣。」〔註86〕課利場務之中，就有鹽務一項，但是宋仁宗慶曆六年（1046），朝廷不再徵收河北鹽錢，「久之，緡錢所入益耗，皇祐中，視舊額幾亡其半」。這對於掌管鹽務的幕職而言其考課大受影響，故「陝州錄事參軍王伯瑜監滄州鹽山務，獻議商人受鹽滄、濱二州，以囊貯之，囊毋過三石三斗，斗為鹽六斤，除三斗為耗勿算，餘算其半。予券為驗，州縣驗券縱之，聽至所鬻州軍並輸算錢；即所貯過數，予及受者皆罰，商人私挾它鹽，並沒其貲。時知滄州田京，與伯瑜合議上聞，詔試行之，踰年，歲課增三萬餘緡，遂以為定制。」〔註87〕由此可見，除了原本職事之外，州級幕職還不得不額外勞心於管理鹽酒場務。

「押綱」。宋朝「押綱」（如花石綱、生辰綱之類）即押運大批貨物轉運的事務，自宋真宗天禧二年（1018）起，也責成州府之幕職額外擔負，如「給

---

〔註83〕《長編》卷九，太祖開寶元年五月甲午，第202頁。
〔註84〕《長編》卷二百八十三，神宗熙寧十年七月癸丑，第6932頁。
〔註85〕《宋史》卷二百八十一，列傳四十，「畢士安」，第9518頁。
〔註86〕《燕翼詒謀錄》卷五，第47頁。
〔註87〕《宋史》卷一百八十一，食貨下三，「鹽上」，第4429頁。

因便押綱得替幕職州縣官驛券詔」曰：「諸路州府軍監，自今後應發上京綱運，所差因便押綱得替幕職、州縣官等，並給與驛券，仍令起發綱運州軍責勒文狀，委得在路躬親鉗轄，依程赴京，不得取便別路行，犯者從違定斷。」〔註88〕

措置糧餉。朝廷征戰之時須動用大批糧餉，人手缺乏時，在州則由委託團練推官措置糧餉。如熙寧八年四月，宋神宗批示：「熙河路全乏錢糧，恐誤邊計，可速議經畫。」於是派遣濰州團練推官杜常「相度措置，增招弓箭手。欲以減戌兵，紓邊饋也。」〔註89〕

### 3、平糶賑濟

所謂「平糶」，是指官府在豐年用平價買進糧食，以待荒年賣出，藉以平抑物價以防奸人囤積居奇、從中漁利，而「賑濟」則是官府於災荒之時救災。宋朝專設「倉」以平糶賑濟，如義倉、常平倉、廣惠倉皆屬此類。宋真宗景德二年（1005）荊湖北路、淮南諸州饑荒，「令擇幕職使臣強幹者專司其事，長吏常按視之，」〔註90〕後於景德三年（1006）採納官員建議，詔諸州島幕職掌管此類事務：

> 真宗景德三年正月，上封官請於京東、京西、河北、河東、陝西、淮南、江南、兩浙各置常平倉。惟沿邊州郡則不置。以逐州戶口多少，量留上供錢一二萬貫，小州或三二十貫，付司農寺係帳，三司不問出入，委轉運司並本州島島選幕職州縣官清幹者一員專掌其事。每歲夏，功錢收糶，遇貴減價出糶。凡收糶，比市價量增三五文，出糶減價亦如之，所減仍不得過本錢。〔註91〕

宋神宗時王安石變法，於京東等路置常平、廣惠倉，在各地別置三司條例司，並選任官員管理錢物之事務。〔註92〕至熙寧三年（1070）九月，又下詔責成轉運司及提舉官在「每州於通判、幕職官內選差一員，不妨本職，專切管勾，令通點檢在州及諸縣錢斛。遇有糶糴、俵散、收納，即許往來點檢催促，務令濟辦」。〔註93〕這段史料中「不妨本職，專切管勾」一語值得注意，

〔註88〕 《宋會要輯稿》食貨四二之6，天禧二年十一月「給因便押綱得替幕職州縣官驛券詔」。

〔註89〕 《長編》卷二百六十二，神宗熙寧八年四月癸酉，第6398頁。

〔註90〕 《宋會要輯稿》食貨五七。

〔註91〕 《宋會要輯稿》食貨五三，「常平倉」。

〔註92〕 《宋會要輯稿》職官四三之1，《提舉常平倉司》神宗熙寧二年九月九日。

〔註93〕 《宋會要輯稿》職官四三之 5，《提舉常平倉農田水利差役》熙寧三年九月

由此看來，被選差的州級幕職既有其本職工作，又須額外負責「糶糴、俵散、收納」等其他錢物之事。

## （三）其他行政事務之管理

除上述行政事務之外，宋代史料亦有相關記載表明州級幕職會涉及到以下行政事務：

### 1、修築農田水利

據宋會要輯稿之記載，州級幕職有「擘畫興修農田水利」的職責，且與升遷或降黜相關聯。如宋神宗熙寧四年六月詔：

> 諸州縣當職官如擘畫興修農田水利事，並先具利害申轉運或提刑、提舉司，差官詣地相度，保明供申本司，疾速體訪施行。如能完復陂塘溝河，或導引諸水淤溉民田，修貼堤埠，或疏決積潦水害，或召募開墾久廢荒田委堪耕種，令所屬官司結罪以聞。千頃以上，京朝官轉一資，幕職、州縣官勘會功過考第舉主，轉合入京朝官，或與循資，不拘名次指射優便差遣；五百頃以上，京朝官減三年磨勘，幕職官與循資，令錄及合入令錄人與兩使職官，判司簿尉與初等職官，內合守選者仍與免選；三百頃以上，京朝官減三年磨勘，選人免選，注家便官，合免選者與指射優便官；二百頃以上，京朝官減一年磨勘，選人並與免選，合免選者與指射家便官；百頃以上，理爲勞績。若只是興修開墾近歲損壞陂圩、溝河、荒田之類，比附上條項畝爲第一等酬獎。若功利殊常，自從朝廷旌擢，其已能創置增修功利及民者，委官司常行葺治。如至廢壞，並當降黜。〔註94〕

考諸宋代史料，則有判官、推官負責修築水利、治理湖田的記載。如「乾德中，節度判官施繼業率民用梢穰、笆籬、棧木，截河爲堰，壅水入渠。緣渠之民，頗獲其利」。〔註95〕又如《嘉泰會稽志》所載：

> 熙寧中，朝廷興水利，有廬州觀察推官江衍者，被遣至越訪利害。衍無遠識，不能建議覆湖，乃立石牌，以分內外，牌內者爲田牌，外者爲湖，凡牌內之田，始皆履畝，許民租之，號曰湖

四日。
〔註94〕《宋會要輯稿》食貨七之24。
〔註95〕《宋史》卷九十四，河渠四，「三白渠鄧許諸渠附」，第2345頁

田。〔註96〕

江衍治理湖田之事，宋史亦有相關記載：

> 越州水：鑒湖之廣，周回三百五十八里，環山三十六源。自漢
> 永和五年，會稽太守馬臻始築塘，溉田九千餘頃，至宋初八百年間，
> 民受其利，歲月寖遠，濬治不時，日久堙廢。瀕湖之民，侵耕爲田，
> 熙寧中，盜爲田九百餘頃。嘗遣廬州觀察推官江衍經度其宜，凡爲
> 湖田者兩存之，立碑石爲界，內者爲田，外者爲湖。〔註97〕。

### 2、營繕公有房舍

宋太祖開寶二年（969），即頒佈地方州縣官負責維修公有房舍之規定：

> 自今節度、觀察、防禦、團練刺史、知州通判等罷任日，具官
> 舍有無破損及增修文帳，仍委前後政各件以聞。其幕職州縣官候得
> 替，據增葺及創造屋宇，對書新舊曆子，方許給付解由，損壞不完
> 補者，殿一選。如能設法不擾人整葺、或創造舍宇，與減一選，無
> 選可減者收裁。〔註98〕

洪邁《容齋隨筆》對此亦有記載：

> 諸道藩鎮、郡邑公宇及倉庫，凡有隳壞，弗即繕修，因循歲時，
> 以至頹毀，及儻工充役，則倍增勞費。自今節度、觀察、防禦、團
> 練使、刺史、知州、通判等罷任，其治所廨舍，有無隳壞及所增修，
> 著以爲籍，迭相符授。幕職州縣官受代，則對書於考課之歷，損壞
> 不全者，殿一選，修葺、建置而不煩民者，加一選。〔註99〕

宋史中亦不乏州級幕職修築公共建築的記載，比如徐的之事蹟：

> 徐的字公準，建州建安人。擢進士第，補欽州軍事推官。欽土
> 煩鬱，人多死瘴癘。⋯⋯的短衣持梃，與役夫同勞苦，築城郭，立
> 樓櫓，以備戰守。畫地居軍民，爲府舍、倉庫、溝渠、墟肆之類，
> 民皆便之。〔註100〕

由此可見，宋朝州級幕職不僅有營繕公有房舍之職責，而且其考課、改

---

〔註96〕〔宋〕施宿《嘉泰會稽志》卷十三，「鏡湖」。
〔註97〕《宋史》卷九十七，河渠七，東南諸水下，「越州水」，第2406～2407頁。
〔註98〕《宋大詔令集》政事四十三，誡飭一，《令外郡官罷任具官舍有無破損及增修文帳詔》，第696頁。
〔註99〕（宋）洪邁，《容齋四筆》卷十二，「當官營繕」，第754頁。
〔註100〕《宋史》卷三百，列傳第五十九，「徐的」，第9968頁。

官皆與此關聯。

### 3、彈壓趁火打劫

此項事務惟記於南宋時臨安府幕職，而不見其他州郡之記載。其原因在於臨安府歷來是繁華之地，南宋時更作爲陪都加以興建，其人戶之多、建築之密爲當時其他地方所不能比擬，一旦火起，往往綿延相接，而爲人力所難控制。若姦邪之人趁火打劫，其社會危害自然非同小可。故開禧二年四月十七日，宋寧宗採納臣僚之建言：

> 都城之內，連甍比屋，脫有火災，隨時撲滅，獨於彈壓一事，猶未深講，臣請條其利害而備言之。方鬱攸之滋熾也，奸民幸災，乘時剽掠，張皇聲勢，動搖人心，爲害一也。河渠貴相貫通，政欲舟楫無壅，而公私巨舫，舳艫相銜，竹木排筏縱橫，壅塞阻礙，傷害人命，其爲害二也。古者棟宇之盛，謂之木祆，曩者一蓺之後，土木之侈反過於前，是欲以人勝天，豈不悖理傷道，其爲害三也。欲令臨安府於通判、幕職官及本府兵將官內，先次推擇強敏有才之人，以備緩急。遇有遺漏，即差委於要害處分佈彈壓。仍分差總轄使臣撥隸彈壓之官，拘集頭項火下四散幾察，如有奸民乘勢掠人財物、譁噪驚眾者，實時收捕，枷送所屬根勘，情重者依軍法施行。
> 〔註101〕

不過，依常理推測，似乎不獨臨安府幕職有此職事，其他州郡幕職也有。宋代史料中對於火災的記載並不在少數，如《宋史》卷六十三「五行志上」所記兩宋州郡大火，可謂連篇累牘，官舍、州獄、倉場、酒務等官方建築爲火所焚者不在少數，火災之中亦有包括幕職在內的官員被燒死。如：

> 紹興八年二月丁酉，太平府大火，宣撫司及官舍、民居、帑藏、文書皆盡，死者甚眾，錄事參軍呂應中、當塗縣丞李致虛死焉。
>
> （紹興）十一年七月癸亥，婺州大火，燔州獄、倉場、寺觀暨民居幾半。
>
> （乾道）九年九月，台州火，經夕，至於翌日晝漏半，燔州獄、縣治、酒務及居民七千餘家。〔註102〕

趁火打劫之害，對臨安府或其他州郡而言，或許有程度上的重輕之別，

---

〔註101〕《宋會要輯稿》刑法二之136。
〔註102〕《宋史》卷六十三，志第十六，「五行上」，第1382頁。

但並無社會危害性的差異，由此觀之，則可以揣測：如果臨安府民有趁火打劫之舉，那麼也不能排除其他州郡之人亦有此舉，則臨安府幕職有彈壓趁火打劫之職責，那麼其他州郡幕職也應該有此職責。

# 第二節　宋朝州級司法幕職的角色規範

每一種社會角色都有其角色規範，角色規範集中地體現在對於該社會角色的考察制度設計之中。就宋朝州級司法幕職而言，其角色規範主要體現於官員考課的制度。

## 一、宋朝州級司法幕職的考課制度

「考課」一詞，是指官員考核及其相關制度。宋人對於考課的認識集中反映在《玉海》的撮述之中，其論曰：

> 設官分職，以序上下，程能黜否，以正賞罰，王者之大柄也。故《周禮》太宰之職，「三歲大計群吏之理而誅賞之」。又曰：「廢置以馭其吏斯皆考課之謂也」。是知明試以稽其功，循名以覈其實，使校比之典，不可得而踰；賢愚之分，不可得而亂，斯二帝所以端拱而治，三代所以直道而行者也。漢魏而下，制度詳究，或斟酌前訓將以適時；或講求通議於焉垂範，至於總裁理要，澄汰流品，詢事底績，咸可明徵，稽古憲章，於是乎在。蓋夫乂眾職，熙百志，使官修其方而上無虛授者，莫不由茲道也。〔註103〕

由此可見，考課由國家相關部門根據有關法規定期進行，其主要內容是官員的德行、才幹、勞績、過犯，考課的結果則作為獎懲、升降、任免官員的依據，並由此對官員加以督促、激勵，以求吏治循良。〔註104〕

宋朝州級司法幕職考課的基本辦法是由州郡長吏依據「四善四最」的標準，在印紙、曆子上記錄功過、評定等級，任滿呈報吏部，作為循資或改官

---

〔註103〕　（宋）王欽若等撰、周勳初等校訂《冊府元龜》（校訂本）卷六百三十五，「銓選部」，鳳凰傳媒出版集團、鳳凰出版社 2006 年第 1 版，第 7335 頁。

〔註104〕鄧小南：《宋代文官選任制度諸層面》第三章，「『循名責實』與『歲月序遷』」，河北教育出版社，1993 年版。苗書梅：《宋代官員選任和管理制度》第四章《官員管理制度》河南大學出版社，1996 年版。鄧小南：《課績・資格・考察——唐宋文官考核制度側談》大象出版社，1997 年版。

的根據。宋初，朝廷對州級司法幕職的考課並無標準可言，宋太宗期間方詳細制定了地方官員考課條例：

> 太宗勵精圖治，遣官分行郡縣，廉察官吏。河南府法曹參軍高丕等，皆以不勝任免官。復詔諸道察舉部內官，第其優劣爲三等：「政績尤異」爲上，「職務粗治」爲中，「臨事弛慢所蒞無狀」者爲下。歲終以聞。先是，諸州掾曹及縣令、簿、尉，皆戶部南曹給印紙、曆子，俾州郡長吏書其績用愆過，秩滿，送有司差其殿最。詔有司申明，其諸州別給公據者罷之。判吏部南曹董淳言：「有司批書印曆，多所闕略，令漏書一事殿一選，三事降一資。」自是職事官依州縣給南曹曆子，天下知州、通判、京朝官釐務於外者，給以御前印紙，令書課績。〔註105〕

至於州級司法幕職的考課標準，則由「四善三最」而發展、定型爲「四善四最」。宋神宗熙寧年間定《守令四善四最考課法》，其實僅有「四善三最」。其「四善」爲德義有聞、清謹明著、公平可稱、恪勤匪懈，其「三最」分別是「獄訟無冤、催科不擾，爲治事之最；農桑墾殖、水利興修，爲勸課之最；屛除奸盜、振恤貧困，爲撫養之最」。〔註106〕而「四最」之標準則見於《慶元條法事類》，其具體內容如下：民籍增益，進相入老，批註收落，不失其實爲生齒之最；獄訟無冤，催科不擾爲治事之最；農桑墾殖、水利興修爲勸課之最；屛除奸盜，人獲安居，賑恤困窮，不致流移爲養葬之最。〔註107〕

實際上，無論是「四善三最」還是「四善四最」，其中「善」與「不善」或是「善」到什麼程度，並無可操作性，要麼流於凌空蹈虛，要麼操於長吏之手；而「最」雖然比「善」更爲實際，但其中仍有不太明晰的地方。這些問題都反映在宋朝州級司法幕職的考課之中，並由此使得實踐之中州級司法幕職的角色規範，並不等同於其原初的制度設計。

## 二、考詞中的州級司法幕職角色規範

「考詞」即上司對下屬考課時所寫的文狀。據統計，目前傳世的北宋年度考詞有 50 餘份，而且其對象之中有很大一部份是幕職州縣官。〔註108〕藉

---

〔註105〕《宋史》卷一六〇，《選舉六》，第 3757～3758 頁。
〔註106〕《宋會要輯稿》職官十之 20。
〔註107〕《慶元條法事類》卷 5。
〔註108〕鄧小南著：《宋代文官選任制度諸層面》，第 80 頁。

由這些考詞，可以對不同的州級司法幕職的角色規范進行更爲細緻和深入的瞭解，同時也可以得知宋朝州級司法幕職的考課制度在實踐中的執行情況，以下則據其官職分而述之。

1、錄事參軍。宋朝的州級錄事參軍職掌大略有三：其一是掌州印，即所謂「州印晝則付錄事掌用，暮則納於長吏」；〔註109〕其二是負責審刑判案，即「掌分典獄訟」；〔註110〕其三是作爲諸曹官之首，糾察其下所屬司法參軍、司戶參軍、司理參軍的違法行爲，即「掌州院庶務，糾諸曹稽違」〔註111〕。長吏對於錄事參軍的考課，基本上是結合「善」、「最」的考課標準，根據其職事執行的情況來進行的，北宋時田錫爲其錄事參軍朱適所寫的兩則考詞可爲印證。其考詞之一曰：

> 具銜朱某，糾轄勤廉，監臨辦濟，檢身守法，精意奉公，詢於眾人，甚有清譽。據考課令，明於勘覆，稽失無隱爲句檢之最，一最以上有一善，或無最而有二善爲中上。朱適明於勘覆，稽失無隱之外，有清愼明著之善，考課宜爲中上。〔註112〕

其考詞之二曰：

> 具銜朱適。宣城之郡，古號名藩，皇風近被於全吳，遺俗尚疑於大信，民鮮畏法，獄不暇空。矧以歲徵之徵踰五十萬，月供之籍僅百餘帳，管庫出納，儲廩支收，勾稽簿書，主掌刑禁，適蒞厥職，眾稱其廉，平任再周。課考有令，善最如一，品第無私，詞何敢誣？書爲中上。〔註113〕

由此可見，除了沒有提到畫掌州印的職事之外，田錫所撰二則考詞對於錄事參軍的其他職事所述甚詳，如審斷獄訟之外的「州院庶務」，就包括了「管庫出納，儲廩支收，勾稽簿書」等等。此外，這二則考詞中「糾轄勤廉」、「眾稱其廉」等語，亦反映出考詞撰者對於「善」這一考課內容的理解，相對於德義有聞、清謹明著、公平可稱、恪勤匪懈這較爲空泛的「四善」標準而言，

---

〔註109〕《續資治通鑑長編》卷八七，大中祥符九年七月甲寅，第2000頁。

〔註110〕《宋會要輯稿》職官四七之12。

〔註111〕《宋史》卷一六七，《職官志七》，第3976頁。

〔註112〕田錫著：《咸平集》卷三十，《考詞》，「錄事參軍朱適」，影印文淵閣四庫全書本。

〔註113〕田錫著：《咸平集》卷三十，《考詞》，「錄事參軍朱適」，影印文淵閣四庫全書本。

對「清廉」與否的判斷更爲直白，北宋時黃庶曾爲張都曹所作考詞也說明了這一點，其考詞說：「爲吏患不能勤，勤矣患不能廉，廉矣患不能久，故職舉爲勤，知足爲廉，終身爲久。前件官爲青之掾三年，凡刑獄、租賦無不舉，既勤矣而又能廉，其肯不久者耶？審如是，所謂能吏者豈復有他術哉？其考可書中上。」〔註 114〕

無獨有偶，傅堯俞所撰某錄事參軍的考詞也反映出上述特點，其考詞曰：「紀綱掾地名右曹，職典諸事，竊比他局，宜須得人。前件官檢身廉平，臨吏精敏，載第其課，眾謂爲能。固當少褒，且勸不飭。可考中中。」〔註 115〕但是，傅堯俞所撰之考詞與田錫稍有不同，傅氏所撰考詞較爲簡短，其實質性的判語僅有兩項，一是「檢身廉平」，二是「臨吏精敏」，至於錄事參軍其他職事，則以「眾謂爲能」一語帶過，由此可以推測，就錄事參軍諸多職事而言，似乎長吏較爲關注錄事參軍作爲諸曹官之首「糾諸曹稽違」的職能。

2、司理參軍。宋朝司理參軍「專於推鞫研核情實」，〔註 116〕要言之，其職掌大略有四：其一，負責案件的審理及複審；其二，在偵破刑事案件中負責殺、傷案驗屍、驗傷及現場勘驗；其三，除一般的殺傷命案之外，還承辦重大經濟案件，社會群體性事件以及軍士犯罪案件；其四，管理禁囚。從考詞來看，司理參軍的考課主要圍繞著「鞫獄」這一職事進行。

北宋時黃庶曾爲黃司理第二考所撰考詞曰：「國家凡天下之獄，設提點官以察其輕重，不如法者而糾舉之，州縣吏坐出入人罪，大則免放，小則責罰，未嘗無其人。前件官治許獄歲再周矣，論其罪棄市者五十四，流若徙百三十有四，杖百八十六，皆得其情無有冤隱不伸，非才也其孰能？其考可書中。」〔註 117〕黃庶爲蘇司理所作第三考考詞曰：「秦人尚氣喜鬥，多大獄難治，而京兆訟訴最繁，故理官視他郡其責最重。前件官處最繁，爲吏鞫難治之獄而有最重之責，於茲三年，其論之自殊死至於杖笞無慮數百人，莫不皆得其情，而有冤隱不伸者，斯能也已矣，持是以爲吏，奚而不可。」〔註 118〕

〔註 114〕黃庶著：《伐檀集》卷下，影印文淵閣四庫全書本。
〔註 115〕呂祖謙編、齊治平點校：《宋文鑒》卷一百二十七，傅堯俞《錄事參軍考詞》，中華書局 1992 年版，第 1777～1778 頁。
〔註 116〕《宋史》卷一六七，《職官七》，第 3976 頁；又見《宋大詔令集》卷第一百六十《官制一·司理闕令本州於見任簿尉判司內選充詔》，第 606 頁。
〔註 117〕黃庶著：《伐檀集》卷下，影印文淵閣四庫全書本。
〔註 118〕黃庶著：《伐檀集》卷下，影印文淵閣四庫全書本。

這二則考詞表明，黃庶考量其司理參軍的核心就是治獄，而治獄能否得其實情，不致冤枉則是最重要的標準。此外，在司理參軍能否以仁厚之心治獄，也是其考課等第的一個依據，如劉敞對司理參軍王整第三考所寫判詞即為明證，其考詞曰：「前件官（即王整）操心近厚，鞠獄正清，其考可書中中。」〔註119〕

3、司法參軍。宋朝司法參軍掌「議法斷刑」，〔註120〕僅在案件審理之後檢出相關法條，而不可提供判決建議。因此，司法參軍能否勝任其職事，與其從事該職的年限長短、熟練程度和提供建議的妥當與否相關，這三點相綜合則表現為司法參軍考詞中的兩個標準即「處斷平允」和「公平可稱」。如北宋時田錫為司法參軍張玄珪所撰考詞曰：

> 具銜張玄珪，精詳法書，諳熟吏道，勤廉通悟而秉節無渝，遜順恭和而臨事有斷。聖朝平復疆土，擒滅奸雄，吳之奧區，宣為劇郡，習俗未深於教化，比年仍值於凶荒，民貧盜生，自掇刑網，訟多事冗，空驟政條。張玄珪三載蒞官，庶事能理，有司勘帳，稱獄無冤，考狀較能，直詞無愧。據考課令，推鞠得情，處斷平允為法官之最，公平可稱為一善。有善有最，書為中中。〔註121〕

宋朝檢法斷獄尤其注重得其情實，這一點在考詞中多有表達。比如強至為晶司法第一考所寫考詞為：「法之大，原緣情而度中，及弊者去之，或刻而好深，或寬而務出。前件官舉得中道，可謂能吏，效職一載，無愧直書，其考可書中中。」〔註122〕又如黃庶為法曹劉昭遠所作考詞為：「法者禮之防也，其用之以當人情，為得刻者為之則拘而少恩。前件官以通經舉進士，始掾於此。若老於為法者，每抱具獄必傅以經義，然後處故無一不當其情，其刻而少恩則無也，其考可書中。」〔註123〕

此外有一點誠可注意，即一般情況下，司法參軍不得兼管他事，但是特殊情況下，司法參軍仍然兼管其他職事。在這種情況之下，司法參軍的考課

〔註119〕劉敞撰：《彭城集》卷四十，《汝州判司等考詞》，影印文淵閣四庫全書本。
〔註120〕《文獻通考》卷六三，《職官一七》。
〔註121〕田錫著：《咸平集》卷三十，《考詞》，「司法參軍張玄珪」，影印文淵閣四庫全書本。
〔註122〕強至著：《祠部集》卷三十三，《雜著》，「晶司法第一考詞」，影印文淵閣四庫全書本。
〔註123〕黃庶著：《伐檀集》卷下，影印文淵閣四庫全書本。

就不僅限於檢出法條了。這一點在考詞中也得到印證，如田錫爲司法參軍張玄珪所撰的另一則考詞曰：

> 具銜張玄珪。國家《長定格》考課條件：凡一十有六應州縣吏員考滿，未替在任，復經於周歲，有例許書於四考。張玄珪掌用筆定刑之外，兼權戶掾，仍主勾司、錢穀、簿書，常勤較覆賦，與條限靡，住舉行戶雖有逃稅，幸登數。〔註124〕

4、司戶參軍。宋朝司戶參軍負責「戶籍賦稅、倉庫受納」〔註125〕，在其參預的民事訴訟案件如婚姻、戶籍、田產爭議等案件之中，司戶參軍負責核查親屬繼承關係，檢校田產契約眞僞，直接擬定審理結果。從司戶參軍的職掌來看，這一職位並不太受上司的重視，故司戶參軍的考詞顯得較爲單薄，給人輕描淡寫、草草了事的感覺。如強至爲司戶參軍王某的第一考所寫考詞爲：「戶掾之職甚卑，而其事不得專視，糾之與奪，以爲可否，雖有過不至大咎。前件官欲善其職而小累焉，勉哉自力，以圖後效，其考可書中中。」〔註126〕

5、推官。宋朝推官的司法職掌主要是本州所管轄的司法案件的錄問、簽押與擬判。實際上，宋朝的推官是司法監察官，對於本州所判案件有監察權。因此，推官的考詞亦會圍繞監察這一職事來撰寫。作爲監察官員，其人品操行至關重要，這一點在考詞中得以印證，如強至爲某推官第一考所寫考詞爲：「操履純潔，識度沈遠，自賓幕席，密有嘉畫，不求聞於人，而薦者交許其材也。與政已及期，直書亡媿（無愧）。」〔註127〕

從上列十多份考詞來看，宋朝州級司法幕職的考課並非機械地套用「四善三最」或是「四善四最」的標準，實際上正如前文所論，「善」、「最」的標準不可避免地存在這樣或那樣的操作性的缺陷，從而使得這些標準無法被全盤適用。毋庸置疑，能否如實的評價考課對象直接關係到整個國家的吏治，如果對於州級司法幕職的考課結果名實不符，則宋朝的州級司法必然乏善可陳而至冤濫不止。因此，如何「循名責實」就成爲州級司法幕職考課中的一個重要問題──這一問題無疑也深刻地影響著州級司法幕職的方方面面。

---

〔註124〕田錫著：《咸平集》，卷三十，《考詞》，「司法參軍張玄珪」，影印文淵閣四庫全書本。
〔註125〕《宋史》卷一六七，《職官七》，第3976頁。
〔註126〕《祠部集》卷三十三，《雜著》，「王司戶第一考詞」，影印文淵閣四庫全書本。
〔註127〕《祠部集》卷三十三，《雜著》，「推官第一考詞」，影印文淵閣四庫全書本。

## 三、規範與行爲：「循名責實」下的「欺罔誕謾」

宋朝歷來重視「糾察官邪，肅正綱紀」，〔註128〕爲此，在中央設立御史臺和諫院，地方設「監司」以專刺舉之事。但是，考課一事在宋朝一直流於空泛，難以「循名責實」，故宋人陳淵說：「人主之道在乎知人，而知人之要莫若考實。」〔註129〕對於考課之法成爲一紙具文的弊端，歐陽修於北宋慶曆年間曾三次上言說：「從來臣僚非不言事，朝廷非不施行，患在但著空文不責實效，故改更雖數，號令雖煩，上下因循，了無所益」。〔註130〕非但北宋如此，南宋亦不能免。紹興六年（1136），殿中侍御史周秘上言：「國家以十五事考校監司，以四善四最法校守令；保奏有違限，不實者有罪。而五六年間，唯成都潼川路一嘗奏到，其餘諸路課績並不申奏。法令廢弛，能否無辨。」〔註131〕

爲解決考課不實的問題，宋朝皇帝三令五申，如宋太祖之時，「初循舊制，文武常參官各以曹務閒劇爲月限，考滿即遷。太祖謂非循名責實之道，罷歲月敘遷之制。置審官院，考課中外職事。」〔註132〕宋太宗亦於太平興國六年下詔，「朝廷伸應勸之道，立經久之規，應群臣掌事於外州，悉給以御前印紙，所貴善惡無隱。殿最必書，俾因滿秩之時，用伸考績之典，如聞官吏顯紊網條，朋臺比周，迭相容蔽，米鹽細碎，忘有指言，蠹有巨而不彰，勞雖微而必錄，有司披文而校，件析以聞。」〔註133〕此後，宋眞宗、宋仁宗等歷朝皇帝對此都多有詔令，嚴加申明。

但是，由於制度本身存在缺陷，加之官員多有應付差事之做法，故主考與被考雙方往往虛與委蛇，因循陳習。前文所列十餘份對於州級司法幕職的考詞雖有「中中」、「中上」之細微差別，但總體上來看，無一例外皆屬中考，恰好反映出長吏對於其下屬的考課大多流於形式。按照考課的制度規定，長吏將其下屬的課績書於「印紙」，下屬亦須自書其功過於「曆子」，但由此則造成考課定等，全都依賴朝廷固定條格的公文，如果公文記載不能如實反映被考官員的實績，則這些公文實同廢紙。加之考課公文之中的條目本身就不

〔註128〕《宋史》卷一六四，《職官志四》，第3869頁。
〔註129〕陳淵撰：《默堂集》卷一四，《論考實》，影印文淵閣四庫全書本。
〔註130〕歐陽修撰、李逸安點校：《歐陽修全集》卷九八，《論按察官吏箚子》，中華書局2001年版，第1505頁。
〔註131〕《宋會要輯稿》職官五九之19。
〔註132〕《宋史》卷一百六十，志一百一十三，「考課」，第3757頁。
〔註133〕《宋會要輯稿》職官五九。

免流於空泛，因此這些公文更是難以反映官員實績。這一流弊自北宋而至南宋，綿延相襲，愈發突出，故南宋洪邁有考課之法廢的議論：

> 慶曆皇祐中黃亞夫庶佐一府三州幕，其集所載考詞十四篇。黃司理者曰：「治犴獄歲在周矣，論其罪棄市者五十四，流若徒三百十有四，杖百八十六，皆得其情，無有冤隱不伸，非才也其孰能，其考可書中。……它皆類此。不知其制廢於何時，今但付之士案，吏據定式書於印紙，比者又令郡守定縣令臧否高下，人亦不知所從出。若使稍復舊貫，似爲得宜，雖未必人人盡公得實，然思過半矣。
> 〔註134〕

因此，有官員上言除了按程序規定以長吏對其下屬考課之外，更應該加強「監司」在官員考察方面的刺舉職能。如宋仁宗天聖七年（1029），龐籍上言：

> 考課之制備存令典，景行功罪不容隱私。今內外之官雖有課曆，率無實狀。蓋由刺舉之官或昧於察廉，或徇於私曲，推勞舉過，多失於公實。意有發摘則果桃成贓，情在容掩則吞舟漏網。考課之司但據課曆以入升殿之科，無緣察其眞僞。夫剛正之吏，強猾所以爲仇，則孤立而多患；貪黷之夫，奸智足以自衛，則有黨而寡禍。故有干廉在公而偶懼文法者，考司即爲有過，而降殿之典行矣；誅剝害民而贓狀不露者，考司即爲無瑕，而升賞之恩及矣。如此則降之或在非辜，既無以戒惡；賞之或在有罪，又無以觀能。實由任選之道不精，阿縱之法不嚴，察舉之官不懼故也。〔註135〕

兩宋「監司」者，「謂轉運、提點刑獄、提舉常平司」〔註136〕。監司在包括州級司法幕職在內的地方官員的考察方面至關重要。宋仁宗於嘉祐三年（1058）的《誡勵提轉詔》中對此有一番說明：「朕惟天下之重，不可獨治，付之郡守、縣令而已；郡守、縣令之賢與不肖，不可盡知，付之轉運使、提點刑獄而已。」〔註137〕由此可見，宋代中央朝廷爲了考核、監察地方官員，不惜層層設防。

---

〔註134〕《容齋四筆》卷七，《考課之法廢》，第698～699頁。
〔註135〕趙汝愚編，北京大學中國中古史研究中心校點整理：《宋朝諸臣奏議》卷一四六，上海古籍出版社1999年版，第1666～1667頁。
〔註136〕《慶元條法事類》卷七《監司知通按舉》。
〔註137〕《宋大詔令集》卷一九三，《誡勵提轉詔》，第710頁。

　　但是，既然「郡守、縣令之賢與不肖不可盡知」需以監司來監督，那麼
監司也有賢與不肖之差別，監司也有監察不力的例子，如天聖年間工部侍郎
李應幾因守兗州日貪暴不法被黜，仁宗問輔臣：「應幾貪墨，何由累至此？」
宰臣回答說：「應幾素無廉節，然監司未嘗按舉，故累資至此。」〔註138〕實
際上，朝廷雖以監司來監督地方官員，但監司僅設於路級，一路之下往往轄
有數州縣，其吏員眾多，監司也非三頭六臂，還是只能通過其下屬郡守對一
眾官員加以監察，如此一來，「朝廷施行一事，付之監司，監司付郡守，郡
守付縣令。各了一司文移之具，不問其有無實惠及民。……美意一頒，天下
知其為虛設爾。蓋欺罔誕謾之弊至今不革，廣設文具，應辦目前，彷彿近似，
以報其上。」〔註139〕

　　儘管考課之法多有弊端，然而從客觀上來看，宋代官員的考課壓力仍然
不可小視。但由於上述之弊端，故宋代官員多有「欺罔誕謾」之舉，且相因
不革。對於宋朝州級司法幕職而言，一方面朝廷為考課的「循名責實」不遺
餘力，嚴加防察，另一方面州級司法幕職本來屬於低層職官，仕宦榮進尤其
困難，兩相交攻之下，若非正直之人則難免「欺罔誕謾」，因其官微權輕，難
以在其他方面翻覆雲雨，故其「欺罔誕謾」之舉，突出的表現為惟上司意思
是從，置國家法律於罔顧，陷黎民百姓於倒懸。

　　對於這一問題，北宋元祐時，御史中丞劉摯就曾經指出，「夫上之所好，
下必有甚。朝廷以名實為事，行綜覈之政，而下乃為刻急淺迫之行；朝廷以
教化為意，行寬厚之政，而下乃為舒緩苟簡之事；皆習俗懷利迎意而作，故
所為近似，而非其意本然也。」〔註140〕至南宋時，陳造亦上《重獄官箚子》
對此加以論述：

　　　　夫諸州獄官，率用經任無舉主人充之，彼其不自植立，視監司
　　　郡守顰笑以為輕重，望其能爭衡是非，收平反之效，豈不難哉！且
　　　一事繫獄，不論深淺小大，提刑守一見，郡守守一見，獄官亦有一
　　　見，監司郡守出於遙度，獄官宜深得其情。然士夫效官，其能以名
　　　義學術執持有立，百不一二。其間承望上官風旨，以意為獄，滔滔
　　　皆是。況以大吏臨小官，意之向背，動為升沉，此獄官所以媕阿附

〔註138〕《宋會要輯稿》職官四五之5。
〔註139〕《歷代名臣奏議》卷一七二，《考課》。
〔註140〕《續資治通鑒長編》卷三百八十六，哲宗元祐元年八月壬子，第4883頁。

會以取媚，而陛下赤子往往陷於非辜也。〔註141〕

由此可見，因規範設計和執行中存在的諸多問題，宋朝州級司法幕職的角色已然是錯綜複雜，並由此對宋朝州級司法造成了不可忽視的影響，關於這一點，下文將予以進一步論述。

## 第三節　宋朝州級司法幕職的社會地位

對於宋朝士大夫而言，其社會的確立始於通過科舉考試而被委以官職，其社會地位的升降則與升遷改官、貶黜降官直接關聯。就選人改官以及職官考核等制度問題，〔註142〕學界已有相對深入的論述，本節則以社會學的方法切入相關問題，試圖揭示宋朝州級司法幕職角色叢背後所存在的宰制性的社會地位因素。

### 一、選任與來源：社會地位的確立

宋朝州級司法幕職的來源較爲繁雜：一是科舉取士，二是恩廕補官，四是從軍補援，四是納粟攝官，五是錄先聖之後爲幕職，六是有功授官，七是京朝官貶黜爲幕職。鑒於科舉選拔是其中最爲重要的一個部份，故此處先論科舉，其他六種來源則並列於第二部份予以討論。

### （一）宋朝州級司法幕職的選任

在宋代的選官中，以科舉取士和恩蔭奏補二者的數量最多，〔註143〕而至爲榮耀者，則非進士科莫屬。因此，由科舉入仕的州級幕職誠可作爲考察其

〔註141〕陳造撰：《江湖長翁集》卷二十八，「重獄官箚子」，影印文淵閣四庫全書本。

〔註142〕幕職官升遷與改官的研究成果有：（1）鄧小南《宋代文官選任制度諸層面》河北教育出版社會 1993 年第 1 版；（2）朱瑞熙，《宋代幕職州縣官的薦舉制度》《文史》第 27 輯，1987 年，頁 67～88；（3）祖慧，《宋代的選人制度》載《岳飛研究》第四輯，中華書局，1996 年 8 月出版，頁 461～488；（4）王雲海、苗書梅，《宋代幕職州縣官及改官制度》載《慶祝鄧廣銘先生九十華誕論文集》（河北：河北教育出版社，1997 年），頁 207～218；（5）金宗燮，《唐五代幕職官的任用與功能》《東洋史學研究》2000 年，第七十一輯，頁 1～41；（6）苗書梅，《宋代州級屬官體制初探》《中國史研究》2002 年 3 月，頁 111～126；（7）林煌達，《宋代州衙錄事參軍》《唐研究》第十一卷（北京：北京大學出版社，2005 年 12 月），頁 459～484。

〔註143〕龔延明《宋代官制辭典》「宋代官制總論」，中華書局 1997 年第 1 版，第 25 頁。

社會地位的代表和重點。

### 1、宋朝州級司法幕職的科舉入仕

相對於非司法官員的科舉入仕而言，宋朝州級司法幕職的科舉入仕，在考試一環要複雜得多，其難度也大得多。綜觀兩宋，可以說朝廷對司法官員的考試選拔尤其重視，甚至將其與國祚相連，正如桂萬榮所說：「凡典獄之官，實生民司命，人心向背，國祚修短繫焉」。〔註144〕宋太祖、宋太宗立國之初即著手改革司法官員的選任制度，宋太祖建隆三年（962）八月詔曰：「注諸道司法參軍皆以律書試判，」〔註145〕即明確規定各州必須以法律考試選任司法參軍這一州級司法幕職。此後，宋神宗一朝司法官員的考試規模尤其宏大，司法官員的選任必經「明法科」、「試刑法」、「出官試」等考試。對此，徐道鄰先生指出，「中國的考試制度，從唐朝起，就有『明法』一科，專門用以選拔法律人才。到了宋朝——這是中國過去最講究法律的一個朝代——法律考試，更進入頂鼎時期。」〔註146〕

宋朝選任州級司法幕職的考試因不同時期而略有變化，總體而言，其種類有三，而且均不同程度的突出了對法律素養的要求。

其一，進士科。此科考察詩賦、經義、策論、律義，雖然不是專門的法律考試，但其內容亦對法律有所涉及。

第二，新明法科。宋初進士科的考試不以法律為主，當時雖然依唐制在進士科外設「明法科」，但其應試者僅為各州縣的鄉貢舉人，數量相當有限，而且其考試內容仍然以經義、經注為主，如此一來，至宋神宗一朝，士大夫大多不通曉法律的弊端已到了非改不可的程度，故熙寧四年（1071）罷「明經」諸科，置「新科明法」。與舊明法科相比，新明法科應試者為熙寧五年以前的諸科舉人，其數量大為增加，而且新明法科的考試內容取消了經疏而改試《刑統》大義與斷案，尤其值得注意的是舊科明法為進士之下科，而新科明法及第後其敘名在及第進士之上，〔註147〕由此而令士子風氣為之一轉而競相研習法律，對此，彭汝礪曾上言宋神宗說：「四方之人，其語言態度、短長巧拙，必問京師如何，不同，則以為鄙焉，……異時士人未嘗知法律也，及

---

〔註144〕桂萬榮著：《棠陰比事序》，群眾出版社1984年版，第144頁。

〔註145〕《歷代刑法志注譯》，《宋史刑法志》，吉林人民出版社1994年10月版，第373頁。

〔註146〕徐道鄰著：《中國法制史論集》，臺灣志文出版社1976年版，第188頁。

〔註147〕參見王雲海主編《宋代司法制度》河南大學出版社1992年版。

陛下以法令進之，而無不言法令」。〔註148〕

第三，出官試。所謂「出官」是指任用官員，出官試則是對已獲做官資格但尚未任用的人員所進行的法律考試。宋初，科舉及第之人不論所試爲哪一科皆可以直接注授州級司法幕職，但如此一來，州級司法幕職日漸不勝任，儘管當時有舊明法科，但限於人數和考試內容，其州級司法幕職的選任仍不容樂觀。故宋神宗時規定，進士及諸科同出身之人必須通過出官試方能授官，「自今進士、諸科同出身及授試監簿人，並令試律令、大義或斷案，與授官。若累試不中或不能就試，候三年注官。曾應明法舉人，遇科場，願試斷案，大義者聽，如中格，排於本科本等人之上。」〔註149〕

### 2、科舉入仕選任與社會地位——基於特奏名與正奏名之別的分析

在中國傳統的「士、農、工、商」四民之中，士居首位，其社會地位之榮耀，自不待言。及至宋朝，這一榮耀又因士大夫的仕宦榮升而得以空前的放大。可以說，宋代士人一旦科舉登第，得到的將會是精神、物質兩方面的超值回報，考取功名的士子在宋代社會中所受到的重視和推崇也可以說是空前的。進士及第之人，往往升遷很快，其進士殿試第一名，僅數年就身居朝中要職。據宋人記載：

> 陳堯叟、王曾初中第，即登朝領太史之職，賜以朱紱。爾後，
> 狀元登第者，不十餘年，皆望柄用。人亦以是爲常，謂固得之也。
> 每殿庭臚傳第一，則公卿以下，無不聳觀，雖至尊亦注視焉。自崇
> 政殿出東華門，傳呼甚寵，觀者擁塞通衢，人摩肩不可過。錦韉繡
> 轂，角逐爭先，至有登屋而下瞰者。士庶傾羨，歡動都邑。洛陽人
> 尹洙，意氣橫躁，好辯人也。嘗曰：「狀元登第，雖將兵數千萬，恢
> 復幽薊，逐強敵於窮漠，凱歌勞還，獻捷太廟，其榮亦不可及也。」

〔註150〕

實際上，潛藏在科舉及第的榮耀之內的是及第之人社會地位的確立，這種確立不僅僅會改善及第之人自身的境遇，其影響還擴大到士大夫階層及其子孫後代，所謂「同時登第者，指呼爲同年，其情愛相視如兄弟，以至子孫

---

〔註148〕《宋朝諸臣奏議》卷二十四，《上仁宗論以質厚德禮示人迴天下之俗》，第239頁。
〔註149〕《長編》卷二百四十三，神宗熙寧六年三月丁卯，第5922頁。
〔註150〕《儒林公議》卷上。

累代，莫不爲昵比，進相援爲顯榮，退相累爲黜辱」。〔註151〕正因爲科舉及第會光耀門楣，澤及子孫，所以宋人莫不以此激勵士子，如陳襄曾撰《仙居勸學文》曰：「今天子三年一選士，雖山野貧賤之家所生子弟，苟有文學，必賜科名，身享富貴，家門光寵，戶無徭役，休蔭子弟，豈不爲盛事？」〔註152〕

不獨是士子銳意科場，甚至連富商也斥鉅資釣得及第之人作爲女婿，「近歲富商庸俗與厚藏者嫁女，亦於榜下捉婿，以餌士人，使之俯就，一婿至千餘緡。」〔註153〕富商「榜下捉婿」，竟至於鬧出七十三歲的恩科老進士也成爲提親對象的笑談，宋人周南《清波雜志》曾記曰：

> 朴樕翁《陶朱集》載：閩人韓南老就恩科，有來議親者，韓以一絕示之：「讀盡文書一百擔，老來方得一青衫。媒人卻問余年紀，四十年前三十三。」朴樕，單父人，嘗官於政、宣間。或云陳君向也。〔註154〕

富商「榜下捉婿」，無非是看中了及第進士的發展前途，因宋朝一改魏晉以來望族世家可以世襲之舊習，故除士之外，農、工、商三個階層皆可進列於官宦，而士大夫更可以「因仕得財」進而「殖財進仕」，其家族成爲名門望族也並非不可企及。

因此，在宋人看來，「人間第一榮，初得好科名，萬乘登樓看，三臺讓路行，」〔註155〕一旦科舉及第，不僅獲得了人世間第一等的榮耀，更由此獲得了不同於庶民的生活境遇。故宋朝士子儘管困於科場，卻鍥而不捨，正如宋人蔡襄曾作詩云：「三十年間登第初，青衫羸馬叩禪居。鬢毛白盡猶奔走，慚愧高人得自如。」〔註156〕儘管此詩立意不在於闡明追求功名之艱難，但其三十年間鬢毛白盡猶奔走之句，仍然刻畫出士子科舉及第之心的堅定。雖然科舉考試一途至爲艱難，但兩宋士子仍趨之若鶩，且執著於科場得失，對此，洪邁曾記曰：

---

〔註151〕柳開撰：《河東集》卷九，「與朗州李巨源諫議書」，影印文淵閣四庫全書本。

〔註152〕陳襄撰：《古靈集》卷十九，《仙居勸學文》。

〔註153〕朱彧撰、李偉國點校：《萍洲可談》卷一，《歷代筆記小說大觀·宋元筆記小說大觀》（第二冊），上海古籍出版社 2001 年版，第 2306 頁。

〔註154〕周輝撰、劉永翔校注：《清波雜志校注》卷七，「恩科議姻」，中華書局 1994年版，第 286 頁。

〔註155〕魏野撰：《東觀集》卷四，「聞王衢王闢登第因有寄賀」，影印文淵閣四庫全書本。

〔註156〕蔡襄撰：《端明集》卷八，「過囊山寄宏師」，影印文淵閣四庫全書本。

舊傳有詩四句，誦世人得意者云：「久旱逢甘雨，他鄉見故知，洞房花燭夜，金榜掛名時。」好事者續以失意四句曰：「寡婦攜兒泣，將軍被敵擒，失恩宮女面，下第舉人心。」此二詩可喜可悲之狀極矣。〔註157〕

但是，同為獲得了出身的宋朝士大夫，其社會地位改變的程度存在著本質上的差異，對於經特奏名所取之士而言，這一點尤其明顯。

宋朝所謂特奏名（又稱恩科、恩榜、老榜）與正奏名相對稱，是指應舉之人因屢試不第而年齡已大，由貢院另立名冊上奏，由皇帝降格錄用，故稱特奏名，因其出身由皇帝特別恩賜，故稱恩科或恩榜，獲得特奏名的人皆為老人，故亦稱其為老榜。特奏名又有進士特奏名和諸科特奏名之分。一般而言，特奏名出身者的授官都很低，也很少出類拔萃之輩，宋人論及特奏名之時，又往往將其與冗官之弊相聯繫。

實際上，與正奏名出身者相比較，兩宋特奏名出身者也是宋朝國家認可的官僚，在士大夫的行列中，他們的人數並不少，即使他們之中的多數人並不能出官，但這並不妨礙他們在諸如教育、治安、祭祀等諸多地方事務中的影響。但是，特奏名本人對自己的社會地位卻往往不予認可。如南宋名儒魏了翁的塾師何普，曾多次應舉不第，直至寧宗慶元五年（1199年）師生二人同時參加殿試，何普方得以特奏名入等，而魏了翁卻以正奏名進士及第。後來何普面對前來祝賀的人「愀然曰『昔我先君以累舉恩當得官，所為弗肯就者，將有望於厥子也。而普也不令汔負考志，嗚呼！尚忍言之？』」魏了翁勸勉何普說：「官無小，苟以行吾志焉，斯已矣也。矧自東漢以來，所謂褒衣襃裳，當還故鄉。聖主憫念，悉用補郎者，是出於特異之恩，今尚仿此意，胡可少之邪！」但是何普認為：「是科也，今例以氣衰戒得，日暮倒行目之。」其自卑感溢於言表。此後，何普歷任遂寧府青石縣主簿，累遷為榮州司戶參軍兼司法參軍，「遇有公職事，則聞命引道，不避雨暘，不間劇易」，嘉定元年（1208年），「乃以勤瘁致疾」病故。何普「卒之日，無餘貲」，「貧不克葬」，其墓地還得倚仗外人出錢購買。〔註158〕

從上述何普一例，至少可以推知：以特奏名入仕者儘管被選任為國家官員，其本人也不見得以入仕為榮，究其原因，在於其社會地位並不見得就此

---

〔註157〕《容齋四筆》卷八，「得意失意詩」，上海古籍出版社1978年版，第701頁。
〔註158〕魏了翁《鶴山集》。

上升，尤其是當特奏名者未能改善其家庭境況時，這種挫敗會更爲突出。

既然特奏名出身有如雞肋，故不乏宋朝士子對特奏名看得頗爲淡定之例。如南宋士子吳漸（字德進）在當地「每試輒居上游，人服其藝」，初次參加科舉考試時「人謂公一第固可俯拾」，但未料三舉不第，「自是，仕進之意衰矣。」後來，吳漸屢到京城，遇有人「以特奏名留之」，但他辭謝說，「吾來此聊復爾耳，不能久也。」此後，吳漸歸隱鄉里，「日率諸子讀書以自娛樂」〔註159〕。

非但是士子對特奏名出身不太看重，更有甚者，就連娼妓這一類社會地位相對低下的人群，亦會看不起特奏名出身之人。據《墨莊漫錄》卷九載：

> 徐遹子，閩人。博學尚氣，累舉不捷，久困場屋。崇寧二年爲特奏名，魁時已老矣，赴聞喜賜宴於瓊林苑。歸騎過平康狹邪之所，同年所簪花多爲群倡所求，惟遹至所寓，花乃獨存。因戲題一絕云：「白馬青衫老得官，瓊林宴罷酒腸寬。平康過盡無人問，留得宮花醒後看。」後仕至朝官，知廣德軍謝事而歸。〔註160〕

宋人之所以對特奏名多加以否定，其根源在於特奏名者並非以自身之才能得以選任，特奏名出身與正奏名出身所獲得的士大夫地位並不相配。元祐元年（1086）六月，監察御史上官均上疏指斥特奏名之弊，說特奏名者：「大率多年六十以上，學術凋疏，精力弊耗，又無人薦舉，不復有向進意。往往貪冒營私，職事不舉，民受其病。」〔註161〕曾任省試考官權知貢舉的蘇軾甚至認爲特奏名出身而任官者「垂老無他望，佈在州縣，惟務鬻貨以爲歸計。前後恩科命官，幾千人矣，何有一人能自奮厲，有聞於時？而殘民敗官者，不可勝數。以此知其無益有損。」〔註162〕蘇軾指斥特奏名者「惟務鬻貨以爲歸計」，固然是誇大其辭，但他對特奏名出身之人多爲庸才的批判可謂一針見血。

至於兩宋一直保留特奏名製度不廢，但究其意圖，實在於以士大夫之榮耀的社會地位來攏絡士心，安定社會。對此，宋人蔡絛指出，「國朝科制，恩

〔註159〕陸九淵著、鍾哲點校：《陸九淵集》卷二十七，「宋故吳公行狀」，中華書局1980年版，第317～319頁。

〔註160〕張邦基撰、孔凡禮點校：《墨莊漫錄》卷九，「徐遹過平康戲題」，中華書局2002年版，第245頁。

〔註161〕《續資治通鑒長編》卷三百八十，哲宗元祐元年六月辛丑，第9230頁。。

〔註162〕《宋史》卷一百五十五，志第一百八，「選舉上」，第3603頁。

榜號特奏名，本錄潦倒於場屋，以一命之服而收天下士心爾。」南宋王栐的
論述則更為深刻：

> 特奏之多，自是亦如之。英雄豪傑皆汨沒消靡其中而不自覺，
> 故亂不起於中國，而起於異域，豈非得御天下之要術歟。蘇子云：「縱
> 百萬虎狼於山林而饑渴之，不知其將噬人。」藝祖皇帝深知此理者
> 也，豈漢、唐所可仰望哉。自唐以來，進士皆為知舉門生，恩出私
> 門，不復知有人主，……藝祖皇帝以初御試，特優與取放，以示異
> 恩。而御試進士不許稱門生於私門，一洗故習，大哉宏模，可謂知
> 所先務矣。〔註163〕

但是，如果特奏名出身者任其他職務，或許不會產生太嚴重的問題，但
出任州級司法幕職，則不免受人指謫。宋朝州級司法幕職亦有特奏名出身者，
除了老齡這個問題以外，其學問、才能、風節等諸方面較之正奏名進士出身
者多少也存在差異。故南宋光宗時，淮東運副虞儔上奏曰：

> 臣竊惟州郡之獄所繫甚重，刑名有出入之殊，人命有死生之判。
> 流徒而下，其事實繁。苟推鞫之際一失其平，則冤抑之民何所赴訴？
> 然則獄官所繫，顧不重哉！夫知錄、司理，州郡之獄官也。推鞫之
> 責，彼實任之上官，蓋有所不敢問焉。非不敢問也，慮其有所迎合，
> 且將鍛煉之，致輕重其手而高下其心也。昔之賢者仕於此官，固有
> 與上官爭是非曲直者矣。竊見近年以來，吏部注擬多是特奏名人及
> 吏職補授，與夫老於選調、庸繆無能之輩，洎到任之後，一切聽之
> 吏胥，捶楚之下，何所不至？而新進之敏銳者，例不屑就。臣至愚
> 極陋，陛下以臣粗更民事，分符予節，六年之間，遍歷三輔，周旋
> 兩淮，所至每以獄官庸繆為苦，雖小大之獄，必躬必親，然非國家
> 設官分職、各有司存之意也。〔註164〕

上引虞儔的奏疏，指出以特奏名出身者而任州級司法幕職的幾個問題：
一則庸繆不勝任，二則迎合上官鍛煉成獄，三則聽之胥吏濫用刑訊。虞儔時
任淮東運副，又有「遍歷三輔，周旋兩淮」之經歷，理應不可能不熟悉審斷
獄訟，因此，他對於特奏名出身者出任州級司法幕職之弊端的論斷，不可謂
不可信。尤其值得注意一點，即虞儔在其奏疏之中，委婉的將州級司法幕職

---

〔註163〕王栐《燕翼詒謀錄》卷一，中華書局年 1979 年版，第 1～2 頁。
〔註164〕《歷代名臣奏議》卷二百十七。

「與上官爭曲直」之行為，與「賢者」相提並論，考其深意，似乎在虞儔看來，前述特奏名出身者的三個問題，均可歸結為一語，即其素質不足以勝任州級司法幕職的要求。

以此觀之，又可得到關於宋朝州級司法幕職的一個認識，即撇開其他因素的影響不談，單從人才選拔的角度來看，州級司法幕職的素質堪為宋代士大夫群體之標杆，州級司法幕職足以為兩宋之法制的實踐，提供智識和人格上的堅實保障。將此認識與兩宋之際對州級司法幕職的重視相映證，更可以進一步推論，宋朝州級司法幕職雖然處於文官體系的下層，但絕不可由此武斷的認定其社會地位低下，這一點認識還將在下文予以更周延的論述。

### （二）其他來源

除科舉入仕之外，宋朝州級司法還有恩廕補官、從軍補援、納粟補官、有功於朝廷而擢官、京官貶黜以，老邁者充任幕職以及錄先聖之後為幕職等七種來源，以下則分述之。

#### 1、恩廕補官

恩廕補官是指因祖先功勳而補官。宋太祖時規定「臺省六品、諸司五品，登朝常歷兩任，然後得請。」〔註165〕據《宋史》所載，宗室子弟、文、武高官子弟可以恩廕補官，而且宗室子弟每逢南郊、祭祀或皇帝生日等重要節日，還可以通過奏薦方式廕補為官。〔註166〕

隨著廕補人數的增加，中央朝廷開始限制恩廕補官。一則限定奏廕者身份，宋太宗至道二年，「限以翰林學士、兩省五品、尚書四品以上，賜一子出身，」〔註167〕二則罷除節郊恩蔭，據記載，「仁宗時雖罷聖節恩，而猶行之妃、主。神宗既裁損臣僚奏蔭，以宮掖外戚尤濫，故稍抑之。」〔註168〕三則通過轉遷之法提高恩廕補官者的政務能力。如「太廟齋郎，入中下州判、司，中縣簿、尉。郊社齋郎，試銜白衣送銓注官，司士、文學、參軍、長史、司馬、助教得正官，並班行試換文資，入下州判、司，中下縣簿、尉。」〔註169〕

鑒於恩廕補官者之能力及學識相較於科舉入仕者要低，故恩廕補官者改

---

〔註165〕《宋史》卷一百五十九，「選舉五・銓法下」，第3727頁。

〔註166〕《宋史》卷一百五十九，「選舉五・銓法下」，第3724～3725頁。

〔註167〕《宋史》卷一百五十九，「選舉五・銓法下」，第3727頁。

〔註168〕《宋史》卷一百五十九，「選舉五・銓法下」，第3729頁。

〔註169〕《宋史》卷一百六十九，「職官九・流內銓」，第4040頁。

官時間較長。〔註170〕

## 2、從軍補援

宋朝州級司法幕職的來源之一是從軍補援，即由武官換官為州級司法幕職。據苗書梅先生研究，北宋天聖五年（1027）以前，文、武官員子弟只許補武階，此後文臣子弟可補為文官，而武臣子弟則補為武官。〔註171〕但是，正如前文對宋朝士大夫之定義所論，終兩宋之世，其武官的地位在整體不如文官之高，士大夫亦多有輕視武官之言行，受這種根深蒂固的看法影響，宋朝的武官要麼選擇淡化或掩飾自己的武官身份，要麼通過各種途徑轉遷為文官，〔註172〕宋朝中央朝廷對此亦有認識，故宋神宗熙寧五年頒佈文武官員轉遷條例，依據這一條例，三班使臣等低階武官可轉遷防禦推官，團練推官等初等州級幕職，由此則構成了宋朝州級幕職的從軍補援之來源。

## 3、納粟補官

宋朝初無納粟補官之制，始見於北宋真宗年間，據《燕翼詒謀錄》記載：

> 納粟補官，國初無。天禧元年四月，登州牟平縣學究鄭河，出粟五千六百石振饑，乞補弟巽。不從。晁迥、李維上言，乞特從之，以勸來者，豐稔即止。詔補三班借職。今承信郎。自後援巽例以請者，皆從之。然州縣官不許接坐，止令庭參。〔註173〕

鑒於納粟補官者難以勝任州級司法幕職，故慶曆七年（1047）對納粟授官者制定轉遷條例職下：

> 應納粟授官人，不除司理、司法參軍泊上州判官；資考深，無過犯，方注主簿、縣尉；如循資入縣令、錄事參軍者，銓司依格注擬，止令臨監場務。〔註174〕

由此可見，納粟者不可擔任司理參軍、司法參軍、上州判官等重要的州級司法幕職，而且納粟補官入仕者若循資可為縣令、錄事參軍者，也只予監當官，而多與司法事務無涉。

---

〔註170〕參閱苗書梅《宋代官員選任和管理制度》第一章第三節及第三章第一節等部份，第54～69頁及第226～254頁。

〔註171〕苗書梅著：《宋代官員選任與管理》，第72頁。

〔註172〕劉子健著：《兩宋史研究彙編》，「略論宋代武官群在統制階級中的地位」，聯經出版事業公司1987年版，第178～197頁。

〔註173〕《燕翼詒謀錄》卷二，「納粟補官」，第12頁。

〔註174〕《續資治通鑑長編》卷一百六十，仁宗慶曆七年二月丁未，第3862頁。

### 4、有功於朝廷而擢官

除上列途徑之外，宋代史料中有記載表明州級幕職可作為賜官而予以有功之人。如宋太祖景德二年，許洞「獻所撰《虎鈴經》二十卷，應洞識韜略、運籌決勝科，以負譴報罷，就除均州參軍。」〔註175〕不過，許洞早於咸平三年登進士，為雄武軍推官，而且許洞所獻《虎鈴經》「掇拾遺文，撰次成帙，不可謂非一家之言。」〔註176〕因此，許洞因獻經有功被賜均州參軍只是一個特例而已。

除許洞獻經而授官一例之外，尚有外族歸順北宋朝廷而得州級幕職的記載。北宋仁宗慶曆元年「以契丹歸明人趙英為洪州觀察推官，賜緋衣、銀帶及錢五萬，更名至忠。」〔註177〕宋朝立國三百年，一直強敵環伺，趙英的歸順，對於北宋朝廷而言，誠可為誇耀之典型，對趙英加以州級幕職，亦可視為籠絡異族歸順的獎賞。

### 5、京官貶黜為州級幕職

在宋朝州級司法幕職的所有來源中，這一來源與黨爭之關係最為密切。

自唐朝以來，就有京朝官被貶為地方官的記載，如唐宣宗時李德裕曾被貶為崖州司戶參軍。〔註178〕北宋之時，黨爭不絕如縷，其禍綿延，故此類貶黜屢有發生。如北宋真宗天禧四年（1020）寇準失勢被貶雷州司戶參軍，而寇準之親信也不免於被貶。〔註179〕對此，《東軒筆錄》記載說：

> 寇準拜中書侍郎平章事，丁謂參知政事，嘗會食於中書，有羹

---

〔註175〕《宋史》卷四百四十一，《文苑三》，「許洞」，第 13044 頁。

〔註176〕《四庫全書總目提要》第 1299 頁。

〔註177〕《續資治通鑑長編》卷一百三十三，仁宗慶曆元年八月乙未，第 3169 頁。

〔註178〕《全唐文》卷七十九，宣宗皇帝，再貶李德裕崖州司戶參軍制，第 827～828 頁。

〔註179〕《續資治通鑑長編》卷九十六，真宗天禧四年七月盡是年閏十二月，第 2210 頁；或見《宋大詔令集》卷第二百四，政事五十七，貶責二，「寇準貶雷州司戶參軍」，第 760 頁。「為臣之辟，莫大於不忠。治國之經，務從而去惡。矧獲罪於先帝，尚屈法於公朝，世所靡容，朕安敢舍。銀青光祿大夫道州司馬寇準，荷二聖之顧，極三事之崇，每推誠而不疑，當捐軀而有報。而乃包藏凶德，背棄大恩，與逆寺以通謀，構屬階而干紀，果上穹之降譴，俾渠魁之就擒。始其告變之辰，適當違豫之際，阽危將發，震駭斯多。雖馳驛以竄投，蓋忌器而隱忍，靜思及此，可為寒心，屬予一人，肇纘丕構，欲邪正之洞別，在賞罰之惟明，特貶遐方，庶塞輿議，全其微命，足示於好生，正乃常刑，式申於禁暴，諒非獲已。爾惟自貽，可貶授將仕郎守雷州司戶參軍、員外置同正員。」

污準鬚，謂與拂之，準曰：「君爲參預大臣，而與官長拂鬚耶？」謂
顧左右，大愧恨之。章聖既倦政，而丁謂曲意迎合太后之意，有臨
朝之謀。準便殿請對，言：「太子叡德天縱，足以任天下之事，陛下
胡不協天人繫望，講社稷之丕謀，引望大明，敷照重霄？若丁謂恃
才而挾奸，曹利用恃權而使氣，皆不可輔幼主，恐亂陛下家事。」
因俯伏嗚咽流涕，眞宗命中人扶起，慰諭之。明日，謂之黨以急變
聞，飛不軌之語以中（寇）準，坐是罷相。乾興元年二月，貶雷州
司戶參軍，皆謂所爲也。〔註180〕

北宋仁宗一朝，又因慶曆新政造成新舊黨派衝突，仁宗景祐年間「范仲
淹以言事貶，在廷多論救，司諫高若訥獨以爲當黜。（歐陽）修貽書責之，謂
其不復知人間有羞恥事。若訥上其書，坐貶夷陵令，稍徙乾德令、武成節度
判官。」〔註181〕

北宋神宗朝王安石變法期間，與王安石之新黨政見相左者，不僅被貶黜，
還會被置獄劾治，如「通判亳州、職方郎中唐諲，簽書判官、都官員外郎蕭
傳，屯田員外郎徐公裒，支使石夷庚，永城等七縣令佐等十八人皆衝替，坐
不行新法，置獄劾治，而有是命。」〔註182〕

到了北宋哲宗一朝，新、舊兩黨之爭因紹聖四年（1097）哲宗親政後再
次擢用新黨而更趨激烈。在哲宗親政之前短暫掌權的舊黨人士多被貶爲州級
幕職，如曾布就被貶爲廉州司戶參軍。〔註183〕

兩宋黨爭之中，不僅是在生之人被貶爲偏遠州郡的州級幕職，去世之人
也不免被追貶爲州級幕職。如王珪追貶爲萬安軍司戶參軍，〔註184〕司馬光在

〔註180〕 江少虞撰：《宋朝事實類苑》卷十一，「寇萊公」，上海古籍出版社1981年版，
第127～128頁。
〔註181〕 《宋史》卷三百一十九，列傳第七十八，「歐陽修」，第10375～10376頁。
〔註182〕 《長編》卷二百二十四，神宗熙寧四年六月甲戌，第5454頁。
〔註183〕 《宋史》卷十九，徽宗本紀一，崇寧二年，第367頁：「五月丙戌，貶曾布爲
廉州司戶參軍。」
〔註184〕 《宋大詔令集》卷第二百九，政事六十二，貶責七，「王珪追貶萬安軍司戶參
軍制」，紹聖四年四月丁未，第786頁。「紹聖四年四月丁未，臣無貳志，戒
在懷奸，國有常刑，議難逃罪，其申後罰。以正往怒，故金紫光祿大夫、守
尚書左僕射、兼門下侍郎、贈太師王珪，竊文華之上爵，躬柔險之詖行，馴
致顯位，遂居冢司，先帝優容臣鄰，務盡禮節，掩覆瑕慝，多歷歲時，邱山
之恩，毫髮未報。……妄懷窺覦，專務媕阿，指朝廷爲他家，用社稷爲私計，
同列詢詰，久無定言，陰持兩端，不顧大義，僅免生前之顯戮，更叨身後之

追貶爲清遠軍節度副使之後，又被追貶爲崖州司戶參軍，〔註185〕呂公著被追貶爲昌化軍司戶參軍。〔註186〕由此可見，因爲黨爭的關係，州級司法幕職已經淪爲政治鬥爭失勢之人最後的棲身之職，而貶任州級幕職也成爲黨爭之中得勢一方打壓失勢一方的手段。

### 6、老邁者充任州級幕職

宋朝亦有京官則因老邁而求充州級幕職之例，如張詠「著作佐郎求充幕職狀」所言：

> 今者雙親暮年，某亦得替到闕，若畏避觸犯，隱而不伸，是負明天子愛人之心，賢宰相均物之意。又緣天闕嚴深，無緣自達，欲望憫其賤類，特與奏陳。或許就除幕職一官，使得挈負親老，以就官食。如此，則外任其力，而內榮於心也。〔註187〕

不過宋代史料對於這種情況的記載相當鮮見，似乎反映出以這種方式出任州級司法幕職的可能性並不大。

### 7、錄先聖之後為州級幕職

宋代史料中亦有相關記載，如孔勗爲孔子四十四代孫，進士及第後，爲太平州推官。孔道輔爲孔勗之子，孔子四十五代孫，舉進士及第後曾任寧州軍事推官。但從這兩例來看，先聖之後亦需通過相關考試方得錄用，此外，對於先聖之後的擢用也多少彰顯了宋朝中央朝廷「崇文」的意味。

### （三）國家安危，令佐之任

綜觀州級幕職的來源，可以說宋朝州級司法幕職本身就是一個尖銳的矛盾集合：從科舉出仕的角度來看，宋朝州級司法幕職是宋代士大夫階層的一個組成部份，考慮到兩宋法律考的難度，甚至可以說出任州級司法幕職的難

---

> 餘榮，公議勿容，舊疏具在，返覆參驗，心跡較然，使其免惡於一時，難以示懲於萬世，貶從散秩，追正誤恩，庶令官邪，咸知警憲，可特追貶萬安軍司戶參軍。」

〔註185〕《宋史》卷三百三十六，列傳九十五，「司馬光」，第10769頁。「紹聖初，御史周秩首論光誣謗先帝，盡廢其法。章惇、蔡卞請發冢斷棺，帝不許，乃令奪贈諡，僕所立碑。而惇言不已，追貶清遠軍節度副使，又貶崖州司戶參軍」。

〔註186〕《宋史》卷三百三十六，列傳九十五，「呂公著」，第10777頁。「紹聖元年，章惇爲相，以翟思、張商英、周秩居言路，論公著更熙、豐法度，削贈諡，毀所賜碑，再貶建武軍節度副使、昌化軍司戶參軍。」

〔註187〕張詠《乖崖集》卷十一，「著作佐郎求充幕職狀」，影印文淵閣四庫全書本。

度要比其他的普通行政官員要更困難。但是對州級司法幕職的七種來源加以整體衡量，除科舉入仕一途之外，其他的六種來源顯然折射出州級司法幕職的尷尬境地，即其社會地位與其選任時的難度和仕途上升的空間並不相稱。

實際上，因為宋朝對法律、法律考試和文官法律素養的重視，其州級司法幕職的法律素養確實不低，而且在北宋也多有歷州級司法幕職而榮升到宰執的例子。但是，由於其他六種來源的存在，使得宋朝州級司法幕職的水平並非整齊劃一，而是參差不齊，尤其是貶黜京朝官為偏遠州郡幕職的做法，更是令宋朝州級幕職的社會聲望受損。

一方面是宋朝對法律的高度重視，另一方面是幕職的來源繁雜致使其整體司法水平下降，故慶曆年間，吏部尚書夏竦遂有「慎選令佐」之議論，對於州縣司法之重要，以及恩蔭、貶黜等做法導致司法官員不善文法的弊端進行了深刻的批評，其論曰：

> 國家安危，本乎蒼生；蒼生治亂，繫乎宰字之官於民甚親。古者子男之國，今為令佐之任。故漢詔郎官出宰百里，百里之任，非材不居，國家之制，若何輕之？春秋之義，用賢治不肖，用貴治賤。方今令佐，弊居叢胜，或醫師畫工之訴貧窶，京百司吏之論久次。貴游子弟之序資蔭京朝，職官之遭削奪者，皆得調授州縣之間，吏道益雜，率多不善文法，罕諳政事，下有妻孥以牽其心，上無清華以誘其望，樂於因循，甘於賄賂，皆曰：「過且罰，不失為同類；罪且棄，不失為豪民。」以是而觀，非用賢治不肖者也。〔註188〕

作為吏部尚書，夏竦對於選用人才的看法自然有獨到和深刻的一面。在他看來，包括州級司法幕職在內的司法官員的選任，直接關係到社稷安危。治國之道，在於以貴治賤、以賢治不肖，而恩蔭、貶黜等做法，恰恰與此背道而馳。不僅如此，由於官員選任的不慎重，更導致了官場習氣敗壞，「樂於因循，甘於賄賂，」長此以往，勢必影響到國家的長治久安。夏竦的這一番議論，正是對於宋朝州級司法幕職這一尖銳矛盾集合的精闢總結。

## 二、升遷與貶黜：社會地位的升降

宋朝士子一旦入仕為官，其社會地位自然得以提升，但是總體而言，宋朝升遷改官之制，條法嚴密繁冗，而州級司法幕職作為低等職官，其升遷改

〔註188〕《歷代名臣奏議》卷一三四。

官尤爲不易，而所掌事務繁雜，稍有不慎，則不免黜降貶官。以下即從社會地位升降之角度來考察宋朝州級幕職的境遇，爲行文方便，大致以升遷和貶黜兩部份加以考察。

### （一）宋朝州級司法幕職的升遷改官

宋朝州級司法幕職有七階之分，由高至低分別是承直郎、儒林郎、文林郎、從事郎、從政郎、修職郎和迪功郎，除迪功郎爲從九品之外，其他官階均爲從八品。根據苗書梅先生的研究，州級司法幕職升遷改官之途徑，主要有循資改官和磨勘改官兩種，除此之外，尙有職事改官、恩賞改官、致仕改官等其他途徑。對於這一問題，學界研究比較深入，〔註189〕此處僅就已有研究成果略作撮述，並加以分析。

### 1、循資改官

所謂「循資」，「即依資遞遷，按資排輩」〔註190〕，宋朝州級幕職在七階之內的升遷即爲「循資」。宋朝官員循資標準上承唐朝之制，據宋人記載：

> 唐制，尙書考功掌內外文武官吏之考課，凡應考之官，具錄當年功過行能，本司及本州島島島長官對讀議其優劣，定爲九等考第，然後送省。……凡考課之法，有四善、二十七最。一最以上有四善，爲上上。有三善，或無最而有四善，爲上中。有二善，或無最而有三善，爲上下。其末至於居官諂詐、貪濁有狀，爲下下。外州則司錄、錄事參軍主之，各據之以爲黜陟。國朝此法尙存。〔註191〕

總體而言，「循資」有常調、奏薦、恩例之別。

（1）常調循資是大多數州級司法幕職正常升遷的主要方式，據《宋史·職官志》所載：

---

〔註189〕相關研究成果可參閱苗書梅《宋代官員選授與管理制度》河南大學出版社1996年版。鄧小南《宋代文官選任制度諸層面》河北教育出版社會1993年版。朱瑞熙《宋代幕職州縣官的薦舉制度》，載於《文史》第27輯，1987年版，第67～88頁。曾小華《宋代薦舉制度初探》《中國史研究》1989年，第二期，第41～51頁。曾小華《宋代磨勘制度研究》，收錄於鄧廣銘主編《宋史研究論文集～一九八四年會編刊》，浙江人民出版社1987年版，第162～191頁。張希清《論宋代恩蔭之濫》，載於鄧廣銘、漆俠主編《中日宋史研討會中古論文選編》，河北大學出版社1991年版，第213～231頁。

〔註190〕鄧小南著：《宋代文官選任制度諸層面》河北教育出版社會1993年版，第88頁。

〔註191〕《容齋四筆》卷七，「考課之法廢」，第698～699頁。

> 判、司、簿、尉有出身兩任四考，無出身兩任五考，攝官出判、
> 司三任七考，並錄事參軍。但有舉主四人或有合使舉主二人，並許
> 通注縣令。流外出身四考十任，入錄事參軍，進納出身三任七考，
> 曾省試下第二任五考，入下州令、錄，仍差閒當。〔註192〕

（2）奏薦循資相比於其他循資方式更注重一定人數的舉薦人保奏。據
《宋史》記載：

> 判、司、簿、尉。舉職官，有出身四考、有舉主三人，移初等
> 職官，仍差知縣。有出身四考、無出身六考注初等職官。有出身六
> 考、無出身七考注兩使職官。舉縣令，有出身三考、無出身四考，
> 攝官出身六考，有舉主三人，進納出身六考、有舉主四，流外出身
> 三任七考、有舉主六人，並移縣令。內流外人入錄事參軍。〔註193〕

（3）恩例循資的對象多為高官子弟及皇親國戚。至慶曆中，因見入仕
者倍增，仁宗即有意裁減奏補入仕之途。相關裁減規定則於神宗朝，更為明
確：

> 諸曾授宰相執政官，若中書門下省正言以上，尚書左右、諸司
> 郎官、寺監長貳、監察御史以上，發運、轉運使副，提點刑獄，開
> 封府推判官以上，及奉直、右武大夫以上，非降黜終身者，十年內
> 陳乞期親或孫恩澤一次，並招保官二員。〔註194〕

透過上述規定，瞭解朝廷儘管要求裁減恩蔭人數，但亦無法解決官員人
數過多的問題。故自徽宗時期，在孟昌齡、童貫等人之操縱下，出現恩例過
濫等現象：

> 崇寧以來，類多泛賞，如曰「應奉有勞」、「獻頌可採」、「職事
> 修舉」特受特轉者，皆無事狀可名，而直以與之。孟昌齡、朱勔父
> 子、童貫、梁師成、李邦彥等，凡所請求皆有定價。而蔡京拔用從
> 官，不論途轍，一言合意，即日持橐，又優堂史，往往至中奉大夫，
> 或換防禦觀察使。由此任子百倍。〔註195〕

之後蔡京又因個人喜好，任意擢用親信，最終導致北宋末年補蔭任官之

---

〔註192〕《宋史》卷一百六十九，《職官九》，「循資」，第4040～4041頁。
〔註193〕《宋史》卷一百六十九，《職官九》，「奏舉」，第4041～4042頁。
〔註194〕《慶元條法事類》卷十二，《恩澤》，「奏舉令」，第152頁。
〔註195〕《宋史》卷一百五十九，《選舉五》，「補蔭之制」，第3732頁。

制人數倍增。〔註196〕縱然欽宗企圖改革補蔭之制，並規定「非法應回授及特許者，毋錄用」，〔註197〕但北宋中後期的冗官現象之形成，廕補之濫亦爲間接誘因。

### 2、磨勘改官

作爲七階選人的宋朝州級司法幕職係地方官員，其「循資」之升遷最終不出地方官員系統，若要進入品秩更高的京朝官系統，則須「磨勘」。

所謂「磨勘」是指「勘驗官員檔案，根據年限和政績爲官員升遷的過程。」〔註198〕磨勘所需檔案包括解狀（又稱解由，是選入解發赴闕的證明）、舉狀（推舉者的薦舉書）、家狀（個人履歷）、考狀（功過成績表格）等文件。

選人七階中的任何一階都可以通過磨勘轉爲京官，其上層甚至可以轉爲升朝官。京朝官與選人之差別有若天壤，恰如蘇洵所言，「凡人爲官，稍可以紓意快志者，至京朝官始有其彷彿耳。自此以下者，皆勞筋苦骨，摧折精神，爲人所役使，去僕隸無幾也。」〔註199〕故磨勘改官是宋朝州級司法幕職至關重要的遷轉機會。

宋仁宗朝以前，州級司法幕職循資改官的通行規則如下：

> 若磨勘應格，自縣令、錄參以上及六考者，有出身皆改著作郎；
> 無出身及七考者，改大理寺丞，其有功賞循資者減一考。若未該磨勘循資者，至支使及八考者，有出身改太子中允，餘改太子中舍。
> 其四色判官及九考以上者，改秘書丞，十二考以上者改太常博士；
> 無出身人止於殿中丞而已。〔註200〕

宋神宗熙寧四年（1071）變法時，針對仁宗朝改官不一等問題，重新制定州級司法幕職的考課年限與升遷規則，如下表所示：〔註201〕

---

〔註196〕《宋史》卷一百五十九，《選舉五》，「補蔭之制」，第 3732 頁。「而蔡京拔用從官，不論途轍，一言合意，即日持橐，又優堂吏，往往至中奉大夫，或換防禦觀察使。由此任子百倍。」

〔註197〕《宋史》卷一百五十九，《選舉五》，「補蔭之制」，第 3732～3733 頁。

〔註198〕苗書梅著：《宋代官員選授與管理制度》，河南大學出版社 1996 年版，第 381 頁。

〔註199〕蘇洵著，曾棗莊、金成禮箋注：《嘉祐集箋注》第 13 卷，「上韓丞相書」，上海古籍出版社 1993 年版，第 352 頁。

〔註200〕章如愚撰：《群書考索·後集》卷十九，《官階門·文階類》，影印文淵閣四庫全書本。

〔註201〕本表引自苗書梅《宋代官員選授與管理制度》，河南大學出版社 1996 年版，

| 官　名 | 考　數 | 出　身 | 改官後官階 | 是否朝官 |
|---|---|---|---|---|
| 節度判官、觀察判官 | 六考 | 進士 | 太常丞 | 是 |
| | | 非進士 | 太子中舍 | 是 |
| | 未及六考 | 進士 | 太子中允 | 是 |
| | | 非進士 | 著作佐郎 | |
| 防禦判官、團練判官 | 六考 | 進士 | 太子中允 | 是 |
| | | 非進士 | 著作佐郎 | |
| | 未及六考 | 進士 | 著作佐郎 | |
| | | 非進士 | 大理寺丞 | |
| 兩使推官、軍事判官，錄事參軍 | 六考 | 進士 | 著作佐郎 | |
| | | 非進士 | 大理寺丞 | |
| | 未及六考 | 進士 | 大理寺丞 | |
| | | 非進士 | 衛尉寺丞 | |
| | 未及三考 | 進士 | 光祿寺丞 | |
| | | 非進士 | 大理評事 | |
| 防禦、團練及軍事推官、軍監判官 | 六考 | 進士 | 大理寺丞 | |
| | | 非進士 | 衛尉寺丞 | |
| | 未及六考 | 進士 | 光祿寺丞 | |
| | | 非進士 | 大理評事 | |
| | 未及三考 | 進士 | 大理評事 | |
| | | 非進士 | 奉禮郎 | |
| 三京府軍巡判官、司理參軍、司法參軍、司戶參軍 | 未及七考 | 進士 | 光祿寺丞 | |
| | | 非進士 | 大理評事 | |
| | 未及五考 | 進士 | 大理評事 | |
| | | 非進士 | 奉禮郎 | |
| | 未及三考 | 進士 | 奉禮郎 | |
| | | 非進士 | 將作監主簿 | |

　　由上表可見宋朝州級司法幕職的磨勘改官，有兩點值得注意：其一，出身之有無直接影響州級司法幕職磨勘改官的結果；其二，大體而言，州級司法幕職多經六考，方有機會晉升京官。此外，從現有資料來看，州級司法幕職即使可以通過磨勘改官，其上升空間仍然有限，尤其是南宋以後，經州級

第 424 頁。

司法幕職而升任宰執的例子更爲鮮見，這一點將於下文論述。

### 3、職事改官

州級司法幕職掌刑獄，其責任重大，故可以少用或不用舉主，任滿後直接改官，此即職事改官。〔註202〕

職事改官始於太宗端拱年間。鑒於刑獄繁重，中央朝廷對幕職州縣官中明法雪冤者予以超資拔擢，比如錢若水任同州推官，「知州以若水雪冤死者數人，欲爲之奏論其功，……。未幾，太宗聞之，驟加進擢，自幕職半歲中爲知制誥，二年中爲樞密副使。」〔註203〕宋眞宗景德二年（1005）對選人改官，則規定「三司、大理寺任滿一年，刑部滿三年，無私罪，允改京官」。〔註204〕但實際上不少幕職州縣官，若能辯白冤獄者，則可因此改官，如「前權石州軍事判官馮元吉循一資，仍賜五品服，以其嘗辨冤獄，活二人死故也。」〔註205〕

除此之外，宋朝州級司法幕職中不乏才能超卓之人，朝廷對於此等人才，也會令其充任國子監直講。如眞宗景德二年（1005）起，邢昺、張雍、杜鎬、孫奭等人於京朝、幕職州縣官中薦儒堪充國子監直講者十人，〔註206〕宋仁宗寶元二年（1039）進一步制訂了文學出眾者的保薦規定：

> 今後所舉京朝官、幕職州縣官充國子監直講，乞歷任中不曾犯私罪，或公罪杖以下者，方許保薦。及就轉京朝官後，再供職四年，許理爲一任。〔註207〕

### 4、酬賞改官

朝廷依據幕職州縣官的特殊表現，對其加以拔擢以示酬賞，即酬賞改官。據現有資料來看，其類有二：

其一，修葺水利有功。如宋神宗時盧州觀察推官江衍因「檢括修州鑒湖之勞」而「循一資……與堂除差遣」，〔註208〕乾寧軍司理參軍張適因爲「修滹沱河及淤田之勞」而升遷爲「大理寺丞」。〔註209〕

---

〔註202〕苗書梅著：《宋代官員選授與管理制度》第四章《官員管理制度》，第427頁。
〔註203〕《涑水記聞》卷二，「錢若水正冤獄」，第27頁。
〔註204〕《宋會要輯稿》職官十五之34，景德二年六月。
〔註205〕《長編》卷一百四，仁宗天聖四年七月辛巳，第2415頁。
〔註206〕《宋會要輯稿》職官二八之1，「國子監」，眞宗景德二年五月。
〔註207〕《宋會要輯稿》職官二十八之3，「國子監」，寶元二年十月十三日。
〔註208〕《續資治通鑒長編》卷二百四十八，神宗熙寧六年十一月丁卯，第6051頁。
〔註209〕《續資治通鑒長編》卷二百七十六，神宗熙寧九年六月戊子，第6741頁。

　　其二，善治地方有功。宋仁宗朝中期以後，有州級幕職因治官有善狀而改官，如陝西司戶參軍柳洮「治官有善狀，特改大理寺丞。」〔註210〕若州級司法幕職有「獄空」之善狀，則不僅會升遷，更會賜以章服、銀、絹、錢，以示酬賞，如宋神宗元豐五年（1082）開封府王安禮即受此酬賞：

　　　　知開封府王安禮言三院獄空。詔送史館。安禮遷一官，推、判
　　官許懋、胡宗愈、劉仲熊並賜章服，軍巡判官畢之才以下十四人為
　　三等：第一等遷官，第二等減磨勘二年，第三等一年；吏史轉資；
　　仍賜銀、絹、錢，為絹千匹、銀百五十兩、錢五百千。〔註211〕

### 5、致仕改官

　　致仕即退休，致仕改官，意在慰勞致仕之選人。一般而言，宋朝州級司法幕職若致仕，則會晉陞官資，「國朝凡文武官致仕者，皆轉一官，……幕職州縣官改京朝官。」〔註212〕但是，州級司法幕職依選人七階有寄祿官階之高下，故致仕之規定亦有差別：

　　　　從事郎以上：右改合入官，進納循資。從政郎，修職郎：右改
　　合入官；進納、流外循資。迪功郎：右改合入官，進納六考、流外
　　四考，及已任上州判司，並循資。餘守本官致仕。〔註213〕

### （二）貶　黜

　　《宋會要輯稿》卷六十四至卷七十五卷，多有各時期降黜貶官的記載。考諸史料，可知宋朝州級司法幕職遭貶黜的原因，頗為龐雜，茲分述如下。

### 1、獄訟斷案失職

　　作為司法官員，宋朝州級司法幕職被貶黜的原因之一就是獄訟、斷案失職。獄訟、斷案失職的相關規定在《宋刑統》、《慶元條法事類》、《宋會要輯稿》以及其他宋代史料中多有記載。

　　宋朝對州級司法幕職的黜降，因獄訟斷案失職一類為最廣泛。以《宋刑統》例，其「斷獄」律所載共計 17 門：應因禁枷鎖杻、與囚金刃等令自殺

---

〔註210〕〔元〕俞希魯，《至順鎮江志》卷十八，人材一，科舉，土著，第2849頁。
〔註211〕《續資治通鑑長編》卷三百二十五，神宗元豐五年四月壬子，第7813頁。
〔註212〕《宋會要輯稿·職官》七七之28。
〔註213〕楊一凡、田濤主編，劉篤才、黃時鑒點校：《中國珍稀法律典籍續編》（第二
　　　　冊），《吏部條法·改官門》「侍郎左選格」，黑龍江人民出版社 2003 年第 1
　　　　版，第 321 頁。

及得解脫者、死罪囚雇倩人殺、受囚財教導令翻異、囚應請給醫藥衣食、不合拷訊者取眾證爲定、決罰不如法、監臨官捶迫人致死、斷罪引律令格式、官司出入人罪、遇赦不原知有赦故犯徒以上呼囚告家屬罪名、緣坐應沒官不沒官、推斷懷孕婦人、決死罪、斷罪不當、縱死囚逃亡、疑獄。這 17 門之下的條款則更爲嚴密，〔註 214〕以致於司法幕職因之黜降，如開封府參軍高日華、李端弼二人因「推勘李中孚獄不務檢實」而降一官放罷。〔註 215〕又如邵州錄事參軍、權通判推官柴璿，司理參軍、權判官李邠，因「兩年之間，兩獄瘐死獄囚至多。如段齊誣告之獄，追逮淹繫殆將一年，死者亦至三人，」被處降一資。〔註 216〕

實際上，誤判獄訟不僅導致黜降，而且引起朝廷對瀆職犯罪的追究，如宋神宗熙寧二年（1069）規定：官員判案，依照違誤的程度，加以定罪，如「今後官員失入死罪，一人追官勒停；二人除名；三人除名編管。」〔註 217〕

雖然宋朝對於州級司法幕職獄訟斷案失職一事關防嚴密，但是仍然會區分故意、過失等諸多不同情況，比如對於初任幕職者，則尺度稍寬，其原因在於初任幕職者往往被胥吏所蒙蔽。以「失入死罪」爲例，據《宋會要輯稿》記載：

> 刑部舉駁外州官吏失入死罪，按準斷獄律從徒流，失入死罪者減三等徒二年半，公罪分四等定斷。官減外徒二年，爲首者追官，餘三等徒罪並止罰銅。伏以法之至重者死生之際，幕職州縣初歷宦途，未諳吏事。長吏明知徒罪不至追官，但務因循，不自詳究。〔註 218〕

除了常制之規定，在獄訟斷案失職的問題上，有一點值得注意，即獄訟審斷之中若司法幕職有殘暴之行，則嚴懲不貸。如宋太宗興國六年（981），「自春涉夏不雨，太宗意獄訟冤濫。會歸德節度推官李承信因市蔥苔園戶，病創死。帝聞之，坐承信棄市。」〔註 219〕次年，「新建縣令朱靖因怒決部民致死，

〔註 214〕相關內容可參見薛梅卿點校《宋刑統》卷二十九、卷三十，「斷獄律」，法律出版社 1998 年版，第 528～565 頁。

〔註 215〕《宋會要輯稿》職官六八之 23。

〔註 216〕《宋會要輯搞》職官七三之 17。

〔註 217〕吳曾撰：《能改齋漫錄》卷十三，《赦官吏失入死罪》，上海古籍出版社 1979 年新 1 版，第 392 頁。

〔註 218〕《宋會要輯稿》職官一五之一至職官十五之二，《刑部斷》。

〔註 219〕《宋史》卷二百，志一百五十三，《刑法二》，第 4986 頁。

甲午，靖杖脊，配沙門島禁錮。」〔註220〕宋眞宗大中祥符三年（1010），「權判吏部銓王嗣宗等言：『吉水縣尉范世昌在任，戶長彭昉告縣典王雅受贓，世昌連杖昉三次致死，顯庇下吏，不容論訴，吉州止坐公罪，贖銅九斤。望自今幕職、州縣官非理決人致死，並具案奏裁，仍令本路轉運、提點刑獄司察舉，責懲殘暴之吏。』詔可。世昌仍不得與官。」〔註221〕

不獨是獄訟斷案中的殘暴之行要受黜降，即便是不與獄訟相涉的暴行，也會予以黜降。如宋仁宗皇祐五年十月，「徐州錄事參軍路盛追官勒停。盛馬斃，怒廄人芻秣不時，杖之，令抱巨石立五晝夜，又杖之。大理寺斷杖八十私罪，帝以盛所爲苛暴，貴畜而賤人，特貶之也。」〔註222〕

究其原因，應當歸於宋朝皇帝對獄訟的高度重視。宋代史料對於歷任皇帝重視獄訟的言行多有記載，宋朝皇帝對於獄訟審斷中幕職的殘暴之行加以重懲，正是這一認識的表現之一。天聖九年（1031），隴州軍事判官李謹言、推官李廓、司理參軍嚴九齡因斷獄枉濫被「除名，配廣州衙前」，宋仁宗因而下詔警諭司法官員，「自今親民掌獄官，其務審獄情，苟或枉濫，必罰無赦。」〔註223〕這一段話，正是解釋重懲殘暴之吏的最佳注腳。

### 2、貪贓受賂違法

州級司法幕職貪贓受賂是宋代黜降法適用的重點所在。凡監守自盜，受賂枉法、恐嚇取財、聚斂擾民者，皆加以懲處。

宋太祖鑒於五代時司法官員貪贓枉法之弊，對貪贓受賄的官員一律加以重懲，以至於有司法幕職因貪贓而棄市，如「宋州觀察判官崔絢、錄事參軍馬德休並坐贓棄市。」〔註224〕宋眞宗朝施行「貸命」法之後，朝廷大幅放寬贓吏處死的禁令。〔註225〕

宋眞宗寬貸贓罪的規定，不僅及於州級司法幕職自身的行爲，亦及於州級幕職改官時的「連坐」。所謂改官之「連坐」，是指官員以舉薦方式改官，

---

〔註220〕《續資治通鑑長編》卷二十三，起太宗太平興國七年閏十二月庚寅正，第532頁。

〔註221〕《續資治通鑑長編》卷七十三，起眞宗大中祥符三年正月壬申，第1651～1652頁。

〔註222〕《宋會要輯稿》職官六五之13。

〔註223〕《長編》卷一百十，仁宗天聖九年四月戊寅，第2556頁；相關史料亦參見《宋史》卷二百，志第一百五十三，刑法二，第4988～4989頁。

〔註224〕《宋史》卷三，「太祖本紀第三」，「開寶八年」，第44頁。

〔註225〕苗書梅著：《宋代官員選任和管理制度》第四章第四節降黜制度，第467頁。

其舉主與被舉幕職有連帶責任，被舉幕職改官後的表現，會牽連舉主。宋眞宗景德四年（1007）七月頒佈「群臣舉官連坐宜有區別詔」：

> 自今朝官、使臣、幕職、州縣官須顯有邊功，及自立規畫，特著勞績者，乃以名聞。如考覆之際，與元奏不同，當行朝典。或改官後犯贓，舉主更不連坐，如循常課績歷任奏舉者，改官犯罪，並依條連坐。其止舉差遣，本人在所舉任中犯贓，即用連坐之制。其改官他任，縱犯贓罪亦不須問。〔註226〕

由此可見，舉主薦舉幕職官得實者，舉主受獎勵，保薦不實者，舉主受懲罰。但是，幕職州縣官在改官後犯贓罪，舉主可以免責。

### 3、其他失職行為

除了獄訟斷案失職、貪贓受賂違法這兩類最普遍的現象之外，州級司法幕職還會因為其他失職行為而被黜降。

惰慢職事。州級司法幕職在其司法事務之外，還有其他職事，若有差池，仍不免黜降。如宋太宗太平興國二年（977），「河南府法曹參軍高丕、伊闕縣主簿翟嶙、鄭州滎澤縣令申廷溫皆坐罷軟不勝任，惰慢不親事，免官。」〔註227〕又如解州鹽池決溢，因看護不謹，解州判官崔貫之，推官劉公謹二人被勒停，「仍展五期敘」，錄事參軍、權推官徐琮，「特衝替」。〔註228〕再如神宗元豐二年（1079），邕州大火「焚官舍千三百四十六區，諸軍襄衣萬餘分，穀帛軍器等百五十萬」，邕州通判兼觀察推官之陳中勒停。〔註229〕

私貸官錢。如神宗元豐七年，「泰寧軍節度推官、知大名府莘縣晁端禮追三任官，罰銅二十斤，勒停，千里外編管。坐以官錢貸進士閻師道，及師道請求豫借保甲錢買弓箭，為提舉保甲司所劾也。」〔註230〕

臨陣脫逃。如宋仁宗皇祐五年（1053）儂智高反叛，「賓州推官、權通判王方，靈山縣主簿、權推官楊德言，並除名，免杖刺配湖南本城，永不錄用。坐儂賊再至棄城也。」〔註231〕

---

〔註226〕《宋會要輯稿》選舉二七之9，《群臣舉官連坐宜有區別詔》，景德四年七月己巳。
〔註227〕《續資治通鑑長編》卷十八，太宗太平興國二年五月壬戌，第404頁。
〔註228〕《宋會要輯稿》職官六七之27。
〔註229〕《續資治通鑑長編》卷二百九十八，神宗元豐二年六月甲辰，第7254頁。
〔註230〕《續資治通鑑長編》卷三百四十九，神宗元豐七年十月庚寅，第8375頁。
〔註231〕《續資治通鑑長編》卷一百七十四，仁宗皇祐五年二月壬辰，第4201頁。

處事不當，開啓爭端。如宋神宗元豐元年正月「判官許章、推官劉處厚衝替，司錄參軍劉舜理以下三人勒停，……並不用赦降、去官。坐易州捕盜，誤以解子平爲北界地，啓虜人爭疆之隙也。」〔註232〕

阿隨長官。因「阿隨」而受黜之例，如前文已舉宋神宗時明州司理參軍辛肅被勒停，〔註233〕以及南宋沅州判官鞏濙被罷〔註234〕之例。此處容再以二例證之：其一，宋神宗時，因「阿隨」知府許將，開封府司戶參軍李君卿降一官，開封府判官許懋、李寧罰銅有差。〔註235〕其二，宋哲宗紹聖二年，知開封府王震與章惇有隙，王震令司錄參軍陳厚「節外勘出許與良借錢等數事進呈，……事皆挾情」，朝廷因而降陳厚爲通直郎，監浙州茶鹽酒稅。〔註236〕

### 4、其他貶黜事由

除前列三類黜降原因之外，關於宋朝州級司法幕職的貶黜，宋代史料還有以下記載。

因謀反而受牽連。中國歷代皇權均視造反爲頭等威脅，唐宋以降，謀反爲「十惡」之首，罪在不赦，即使皇親國戚狂悖妄語謀反，亦不免於削侯奪爵。據宋史記載，宋太宗太平興國七年（982）五月，太子太師王溥等七十四人奏言兵部尙書盧多遜及宋太宗之弟趙廷美「顧望咒詛，大逆不道，宜行誅滅，以正刑章。」及趙廷美「勒歸私第」之後，其屬官即因「輔導無狀」之名而受貶黜，如西京留守判官閻矩貶爲涪州司戶參軍，前開封推官孫嶼則降爲融州司戶參軍。〔註237〕至於普通官員被指謀反，因之而受牽連者，則以極刑處死。如神宗熙寧八年（1075）沂州民朱唐告前餘姚主簿李逢謀反，因李逢供辭牽連到河中府觀察推官徐革，後徐革被凌遲處死。〔註238〕

被指品行有疵。政和元年二月，因「言者論傳正之弟成允沒於王事，朝廷恤孤，官其三子，傳正殊無義養，至與寡婦分爭恩澤，」開封府左司錄參

---

〔註232〕《宋會要輯稿》職官六六之2。
〔註233〕《續資治通鑑長編》卷二百十四，熙寧三年八月辛酉，第5199頁。
〔註234〕《建炎以來繫年要錄》，卷一百六十八。
〔註235〕《宋會要輯稿》職官六六之9。
〔註236〕《宋會要輯稿》職官六七之13。
〔註237〕《宋史》卷二百四十四，列傳第三，宗室一，「魏王廷美」，第8668頁。相關史料亦可參見《長編》卷二十三，太宗太平興國七年五月癸巳，第519頁。
〔註238〕《宋史》志第一百五十三，《刑法二》，第4998頁。

軍李傳正遭罷黜。〔註239〕

詆毀中傷大臣。南宋高宗建炎四年二月九日，臨安府觀察推官沈長卿、司理參軍葉義問並勒停，其原因是高宗認爲這二人「中傷大臣，力肆詆毀，露章臺省，鼓動眾情，此干於政體，不得不懲」。〔註240〕

## 三、俸祿：社會地位的經濟表現

### （一）宋朝俸祿制度以及州級司法幕職的俸祿

宋朝開國皇帝趙匡胤曾經說過一句很有名的話：「吏員猥多，難以求治；俸祿鮮薄，未可責廉。與其冗員而重費，不若省官而益俸。」〔註241〕然而終宋之世，「省官」可以說是有名無實，但「益俸」確實是名實相符。

宋朝立國以來，一直將優待士大夫作爲一項基本國策，這一國策體現在俸祿制度上就是行「益俸」之策而對官員給予優厚的俸祿。大略而言，宋朝官俸制度經歷了四個階段的變化，現撮述如下：

承襲前朝舊制。自北宋建立至宋眞宗景德年間，官員俸祿按官品高低發放。如《宋史・職官志》所載：「唐令，定流內一品至九品，有正從上下階之制。……宋初，並因其制」。〔註242〕唯獨「俸錢」按後唐制減半發放。《宋史・職官志》載：「後唐同光初，租庸使以軍儲不充，百官俸錢雖多，而折支非實，請減半數而支實錢。……宋初之制，大凡約後唐所定之數。」〔註243〕

重訂本朝俸制。自眞宗大中祥符元年（1008 年）復位百官俸祿以來，直至元豐改制（1080 年）時重訂官俸之制，其官俸以本官爲主，依官品分 41 等發放。這一階段的「益俸」特徵較爲明顯，如宋眞宗行增益俸祿之策，不僅使得中央「三司估百官奉給折支直，率增數倍」，〔註244〕而且規定地方官員「俸給宜優」。宋仁宗嘉祐二年（1057 年）《嘉祐祿令》的正式頒行，基本上確定了此後宋朝官俸的數額。

實施雙薪寄祿制。元豐改制（1080 年）以後，宋朝官員的「官」、「職」

---

〔註239〕《宋會要輯稿》職官六八之 23。
〔註240〕《宋會要輯稿》職官七〇之 10。
〔註241〕開寶三年六月壬子。
〔註242〕《宋史》卷一百六十八，志第一百二十一，《職官八》，「元豐以後合班之制」，第 3989 頁。
〔註243〕《宋史》卷一百七十一，志第一百二十四，《職官十一》，「職錢」，第 4112 頁。
〔註244〕《宋史》卷一百七十一，志第一百二十四，《職官十一》，「職錢」，第 4113 頁。

並不相稱，於是宋神宗元豐三年九月十六日頒行《元豐寄祿格》，以寄祿官（又稱「階官」）計算官俸，即所謂「元豐定制，以官寄祿」〔註245〕。實際上，《元豐寄祿格》確立的是一種雙薪俸祿制，即官員俸祿有二：一是本俸，即寄祿官請給；二是職務收入，即實際任職所獲的職錢。〔註246〕此後，雙薪寄祿制在哲宗、徽宗等朝屢有增改，沿用至北宋末年始告完備。與《嘉祐祿令》相比，元豐改制以來的官員俸祿制度變化有二，一是提高俸錢，二是新增職錢，其他項目則沿襲不改。

混合雜糅時期。宋室南渡以來，朝廷典章制度多毀於兵亂，南宋的官員俸祿制度也不例外，呈現出混合雜糅北宋各朝俸祿制度，又稍加改動的特徵。「建炎南渡以後，俸祿之制，參用嘉祐、元豐、政和之舊，少所增損。」〔註247〕「元豐定制，以官寄祿。南渡重加修定。」〔註248〕由此可見，宋高宗建炎以後的官員俸祿制度，既有宋神宗元豐以來的雙薪寄祿制，又雜以宋仁宗《嘉祐祿令》，以及宋徽宗政和年間武選官、選人改名，並略加增減。

總體而言，宋代俸祿包括諸多令人眼花繚亂的名目，如正俸、祿粟、職錢、職田、茶湯錢、給券（類似於今日之差旅費）、廚料、薪炭等等。其州級司法幕職的俸祿則如下列表格所示：

## 表一：北宋《嘉祐祿令》州級司法幕職請給表

| 官　名 | 衣　賜 | 料錢 |
|---|---|---|
| 節度、觀察判官 | 春、冬絹各六匹，冬綿十二兩半 | 25千 |
| 開封府判官、推官，司錄參軍 | 春、冬絹各五匹，冬綿十五兩 | 20千 |
| 諸京府司錄參軍，五萬戶以上州（及三京）錄事參軍 | 衣賜隨本官 | |
| 三萬戶以上州錄事參軍 | 衣賜隨本官 | 18千 |
| 留守推官，京府推官，節度、觀察推官 | 春、冬絹各五匹，冬綿十兩 | 15千 |
| 一萬戶以上州錄事參軍 | 衣賜隨本官 | |

〔註245〕《宋史》卷一百七十二，志第一百二十五，《職官十二》，「增給」，第4130頁。

〔註246〕職事官職錢又分為「行、守、試」三等，以寄祿官官品高下為準。凡寄祿官比職事官高一品以上者為「行」，低一品者為「守」，低二品以下者為「試」，同品者，不帶「行、守、試」名，職錢與「行」同等。

〔註247〕《宋史》卷一百七十二，志第一百二十五，《職官十二》，「增給」，第4130頁。

〔註248〕同上。

| 五千戶以上州及三京錄事參軍，三萬戶以上州司理、司法參軍 | 衣賜隨本官 | 12千 |
|---|---|---|
| 五萬戶以上州及三京司戶參軍，一萬戶以上州司理、司法參軍，不滿五千戶州錄事、司理、司法參軍 | 衣賜隨本官 | 10千 |
| 三萬戶以上州司法參軍 | 衣賜隨本官 | 9千 |
| 防禦、團練、軍事推官，軍、監判官，五千戶以上州司戶參軍，不滿五千戶司戶參軍 | × | 7千 |

## 表二：元豐改制後至北宋末期州級司法幕職寄祿官請受表

| 官　名 | 衣　賜 | 料　錢 |
|---|---|---|
| 承直郎 | 春、冬絹各六匹，綿十二兩 | 25千 |
| 儒林郎 | 春、冬絹各五匹，綿十兩 | 20千 |
| 文林郎 | | 15千 |
| 從事、從政、修職郎 | × | 15千 |
| 迪功郎 | | 12千 |

## 表三：祿粟

| 官　名 | 月給祿粟 | 說　明 |
|---|---|---|
| 京府司錄參軍，一等諸州錄事參軍 | 5石 | 凡州級司法幕職並給米、麥；熙寧四年，錄事參軍為三石者，增為四石；司理、司法、司戶二石者，增為三石；防、團、軍事推官，軍、監判官二石者增為三石。 |
| 一等諸曹參軍，二等諸州錄事參軍，一等司理、司法參軍，四京軍巡判官 | 4石 | |
| 二等諸曹參軍，三等諸錄事參軍，二等司理、司法參軍，一等司戶參軍 | 3石 | |
| 二等司戶參軍，軍、監判官，防禦、團練推官 | 2石 | |

## 表四：北宋前期州級司法幕職月給薪、槁表

| 官　名 | 薪、槁（月給） | 炭（歲給） | 鹽（歲給） | 紙 |
|---|---|---|---|---|
| 開封府判官，節度判官 | 薪20、槁40 | | | |
| 開封府推官，留守節度推官，防、團軍事判官 | 薪15、槁30 | × | × | × |
| 留守判官 | 薪20、槁30 | | | |
| 防、團軍事推官 | 薪10、槁20 | | | |

## 表五：南宋州級司法幕職俸祿表

| 官　　名 | 衣、糧 | 料　　錢 |
|---|---|---|
| 承直郎 | 廚料米 6 斗，麵 1 石 5 斗，槁 40 束，柴 20 束，馬 1 匹，春、冬絹各 6 匹，冬綿 10 兩 | 25 貫；茶湯錢 10 貫 |
| 儒林郎 | 廚料米 6 斗，麵 1 石 5 斗，儒林郎 20 束槁、文林郎 30 束槁，柴 15 束，春、冬絹各 5 匹，冬綿 10 兩 | 15 貫；茶湯錢 10 貫 |
| 文林郎 | | |
| 從事郎、從政郎、修職郎 | 米、麵各 2 石 | |
| 迪功郎 | 米、麵各 1 石 5 斗 | 12 貫；茶湯錢 10 貫 |
| 以上錢折支中給一半現錢，一半折支。每貫折現錢 700 文。釐務日給，滿替日停支。 | | |

## 表六：兩宋州級司法幕職之職田表

| 官　　名 | 畝　　數 |
|---|---|
| 藩府判官、錄事參軍 | 5 頃 |
| 節度州判官、錄事參軍 | 4 頃 |
| 藩府及節鎮推官，除藩府及節鎮以外判官 | 3 頃 50 畝 |
| 軍、監判官，餘州推官，餘州及軍、監錄事參軍，藩府及節鎮曹官 | 3 頃 |
| 餘州及軍、監曹官 | 2 頃 50 畝 |

※以上各表據龔延明《宋代官制辭典》相關表格，以及《宋史・職官志》、《宋會要輯稿・職官志》、《文獻通考》之俸祿、職田等相關內容制定。

### （二）州級司法幕職的生活水平考察

宋朝州級司法幕職的俸祿，已如前表所列。那麼其俸祿能夠支持何等生活水平呢？為直觀起見，現根據相關資料，以南宋州級幕職中俸祿最高的承直郎為例，按照南宋初期紹興年間的相關物價，將其俸祿中除米、麵及職田收入之外的項目折合成現金作一計算。

前述南宋時承直郎之俸祿除米、麵和職田收入之外，尚有每月發放料錢 25 貫，茶湯錢 10 貫；月給槁 40 束和柴 20 束；每員配馬 1 匹；每年春、冬絹各 6 匹，冬綿 10 兩。

料錢一項相當於今日之月薪，則一年之內可得料錢及茶湯錢 420 貫；紹

興年間，1 束柴約爲 100 文，則柴 20 束約值 2000 文即 2 貫，〔註 249〕則一年之數約折合 24 貫；而 1 匹馬的價格則視其大小有高有低，「紹興二年，朝廷在廣西買馬，馬高 4 尺 7 寸者值 45 貫，4 尺 1 寸者 13 貫」；〔註 250〕1 匹絹的市值在紹興時的價錢約在 2 貫左右波動，1 兩綿大約折價 500 文，〔註 251〕故春、冬絹各 6 匹加上冬綿 10 兩，大約可折合市值 17 貫。以上收入，總計約 474 到 506 貫之間。

那麼這些錢可以滿足何等層次的需要呢？現據南宋初期 10 貫錢之值對上述承直郎之年薪作一比照。《宋會要輯稿‧食貨二》載紹興六年正月二十八日，都督行府言：

> 江、淮州縣自兵火之後，田多荒廢。朝廷昨降指揮，令縣官兼管營田事務，蓋欲勸誘廣行耕墾。緣諸處措置不一，至今未見就緒。今改爲屯田，依民間自來體例，召莊客承佃，其合行事件，務在簡便。今條具下項：……每莊蓋草屋一十五間，每間破錢三貫。〔註 252〕

由此可見，在北宋後期至南宋前期，10 貫錢大約可以建造供底層農民居住的草屋 3 間。直至南宋寧宗時期，10 貫錢還可以在蘇州買 1 畝土地，據王楙《野客叢書》卷十「漢田畝價」載曰：

> 漢田每畝十千，與今大率相似。僕觀三十年前，有司留意徵理，所在多爲良田，大家爭售，至倍其直。而邇年以來，有司狃於姑息，所在習頑爲風，舉向來膏腴之土，損半直以求售。〔註 253〕

對於 10 貫錢的價值，還可以從宋代法律對於涉案金額達 10 貫的犯罪的相規定上來認識：「諸將銅錢入海船者……十貫流二千里，從者徒三年。」〔註 254〕據此可知，若走私 10 貫錢到海外，即判處流放二千里的嚴刑。此外，元祐二年（1087 年），刑部、大理寺亦規定：「凡斷讞奏獄，每二十緡以上爲大事，十緡以上爲中事，不滿十緡爲小事。大事以十二日，中事九日，小

---

〔註 249〕參見程民生著《宋代物價研究》第十二章「兵器、工具與日雜用品」，人民出版社 2008 年版，第 537～539 頁。

〔註 250〕程民生著《宋代物價研究》，人民出版社 2008 年版，第 309 頁。

〔註 251〕參見程民生著《宋代物價研究》第四章「紡織品與服飾」，人民出版社 2008 年版。

〔註 252〕《宋會要輯稿》食貨二之 15，六三之 100～101。

〔註 253〕王楙《野客叢書》卷十，《漢田畝價》，上海古籍出版社 1991 年版，第 148 頁。

〔註 254〕《慶元條法事類》卷二十九，《銅錢下海》，第 415 頁。

事四日爲限。」〔註255〕此處「十緡」即爲 10 貫，可見 10 貫錢還是宋朝法律劃分案件級別界限之一，若涉案金額達 10 貫以上就屬於「中事」，司法部門必須在 9 天以內加以處理。

宋朝州級司法幕職中料錢最低者爲迪功郎，計每月 22 貫，那麼這一收入又在何等水平呢？大略而言，南宋時 20 貫可以支持一個家庭過上小康生活。據《夷堅志》記載，吳中細民「得舊開元通寶錢二萬……負以還。用爲本業，家遂小康」。〔註256〕唐代開元通寶通用於宋代，故「開元通寶錢二萬」即 20 貫錢，此則資料所記吳中細民只是一次性得錢 20 貫即致小康，由此可見，迪功郎每月 22 貫的料錢，在普通百姓而言，已然不是小數。

南宋州級司法幕職的俸祿中，還有米、麵之月給，以迪功郎之例，其月給米、麵各 1 石 5 斗，以升來計算則折合爲 150 升米和 150 升麵，因此，迪功郎所得米、麵分攤到每天則爲 5 升米、5 升麵。據程民生先生《宋代物價研究》一書指出，宋朝人每日兩餐，每人每日所需米從 1 升至 3 升不等，〔註257〕則迪功郎所得米、麵，大約可供 3 到 10 人每日的基本生活。

由此可知，相對於普通百姓而言，南宋州級司法幕職的生活水平已是較高層次了。宋代史料中，尚有此一則例子，誠可作爲說明：

> 仇泰然守四明，與一幕官極相得。一日問及：「公家日用多少？」對以「十口之家，日用一千」。泰然曰：「何用許多錢？」曰：「早具少肉，晚菜羹。」泰然驚曰：「某爲太守，居常不敢食肉，只是吃菜，公爲小官，乃敢食肉，定非廉士。」自爾見疏。〔註258〕

仇泰然即宋史列傳中的仇悆，此則資料所記，係仇悆於南宋紹興年間任明州知州時的事情。資料之中的幕官說「十口之家，日用一千」，指的是 10 人的家庭每日需用 1000 文錢即 1 貫錢，則該幕官一月所費在 30 貫左右。雖然無從得知資料所說幕官究竟是哪一具體官職，但是，可以根據迪功郎之俸祿標準對其生活水平加以印證。如果單以迪功郎每月料錢 22 貫來看，「日用一千」即 1 貫則月用達到了 30 貫，假若這名幕官爲迪功郎，其月入料錢入

---

〔註255〕《宋史》卷一九九，志第一百五十二，《刑法志一》，第 4980 頁。
〔註256〕洪邁撰、何卓點校：《夷堅志‧丁志》卷十六，《吳民放鱔》，中華書局 1981 年版，第 670～671 頁。
〔註257〕參見程民生著《宋代物價研究》第十三章「宋人生活水平考察」，人民出版社 2008 年版。
〔註258〕《鶴林玉露》乙編卷五，《儉約》，第 208 頁。

不敷出，很難過上「早具少肉」的生活，而且根據龔延明先生所述南宋文官中知州仇悆的俸祿，其月給料錢也只有 35 貫而已，〔註259〕要支撐這一生活水平，也可以說是捉襟見肘。但是，兩宋州級司法幕職還有月給米、麵，僅此一項，大略可以支撐十口之家的口糧，如果「日用一千」之數包含口糧的費用，則該幕官每月 22 貫的料錢在滿足其家十口的日用之外，應該當是略有節餘，退一步而言，即使是將其料錢一半現付、另一半折支，大約也可以滿足日常生活開支。

對於宋代官員的俸祿水平，或許還可以從以下這則史料中得到更深刻的認識：

> 楊偕，字次公，坊州中部人。唐左僕射於陵六世孫。父守慶，仕廣南劉氏，歸朝，為坊州司馬，因家焉。偕少從種放學於終南山，舉進士，釋褐坊州軍事推官、知汧源縣，再調漢州軍事判官。道遇術士曰：「君知世有化瓦石為黃金者乎？」就偕試之，既驗，欲授以方。偕曰：「吾從吏祿，安事化金哉？」術士曰：「子志若此，非吾所及也。」出戶，失所之。〔註260〕

從楊偕的歷官經歷來看，他是典型的州級司法幕職，面對術士許以當面應驗的點石成金之術，楊偕卻說「吾從吏祿，安事化金哉？」這裡的「吏祿」指的是官吏的祿位，而「從吏祿」指的是追求仕途的晉升，如唐代韓愈在《送牛堪序》中就有用到「吏祿」，其文曰：「登第於有司者，去民畝而就吏祿，由是進而累為卿相者，常常有之。」〔註261〕姑且不論術士點金之事存在與否，至少從楊偕的回答中，可以大略窺見他作為一個州級司法幕職的想法：在致富和晉升二者之間選擇後者。因此，以常情來推測，大約可知州級司法幕職的俸祿水平雖然不高，但也不致於令其窮困潦倒，否則當此術士點金之誘惑之時，楊偕又焉能如此決絕呢？

## （三）對州級司法幕職俸祿的認識

古今學者對於宋代官員的俸祿水平多有議論。其中最有影響的觀點出自清朝史家趙翼，他在比較了諸朝官員祿制之後，認為宋朝「待士大夫可謂厚

---

〔註259〕 參見龔延明編著《宋代官制辭典》「南宋俸祿總表」，「朝議大夫」條，第724頁。

〔註260〕 《宋史》卷三百，列傳第五十九，「楊偕」，第9954頁。

〔註261〕 （唐）韓愈撰，馬其昶校注、馬元茂整理：《韓昌黎文集校注》卷十九，上海古籍出版社1986年版，第246頁。

矣。」〔註262〕實際上，對於這一問題的分析，會因衡量角度的差異而產生不同的結論，比如將某一時期的官員俸祿水平與平民生活水平作橫向相比較，則前者高於後者毋庸置疑，而將同一時期的高層官員與中低層官員的俸祿水平作縱向比較，則低層官員的俸祿水平則只夠糊口而已。因此，不能簡單的以「高」或「低」的字眼對宋朝州級司法幕職的俸祿水平作定論。

宋朝州級司法幕職的俸祿水平究竟如何，不妨參照張全明先生對宋代官員俸祿的論斷。在張全明先生看來，「宋代數百年中，絕大部份單純依靠俸祿為生的官員是收大於支，而不是入不敷出的。」〔註263〕這一論斷的對象亦包括了宋朝州級司法幕職。但是，對此尚有以下幾點須加以說明。

其一，宋朝州級幕職的俸祿存在著地域差別。北宋初期，「職田」的收入占到州級幕職俸祿的很大比重，所謂「天下幕職州縣官、三班使臣俸微祿薄，全藉職田濟贍，其無職田處，持廉之人例皆貧窘」。〔註264〕即便是宋仁宗以後這種情況得以改觀，但職田的收入仍不容忽略。由於職田產出多寡須視不同地區的地力而加以考慮，故州級幕職俸祿的地域差別就不可避免。據《宋會要輯稿》所載，寶元二年二月四日流內銓言：

> 如京東、京西、河北、淮南、兩浙、江南，皆物價中平，其幕職令錄以歲收一百五十石已上，判司簿尉一百石已上者為有職田；陝西、河東、荊湖、福建、廣南，土薄物賤，即幕職令錄以二百石，判司簿尉以一百五十石為限；唯川峽穀貴，與（諸）路不同，其幕職令錄斷自百石已上，判司簿尉五十石已上，並為有職田處。〔註265〕

據此可知，因地力不同，不同地區的糧食產量有所差別，故州級司法幕職的職田所收之石數隨之而有五十石到一百五十石之區別。雖然從物價角度來看，地力肥厚導致糧價有貴有賤，但是不同的職田歲收多寡不均，相對於較為衡定的一人一天的口糧而言，實際上就導致了不同地區的同等官員的俸祿差異。

不但如此，就兩宋職田配給的情況而言，有些地區則根本無職田可言。

---

〔註262〕（清）趙翼著，王樹民校證《廿二史札記校證》卷二十五，中華書局 1984
　　　　年版，第 534 頁。
〔註263〕張全明《也論宋代官員的俸祿》，載於《歷史研究》1997 年第 2 期，第 154 頁。
〔註264〕《范仲淹全集》，《論職田不可罷》，第 709 頁。
〔註265〕《宋會要輯稿》職官五八之 7～8。

據《宋史》記載：

> 政和八年，臣僚言：「尚書省以縣令之選輕，措置自不滿五千户
> 至滿萬户遞增給職田一頃。夫天下圭租，多寡不均久矣，縣令所得，
> 亦復不齊。多至九百斛，如淄州高苑；八百斛，如常之江陰；六百
> 斛，常之宜興。亦六百斛。自是而降，或四五百，或三二百。凡在
> 河北、京東京西、荊湖之間，少則有至三二十斛者；二廣、福建有
> 自來無圭租處；川峽四路自守倅至簿、尉，又以一路歲入均給，令
> 固不得而獨有。今欲一概增給一頃，豈可得哉？」詔應縣令職田頃
> 畝未及條格者，催促摽撥。〔註266〕

這一條資料，即清楚的指出了這一認識：「圭租」即官員因職田而得到的
年收入多寡不均，乃是一個由來已久的問題，非但如此，「二廣、福建」等地
官員甚至連圭租都沒有。

其二，宋朝州級司法幕職的俸祿高低，與其長吏剋扣的有無、多少相關。
這一點在南宋楊萬里上呈宋孝宗的奏疏之中說得非常明確，其疏曰：

> 今天下之吏祿，二浙之簿尉月給至於踰百緡，而二廣之縣令不
> 及其半，至於江淮、荊湖則又往往州異而縣不同。蓋有豐不勝其豐，
> 而約不勝其約者矣。士之貧者，扶老攜幼，千里而就一官，祿既薄
> 矣，而又州縣之充足者，上官之見知者，則月有得焉，其或州縣之
> 匱乏者，上官之私怒而不悦者，有終歲而不得一金。且夫假貸以往
> 也，而飢寒以居也，狼狽以歸也。非大賢君子，誰能忍此而曰「爾
> 無貧，吾有法」豈理也哉。是故，莫若均天下之吏祿，使其至遠者
> 如其近者，增其寡者如其豐者。」〔註267〕

由此可知，朝廷祿制的規定與官員的實際所得並非名實相符，究其原因，
在於宋朝官員俸祿的發放，給了長吏上下其手的空間，而經濟不發達地區的
長吏往往對下屬的俸祿多加剋扣，致使其實際所得俸祿至爲微薄，甚至有一
年之中竟然無祿可受的極端情況，但是，在經濟水平較爲發達的地區，而且
長吏不加盤剝，則州級幕職實際的俸祿，應當較爲可觀。

其三，宋朝州級司法幕職的俸祿是否夠用，除了與俸祿定額、官員家庭

---

〔註266〕《宋史》卷一七二，志第一百二十五，《職官志十二》，「職田」，第4145頁。
〔註267〕楊萬里撰、辛更儒箋校《楊萬里集箋校》卷八十九，中華書局2007年版，第
3500頁。

情況相關之外，還與當時社會之風氣奢靡或儉約有關。這一點在慶曆年間王安石上仁宗疏之中論述得較爲全面，其疏曰：

> 方今制祿，大抵皆薄。自非朝廷侍從之列，食口稍眾，未有不兼農商之利而能充其養者也。其下州縣之吏，一月所得，多者錢八九千，少者四五千，以守選、待除、守闕通之，蓋六七年而後得三年之祿，計一月所得乃實不能四五千，少者乃實不能及三四千而已。雖廩養之給，亦窘於此矣，而其養生、喪死、婚姻、葬送之事，皆當於此。……婚喪、奉養、服食、器用之物，皆無制度以爲之節，而天下以奢爲榮，以儉爲恥。苟其財之可以具，則無所爲而不得，有司既不禁，而人又以此爲榮；苟其財不足而不能自稱於流俗，則其婚喪之際，往往得罪於族人親姻，而人以爲恥矣。故富者貪而不知止，貧者則強勉其不足以追之，此士之所以重困，而廉恥之心毀也。」〔註268〕。

王安石之論，有三點誠可注意：第一，王安石說「方今制祿，大抵皆薄」，可以視作北宋仁宗朝以前官員俸祿水平的總結，然而仁宗嘉祐年間以來，中央朝廷力行「益俸」之策，自《嘉祐祿令》頒行之後，宋朝官員俸祿較低的狀況已大爲改善，至少在州級幕職這一級別，應該不可能出現「生活貧困」的現象。第二，關於「非朝廷侍從之列，食口稍眾，未有不兼農商之利而能充其養者也」。宋朝州級司法幕職不屬於朝廷侍從之列，如果其家庭人口眾多，且無農商之利等其他生活來源，那麼會不會出現王安石所說不能充養的情況呢？前述明州知州仇悆的幕官之家有十口人，還可以過上「蚤具少肉」的生活，這多少說明了州級幕職的以其俸祿養活「稍眾」之家人並非難事，此外，張全明先生對於宋代官員食口稍眾的情況也有相關分析，並駁斥了「『一般士大夫之家，每戶數十口乃至上百口的現象相當普遍，』『若以一家20口計的低級官員來說』，『即使要維持最低的生活水準亦不可得』」的說法。〔註269〕第三，北宋前期的低級官員如州級幕職的俸祿確實較爲微薄，如果要承擔養生、婚姻、死喪、葬送、服食、器用之物等一切開支，固然難免用度緊張，但是絕不至於入不敷出，否則宋代士子何以銳意科場，勞碌終

---

〔註268〕王安石撰、中華書局上海編輯所編輯：《臨川先生文集》卷三九，《上仁宗皇帝言事書》，中華書局1959年版，第410頁。

〔註269〕張全明：《也論宋代官員的俸祿》，載於《歷史研究》1997年第2期，第153～154頁。

生爲求一官呢？更何況北宋嘉祐以後低級官員的官俸也有了很大程度的增長。兩宋低層官員對其俸祿有「微薄」之議，很大程度上與宋代社會以奢爲榮、以儉爲恥的風氣有關，這正是王安石奏疏中詳加分析的弊俗。實際上，不獨北宋王安石有此認識，南宋時洪邁亦有相應論述，他說：北宋皇祐時黃庶曾於一府三州擔任幕職，「月廩於官，粟、麥常兩斛，錢常七千」，及至南宋，雖然是一縣的主簿、縣尉的俸祿，「蓋或七八倍於此。然常有不足之歎，若兩斛七千，只可祿一書吏小校耳！豈非風俗日趨於浮靡，人用日以汰，物價日以滋，致於不能贍足乎！」〔註270〕

　　如果將以上三點作爲前提，則可以得到一個結論，即宋朝州級司法幕職的俸祿並非入不敷出，而是略有節餘。對於這一結論，請再引一例，加以印證。北宋嘉祐年間，贛州司戶參軍歐陽守道於其《巽齋文集》中記載了任宜春獄掾的宗室子趙仕可，「發跡書生，一寒無援，家又無升合之田，居官得俸，入才支出，官滿日歸，依然故貧」。〔註271〕趙仕可登科之前，可以說是赤貧之人，因居官得俸而脫貧，又因官滿日歸而復陷貧困，這一例子恰恰說明了宋代州級司法幕職俸祿的重要性。

　　俸祿的多寡直接影響到領受俸祿之官員的風節、想法及其行爲。對於這一問題，清朝史家趙翼有一段頗爲精彩的論述，他說：宋朝「待士大夫可謂厚矣。惟其給賜優裕，故入仕者不復以身家爲慮，各自勉其治行。觀於真、仁、英諸朝名臣輩出，吏治循良。及有事之秋，猶多慷慨報國。紹興之支撐半壁，德祐之畢命疆場，歷代以來，捐軀徇國者，惟宋末獨多，雖無救於敗亡，要不可謂非養士之報也。」〔註272〕趙翼所論宋朝制祿之厚薄，乃是一個見仁見智的問題，但是，趙翼指出宋朝通過優遇官員使其「不復以身家爲慮，各自勉其治行」，進而造成「吏治循良」，官員「慷慨報國」的事實，確實是於史有徵的。這一事實，誠可作爲包括州級司法幕職在內的宋代司法官員盡心法律職事、勇於社會擔當之精神的最好注腳。

---

〔註270〕《容齋四筆》卷七，《小官受俸》，上海古籍出版社1978年版，第699頁。

〔註271〕歐陽守道撰：《巽齋文集》卷九，《送趙仕可序》，影印文淵閣四庫全書本。

〔註272〕（清）趙翼著，王樹民校證《廿二史札記校證》卷二十五，中華書局1984年版，第534頁。

# 第四章 多重角色下的州級司法幕職行為模式

　　南宋理宗淳祐年間，黃震於台州任官時，曾隨郡守遊覽台州郡齋後山的屈公廟作祝文如下：

> 古之學者，學爲君子。世降俗薄，僞焉而已。甚至小人，挾以邀利。曳裾侯門，尤或無恥。欺主招賂，盜賊不啻。世道之污，蓋亦由此。某夙被父訓，誓不敢爾。主人清賢，勉隨以至。非其所予，一毫無覬。其如人情，紛然各異。恐或不察，並遭謗議。凜凜此心，朝夕靡替。惟神矜祐，俾我終始。〔註1〕

　　黃震係南宋寶祐四年（1256）進士，授迪功郎，吳縣尉，屬於「選人七階」中比州級司法幕職更低的職官，然以政績屢聞而歷官提舉江西常平倉司、江西提點刑獄、提舉浙東常平茶鹽、侍郎官等，又自稱「非聖之書不可觀，無益之詩文不作」，〔註2〕其一生經歷與見識誠可爲宋代七階選人的代表。在黃震的祝文之中，我們看到南宋官場中風氣俗薄，人心巧僞，邀利侯門，欺主招賂等種種問題，在黃震看來，宋代士大夫以學問入仕，當屬君子無疑，但是世道污濁，身爲君子，亦無可迴避，充其量只能是不與小人同流合污罷了。

　　宋人羅大經於《鶴林玉露》一書中，記載了幕官張無垢爲官清廉，不計俸祿高低，不以轉官一事掛懷，竟然被他人誤解的事情：

---

〔註1〕　《黃氏日抄》卷九十四。
〔註2〕　（明）王鏊撰：《姑蘇志》卷四十一，「黃震」，影印文淵閣四庫全書本。

　　　　張無垢在越上作幕官，不請供給錢，在館中進書，不肯轉官，
　　　人皆以爲好名之過。無垢曰：「既請月俸，又受供給，偶然進書，又
　　　便受賞，於我心實有不安，此亦本分事，何名之好？貪者往往不曾
　　　尋思此心病也，心有病，人安得知？我知之，當自醫。別人既不自
　　　知，病反惡人。醫病猶婦人妬者，非特妬其夫，又且妬人之夫，其
　　　惑甚矣。」無垢此喻甚切。〔註3〕

　　張無垢對於俸祿與職事的認識，對貪利實爲心病的看法，以及貪利者不
以己貪爲戒，反而只見他人之貪有如妬婦一般的譬喻，令羅大經發出以下感
慨：

　　　　世降俗薄，貪濁成風，反相與嗤笑廉者。諛佞成風，反相與嗤
　　　笑直者。軟熟成風，反相與嗤笑剛者。競進成風，反相與嗤笑恬退
　　　者。侈靡成風，反相與嗤笑儉約者。傲誕成風，反相與嗤笑謙默者。
　　〔註4〕

　　無論是黃震的祝文，張無垢的事蹟，還是羅大經的感慨，都從不同側面
反映了宋朝州級司法幕職這一群體中不同個體的形形色色的行爲。

　　行爲模式由行爲人的社會角色所左右。所謂行爲模式是指社會上大多數
人公認的和必須遵守的行爲方式。儘管行爲模式往往表現爲一個人在行爲上
的慣性，但它歸根結底受制於一個社會的制度設計及其道德規範。就社會角
色與行爲模式的關係而言，不同的社會角色有著不同的行爲模式，二者相爲
表裏，就像是骨架與裝潢，既可以融合得絲絲入扣，也可以搭配得格格不入。

　　士大夫、司法官員、州級佐官和行政官員這四種角色既有相一致的地方，
又有相扞格之衝突。宋朝州級司法幕職集這四種角色於一身，其行爲模式也
呈現出錯綜複雜的特徵：身爲科舉入仕的士大夫，其榮耀自不待言，但兩宋
之際仕進多門，又令這種榮耀大打折扣；作爲司法官員，自當謹守法律，但
行政事務的冗雜，無疑耗費精神，加之宋朝法律繁多，關防嚴密，令州級司
法幕職累於職事；作爲州級佐官，其升遷改官很大程度上取決於州級長吏和
監司的舉薦，故不免於受制於上司而背離了士大夫階層的天下意識和道德取
向；作爲低層文官，州級司法幕職不免困於銓調，而兩宋奔競獵官的風氣，
又陷其於進退兩難的境地……而這一切的矛盾，又相互交織，纏繞在一起，

---

〔註3〕　《鶴林玉露》乙編卷一《妬婦喻》，第123頁。
〔註4〕　《鶴林玉露》乙編卷一《妬婦喻》，第124頁。

左右著州級司法幕職的行爲，使得他們的表現大異於宋朝政府相關制度設計的初衷，並成爲相對於制度而言更深層次的州級司法影響因素。以下則分而述之。

# 第一節　老於科場與仕進多門的矛盾

宋代州級司法幕職群體之中，既有通過科舉考試獲得了出身的士大夫，也有因其他途徑得以廁身其中的人員。因爲來源的不同，這兩類州級司法幕職在對待所司職事、升遷改官等問題時，亦呈現出差異，並由此對宋代州級司法產生著或隱或顯但不忽視的影響，可以說宋代州級司法的過程，正是由這兩類不同價值取向的州級司法幕職的行爲所構成的過程，州級司法幕因來源差異而產生的不同價值取向，正是宋代州級司法過程中深層的制約因素。

## 一、老於科場、得官不易

兩宋科場競爭激烈多爲學者所論，此處僅摭一則史料略加說明。北宋富弼曾於《上仁宗乞詔陝西等路奏舉才武》一奏疏中慨歎「自古取士無如本朝路狹」，其論曰：

> 臣伏觀載籍，自古取士無如本朝路狹。三代以往，不復紀列。兩漢而下，歷南北朝及隋、唐十餘代，取士之法，各有科條。大率如賢良、孝廉、孝悌力田、明經、秀才、進士，唐又添制舉五十餘科，此外又許藩鎮辟召及諸色人薦舉，亦許自薦拜官。歷代求人，唯務廣博，所以天下懷才抱器之士，無不牢籠收攬，盡爲朝廷之所用也。國家取人，唯有進士、明經二科，雖近設制舉，亦又取人不多。是三者，大抵只考文辭、念誦而已。天下之士，有大才大行而賦性不能爲文辭就舉試者，率皆遺之。臣竊思近年數榜以來放及第者，如河北、河東、陝西此三路之人，所得絕少者何？蓋此處人物稟性質魯，不能爲文辭中程試，故皆老於科場，至死不能得一官。豈三路之人獨不樂富貴哉？蓋求之而不得也。今縱有稍在顯官者，亦不過三五人而已。〔註5〕

由此可見，富弼所論「科舉路狹」，其意有三，一是與兩漢以降的多種

---

〔註5〕《宋朝諸臣奏議》卷八十二，第893頁。

取士之方式相比，宋朝士子入官的方式顯然過少；二是兩宋科舉取仕，已然打破前朝門第限制，士、農、工、商之四民皆可赴試，如此一來，科舉之門大開而應試者趨之若鶩，故富弼所論「路狹」，亦指相對落後於日益增長的應試者人數的「路狹」；三是進士、明經、制舉這三者的考試內容不盡合理，導致天下有大才大行的士子都無法科舉入仕，富弼爲此於奏疏中特別列舉河北、河東、陝西三路應試者因爲不能適應只考文辭的考試方式，而至於「老於科場，至死不能得一官」。

　　兩宋之際科場競爭激烈的程度可以說不亞於古今任何一個時期，究其原因，不外有二：其一，宋朝因廣開科舉之途，形成了以科舉爲生業的廣大讀書階層，「凡今農工商賈之家，未有不捨其舊而爲士者也，」〔註6〕當時有相當多的人爲了科舉而拼命，而且其競爭激烈，「遊場屋三十年未成名」也是常見的事。〔註7〕其次，宋代科舉的糊名考校、試卷謄錄的制度最大程度阻斷了外力介入的可能性。

　　如此一來，這使得口誦儒家學問本不應該相信「亂力怪神」的考生轉而乞靈於神明或異兆。在宋人的記載之中，士子夢得吉兆之事並不罕見，如《澠水燕談錄》卷三「知人」和卷六「先兆」多有記載；《青箱雜記》卷三連續記載了九條科舉與夢之間的呼應；《春渚紀聞》卷一《李偕省試夢應》、《馬魁二夢證應》，卷二《霍端友明年狀元》、《金甲撞鐘夢》等均是如此；《泊宅編》卷六、卷九亦散見科舉與夢的呼應；《能改齋漫錄》卷十八「神仙鬼怪」一門中也屢有提及，甚至連《太平廣記》這種體例更爲正式的書籍之中，在其《貢舉》、《定數》、《夢》等篇目之下也有通過占夢、卜相等方法預知科舉結果的故事。大體而言，士子的表現既有被動等待庇祐的一面，也有主動尋求吉兆的一面，要言之，大致如下：

　　夢見考試結果。「大梁二相祠，世傳游、夏也。士有未遇，上書乞靈，往往見夢，雖遠必應。」〔註8〕

　　因託夢而改名。如「李知幾少時，祈夢於梓潼神。是夕，夢至成都天寧觀，有道士指織女織機石曰：『以是爲名字，則及第矣！』李遂改名石，字知

---

〔註6〕蘇轍《欒城集》卷二十一《上皇帝書》（《蘇轍集》中華書局1999年版）。

〔註7〕《能改齋漫錄》卷十八，「江沔能舉重物」，上海古籍出版社1960年版，第514頁。

〔註8〕方勺撰，許沛藻、楊立揚點校《泊宅編》卷九，中華書局1983年版，第50頁。

幾。是舉過省。」〔註9〕又如「元豐中，汶上梁逖，一夕，夢奏事殿中，見御座前揭一碑，金箔大書「黃裳」二字，意必貴也，因改名黃裳。明年，御前唱進士第，南劍黃裳爲天下第一。」〔註10〕

以異象爲預兆。如「三衢毛氏庭中，一木忽中裂，而紋成「衍」字，如以濃墨書染者，體作顏平原書。會其子始生，因以名之。後衍登進士第，官至龍圖閣而終。」〔註11〕又如「穹窿山在城之西，里老相傳云：『穹窿石移，狀元來歸』。一夕，聞有風雨聲，詰旦視之，果有石自東而移西者。淳熙辛丑，黃子由遂魁多士。」〔註12〕

長安西去蜀道有梓潼神祠者，素號異甚。士大夫過之，得風雨送，必至宰相；進士過之，得風雨則必殿魁。自古傳無一失者。〔註13〕

主動問卜預測。如呂蒙正、張齊賢、王隨、錢若水、劉燁還沒及第時，曾經「一日同渡水謁道士王抱一求相」〔註14〕。由於士子對占卜者趨之若鶩，以至于相國寺的日者甚至「一卦萬錢」。〔註15〕問卜是宋代士子最常用的預測仕途的方式，即使是一朝名士，也往往呼朋引伴相互邀約去問卜，一旦應驗，則其靈異又借士子之言行廣爲流佈。如陳鵠記北宋「張鄧公嘗謂范公曰：某舉進士時，與寇萊公遊相國寺，詣一卜肆。卜者曰：『二人皆宰相也。』既出，遇張齊賢、王隨，復往卜之。卜者大驚，曰：『一日之內，而有四人宰相。』四人相顧而笑以退。因是，卜者消聲，不復有人問之，卒窮飢餓以死。其後，四人皆如其言。鄧公欲爲之作傳，因循未能。時公已致仕，猶能道其姓名，今又忘之。」〔註16〕

〔註9〕 陸游撰，李德權、呂劍雄點校：《老學庵筆記》卷二，中華書局 1983 年版，第 18 頁。

〔註10〕 王辟之撰、呂友仁點校：《澠水燕談錄》卷六，「先兆」，中華書局 1981 年版，第 78 頁。

〔註11〕 何薳撰、張明華點校：《春渚紀聞》卷五，「木中有字」，中華書局 1983 年版，第 79 頁。

〔註12〕 龔明之撰、孫菊園點校：《中吳紀聞》卷六，「狀元讖」，《歷代筆記小說大觀・宋元筆記小說大觀》（第三冊），上海古籍出版社 2001 年版，第 2911 頁。

〔註13〕 蔡絛撰，馮惠民、沈錫麟點校：《鐵圍山叢談》卷四，中華書局 1983 年版，第 64 頁。

〔註14〕 王銍撰、朱傑人點校：《默記》卷中，中華書局 1981 年版，第 32 頁。

〔註15〕 《西塘集耆舊續聞》卷七，「相國寺日者」，中華書局 2002 年版，第 361～362 頁。

〔註16〕 《西塘集耆舊續聞》卷七，「相士趙蓑衣及相國寺卜者」，中華書局 2002 年版，第 363 頁。

借風水以求吉。宋人頗爲相信改變風水可以帶來科場競爭中的勝利，如「熙寧癸丑，先公登第，天子擢居第一，爲權臣所軋，故居第二，大父頗不平。湖州道場山有老僧，爲大父言：『此非人事。道場山在州南離方，文筆山也，低於他州，故未有魁天下者。』僧乃丐緣，即山背建浮屠，望之如卓一筆。既成，語州人曰：『後三十年出狀元』。大觀賈安宅，政和莫儔，相繼爲廷試魁。此吾家事，非誕也。」〔註17〕這一風氣甚至影響到官方辦學的選址，如相宅者云指某地說「此地當出大魁」，當地即在此興建縣學，後來果然有兩人中魁。〔註18〕

宋代士大夫之中亦有對這一現象加以指斥的言論，如程顥言「古者卜筮，將以決疑也。今之卜則不然，計其命之窮通，校其身之遠否而已矣。噫！亦惑矣。」〔註19〕無獨有偶，沈括也對此加以批評說：「京師賣卜者，唯利舉場時舉人占得失。取之各有術，有求目下之利者，凡有人問皆曰必得，士人樂得所欲，競往問之；有邀以後之利者，凡有人問悉曰不得，下第者常過十分之七，皆以爲術精而言直，後舉倍獲，有因此著名，終身享利者。」〔註20〕

儘管科場競爭已然是千軍萬馬過獨木橋一般的激烈，而且士子爲此大失方寸以至於求神問卜，但金榜題名後並不意味著就此一生富貴。北宋初年因官僚缺乏不利於國家治理，故士子一旦通過科舉考試即可出任官員，但隨著官員數量的突飛猛進，科舉入仕者不得不直面員多闕少的困境，恰如南宋的曾豐所言，「自讀書而取科第，平生事始得半之」。〔註21〕

宋人孜孜以求一官而不得的事例在宋代史料中不乏記載。元祐三年三月，曾任光州司法參軍的鄭俠在其友劉南去世後爲之作墓表，其中追述了劉南五舉不得一官，竟至於老死京師，而令同輩中人不勝嗟歎的情節，其表曰：

> 長樂劉公卒於京師，越九月其孤始迎公柩自京歸，……公以行誼動天下，文章、經術人所師範，而五舉進士，不得一官以終。是以士無賢愚，人無遠近，異口同音，共一嗟憫。若造物者之所爲無有規準，而善惡之報不足依據，道義詩書之學疑不足恃者，此皆所

---

〔註17〕《萍洲可談》卷三，第56頁。

〔註18〕《春渚紀聞》卷一《烏程三魁》，第4頁。此外卷一《丑年世科第》，卷二《張鬼靈相墓術》條等記錄相宅、相墓與科舉的結果一致。

〔註19〕《河南程氏遺書》卷二十五，《二程集》，中華書局2004年版，第326頁。

〔註20〕沈括著、侯真平校點：《夢溪筆談》卷二十二，「謬誤」，嶽麓書社2002年新1版，第162頁。

〔註21〕曾豐撰《緣督集》卷十，「謝漕使蘇大卿京狀啓」，影印文淵閣四庫全書本。

以痛悼劉公之意。〔註22〕

在兩宋科舉風氣盛行的氛圍之中，宋代士子讀書的目的就爲得一官，若不遂此願，則多有終其一生自怨自艾者，這一願望對士子的糾纏紛擾，非但是日有所思，竟至於夜有所夢：

> 許知可嘗夢有客來謁，知可延見，坐定，客問知可曰：「汝平生可知恨乎？」知可曰：「我恨有三：父母之死，皆爲醫者所誤，今不及致菽水之養，一也；自束髮讀書，而今年踰五十，不得一官以立門戶，二也；後嗣未立，三也。」〔註23〕

許知可之夢將父母、後嗣二事與得官並列，鑒於父母、後嗣之情皆爲人倫之大本，可見許氏得官情切，非常情可以比擬。

至於由科舉入仕的士大夫，方自科場拼殺中脫穎而出，又須承受候補官闕的熬煎，及至赴任，又往往不盡如人意。如黃震曾記載了這樣一則故事：「陸少卿愷既第，薦試學官。公曰：『吾困科舉二十餘年，晚得一官，朝廷不吾知，欲使之裹飯復入場屋，吾不能也。』」〔註24〕宋代官方辦學，設學官主管學務，其「學官」一稱泛指各級儒學的教授、教諭等，學官的日常工作場所在「場屋」即科舉考試的地方，從此則資料所記陸氏之言，不難揣摩出其內心的極度失落：困於場屋二十餘年與朝廷不知其才能竟然薦試爲學官，這二者的反差實在太大。然而兩宋士子困頓於科場、失意於官場有過於陸氏者，又何止一人？！

## 二、恩蔭任子、仕進多門

儘管由科舉入仕者並非皆如前列劉南、許知可等人一般出身孤寒，但是由科舉入仕者大多都沒有深厚的仕宦背景，他們不得不直面科場路狹，得官不易的困窘。就這一點而言，恩蔭入仕、任子得官者所面臨的難度相對而言要小得多。恩蔭入仕是指宗室或高官子弟因祖先功勳而補官，「任子」也是指因父兄的功績得以保任而被授予官職，如宋人蘇洵所說，「夫所謂任子者，亦猶曰信其父兄而用其子弟云爾。」〔註25〕

---

〔註22〕鄭俠撰：《西塘集》卷四，「劉公南墓表」，影印文淵閣四庫全書本。

〔註23〕曾敏行撰、朱傑人標校：《獨醒雜志》卷七，「許叔微夢有客來謁」，上海古籍出版社1986年版，第61頁。

〔註24〕黃震撰：《黃氏日抄》卷四十一，影印文淵閣四庫全書本。

〔註25〕蘇洵著，曾棗莊、金成禮箋注：《嘉祐集箋注》卷十，「上皇帝十事書」，上海

對於恩蔭、任子而致仕進多門的問題，宋人多有論述，如歐陽修於慶曆四年上疏所論曰：

> 承平浸久，仕進多門，人浮政濫，員多闕少，滋長奔競，糜費廩祿。臣以謂國家於制舉、進士、明經之外，歲有任子、流外之補，負瑕釁服輿臺者，又置於班列，歷年既久，紛然塞路，周行之內，太半非才，求人之際，鮮堪適用。〔註26〕

宋朝中央政府並非對此渾然不覺，而是一直限制恩蔭入仕、任子得官者的升遷，如周必大曾言：「本朝取人雖曰數路，然大要以進士為先。」〔註27〕又如楊萬里之長子楊長孺以廕補入官，而楊萬里卻說：「以門子而進，故墮在千官之底。」〔註28〕因此，兩宋之際，恩蔭、任子者很難躋身於中高級官員之列，而多居於低階，但是，恩蔭、任子等入仕方式，卻無法得以根除。宋仁宗嘉祐三年，蘇洵曾就這一問題上言曰：

> 臣聞古之制爵祿，必皆孝悌忠信，修潔博習，聞於鄉黨而達於朝廷以得之。及其後世不然，曲藝小數皆可以進。然其得之也，猶有以取之，其弊不若今之甚也。今之用人，最無謂者，其所謂任子乎。因其父兄之資以得大官，而又任其子弟，子將復任其孫，孫又任其子，是不學而得者，嘗無窮也。夫得之也易，則其失之也不甚惜。以不學之人而居不甚惜之官，其視民如草芥也。固宜朝廷自近年始有意於裁節，然皆知損之，而未得其所損，此所謂制其末而不窮其源，見其粗而未識其精，僥倖之風，少衰而猶在也。〔註29〕

蘇洵所論，尖銳地指出了恩蔭、任子入仕方式的三個問題：一則父任其子、子任其孫、孫又任子，而至循環無窮，這與科舉入仕者因無祖蔭而不得不困於科場，老死不渝形成鮮明對比；二則恩蔭、任子入仕者未經嚴格選拔，其素質相對於科舉入仕者要差得多，又因其得官容易，故於任官之時視民如草芥，實在是不堪任用；三則雖恩蔭、任子入仕方式流弊已久，朝廷有意加以裁節，但不免舍本逐末而收效甚微，如此一來，對恩蔭、任子者的僥倖之

---

古籍出版社1993年版，第281頁。

〔註26〕《歷代名臣奏議》，卷三十一。
〔註27〕《歷代名臣奏議》，卷一百六十九。
〔註28〕楊萬里撰、辛更儒箋校：《楊萬里集箋校》卷一百〇九，「與本路提刑彭郎中」，中華書局2007年版，第4137頁。
〔註29〕《歷代名臣奏議》卷三十二。

風即使有所裁抑，也未能根除。

　　宋朝恩蔭、任子入仕者，多居幕職州縣官，由此對於州級司法幕職的士風多有不良影響，其中最烈者，莫過於令科舉出身之州級司法幕職不守職事、不思進取，對於這一點，宋哲宗元祐初任蔡州教授的秦觀上策有論曰：

　　　　蓋入仕之門，有制策、進士、明經、諸科、任子、雜色之異，
　　　　歷官之途有臺省、寺監、漕刑、郡縣之殊，非銖銖而較之，色色而
　　　　別之，則牛驥同皁，賢不肖混淆，而天下皆將泛泛然，偷取一切，
　　　　不復淬勵激昂，以功名為己任，此亦制官之深意也。〔註30〕

## 第二節　剛正不阿與治獄阿隨的分化

　　作為有出身的士大夫，宋代州級司法幕職審理獄訟時多有士大夫階層的剛正不阿的特質，其言行處處透露出宋代士大夫的天下意識、治道理想和道德自律，故其獄訟能夠據法審斷。但是，作為州郡長吏的司法佐官，以及受制於監司的低階官員，宋代州級司法幕職則不免於阿隨長官，治獄刻迫。總體上來看，宋代州級司法諸環節的展開過程，正是其司法幕職在剛正不阿與治獄阿隨的兩難境地中進退維谷的過程。

### 一、剛正不阿、據法理斷

　　宋朝州級司法幕職之中，多有正直不阿的典範，究其原因，大略有二：其一當歸之於宋朝州級司法的分權制衡模式，在這一制度設計之下，身為僚佐的州級司法幕職可以堅持自身的正確主張；其二宋代州級司法幕職本為士大夫，多受天下意識、治道理想、修身立德之風氣的浸潤，因此在依法理斷獄訟和服從長官意志二者發生衝突之時，決然選擇前者。宋代史料對此記載頗為豐富，其中又以《宋史》列傳最為集中，此處僅摭數例，並按時間先後加以排列以證之。

　　北宋太宗時，薛奎為隰州軍事推官，「州民常聚博僧舍，一日，盜殺寺奴取財去，博者適至，血偶沈衣，邏卒捕送州，考訊誣伏。奎獨疑之，白州緩其獄，後果得殺人者。」〔註31〕

─────────────

〔註30〕《歷代名臣奏議》卷四十，「治道」。
〔註31〕《宋史》卷二八六，「薛奎」，第 9629 頁。

　　北宋眞宗時，西門允爲萊州司法參軍，萊州知州治獄「苛深，嘗有強盜，欲置之死，使高贓估。公（指西門允）閱案請估依犯時，持議甚堅。會使者在郡，守語先入，交以責公。公益不屈，二囚遂不死」。〔註32〕

　　北宋仁宗時，姚仲孫爲許州司理參軍，「民婦馬氏夫被殺，指里胥嘗有求而其夫不應，以爲里胥殺之，官捕繫辭服。仲孫疑其枉，知州王嗣宗怒曰：『若敢以身任之耶？』仲孫曰：『幸毋遽決，冀得徐辨。』後兩月，果得殺人者。」〔註33〕又如周敦頤任南安軍司理參軍。有囚法不當死，轉運使王逵欲深治之。逵，酷悍吏也，眾莫與爭。敦頤獨與之辨，不聽，乃委手版歸，將棄官去，曰：「如此尚可仕乎？殺人以媚人，吾不爲也。」逵悟，囚得免。〔註34〕

　　北宋神宗時，苗時中調潞州司法參軍，「郡守欲入一囚於死，執不可。守怒，責甚峻，時中曰：『寧歸田里，法不可奪。』守悟而聽之」。〔註35〕

　　南宋高宗時，郭永爲丹州司法參軍，「守武人，爲奸利無所忌，永數引法裁之·守大怒，盛威臨永，永不爲動，則繆爲好言薦之朝。後守欲變具獄，永力爭不能得，袖舉牒還之，拂衣去。」〔註36〕又如謝諤任吉州錄事參軍之時，「郡民陳氏僮竊其篋以逃，有匿之者。陳於官，詞過其實，反爲匿僮者所誣。帥龔茂良怒，欲坐以罪，諤爲書白茂良，陳氏獲免，茂良亦以是知之」。〔註37〕

　　南宋光宗時，楊簡爲紹興府司理參軍時，「犴獄必親臨，端默以聽，使自吐露。越陪都，臺府鼎立，簡中平無頗，惟理之從。一府史觸怒帥，令鞫之，簡白無罪，命鞫平日，簡曰：『吏過詎能免，今日實無罪，必摘往事置之法，某不敢奉命。』帥大怒，簡取告身納之，爭愈力。」〔註38〕

　　南宋理宗時，董槐爲廣德軍錄事參軍，「民有誣富人私鑄兵、結豪傑以應李全者，郡補繫之獄，槐察其枉，以白守，守曰：『爲反者解說，族矣。』槐

---

〔註32〕劉摯撰：《忠肅集》卷十三，《贈諫議大夫西門公墓誌銘》，影印文淵閣四庫全書本。

〔註33〕《宋史》卷三〇〇，「姚仲孫」，第 9970 頁。

〔註34〕桂萬榮編撰，（明）吳訥刪正、續補，陳順烈校注、今譯：《棠陰比事選》續編、補編，「濂溪悟酷」，群眾出版社 1980 年版，第 120 頁。

〔註35〕《宋史》卷三三一，「苗時中」，第 10665 頁。

〔註36〕《宋史》卷四四八，「郭永」，第 13205 頁。

〔註37〕《宋史》卷三八九，「謝諤」，第 11930 頁。

〔註38〕《宋史》卷四〇七，「楊簡」，第 12289 頁。

曰:『吏明知獄有枉，而擠諸死地以傅於法，顧法豈謂諸被告者無論枉不枉，皆可殺乎？』不聽。」〔註39〕

由此可見，兩宋之際，州級司法幕職多有剛正不阿之典型，當他們的司法意見與長官的司法意見相衝突之時，他們並不會盲目屈從於長官的意志，而是據理力爭，援法而斷，若長官執意不改，耿介如周敦頤者甚至不惜棄官而去。宋代州級獄訟之所以還有清明之謂，與這一類剛正不阿的州級司法幕職不無關係，他們誠可為宋代州級司法獄訟無冤的保證，宋代官場激濁揚清的中堅。

## 二、阿隨長官、治獄刻迫

儘管兩宋之際不乏剛正不阿、據法理斷的州級司法幕職，但阿隨長官、治獄刻迫者亦不少見。州級司法幕職的俸祿發放、升遷改官等諸多關乎根本的事宜大率要視其長官之可否，故理斷獄訟之時，不免唯長官是從，由此對宋代州級司法造成了深刻的影響。對此，南宋王炎（字晦叔）在給其友人潘徽猷的書信中有至為精闢的論述：

> 天下之事公則平、私則偏，獄訟之曲直多失其實者，起於典獄之吏之私也。然彼豈能遽行其私哉？上之人喜自用其聰明，而先示其下以予奪可否之意，下之人設為遊辭鉤以上之微意，以上下其手而陰濟其私。上所欲寬則出之，所欲重則入之，躁者假是以求知，貪者假是以求利，而幽枉之情無告矣。……是故示人以予奪可否之意者，最決獄之大弊也。〔註40〕

王炎此論，指出了宋代司法案件的審理過程中，長官如將其審理意見開示於其僚屬，則僚屬順而曲意逢迎，治獄之輕重、寬嚴、緩急、廉貪，全由長官所定，僚屬此等行徑，全出於一己私利之考慮，置國家法律罔顧，令獄訟曲直失實。加之宋代州級司法自有其時限，過限則追究相關司法人員的責任，如此一來，州級司法幕職為阿隨長官，多有治獄深刻迫急之舉，令宋代州司法的良好社會效果蕩然無存。

對此，宋代史料多有記載。如太宗淳化元年（990）：「達州司法參軍鄭侃等擅以平民陷於死罪，鞭捶楚毒，鍛鍊周密。論報已具，上下相蒙。」

---

〔註39〕《宋史》卷四一四，「董槐」，第12428頁。
〔註40〕《雙溪類稿》卷二十二，「與潘徽猷」，影印文淵閣四庫全書本。

〔註41〕又如北宋仁宗天聖時，「隴安縣民龐仁義誣馬文幹、高文密等五人為劫盜，元亨即逮繫文千等，仁義且教其妻妾認所盜贓。既而文密掠死獄中，餘遂誣服。」此後，罪人家屬上訴至州，權領州事者不加理會，導致馬文千等人被處死刑，這一冤獄直到秦州捕得眞盜之後才得以昭雪，而奉承上司意旨的軍事判官李謹言、推官李廓、司理參軍嚴九齡等皆被除名、配廣州衙前。〔註42〕

　　在宋代州級獄訟之中，州郡長吏雖受其司法幕職曲意逢迎，但其自身亦不免要看監司眼色行事，究其原因，就在於宋代州級司法受路級監司的監管，而「諸路監司往往狹情偏見，每有公事，必使州縣先具情節申稟，聽候指揮方得斷遣，稍末如意，即再三問難，必快其欲而後已」。〔註43〕既然州郡長吏不免如此，則上行而下效，其司法幕職更是無所不爲了。宋人曾記載了一則州級司法幕職與其長吏按監司之意鑄成冤獄的故事：

> 熙寧五年，杭州民裴氏妾夏沉香澣衣井旁，裴之嫡子戲，誤墜井而死。其妻訴於州，必謂沉香擠之而墜也。州委錄參杜子方、司户陳珪、司理戚秉道三易獄，皆同。沉香從杖一百，斷放。時陳睦任本路提刑，舉駁不當，劾三掾，皆罷。州委秀州倅張若濟鞫勘，許其獄具即以才薦，竟論沉香死。〔註44〕

　　由此可見，宋代州級司法過程之中，不免上下沆瀣一氣而煉成冤獄，州級司法幕職官微權輕，置身如此利害交攻的境地，又焉得不受此等風習左右而阿隨長官、治獄刻迫呢？而宋代州級司法在如此風習浸淫之下，其實際效果差強人意，亦在意料之中了。

## 第三節　據法勘鞫與以獄市利的背離

　　作爲司法官員，宋代州級司法幕職受到法律嚴密的規制，在審理獄訟之時須嚴格依據法律的要求勘鞫情實，但是，作爲官微祿薄的低階職官，宋代州級司法幕職則不免於以獄市利，受賂壞法。總體上來看，宋代州級司法諸環節的展開過程，正是其司法幕職在職業操守和人性貪利的夾縫中遊移不定

〔註41〕《宋大詔令集》卷二○○，《誡約州郡刑獄詔》，第 743 頁。
〔註42〕《續資治通鑒長編》卷一百十，天聖九年夏四月戊寅，第 2556 頁。
〔註43〕《宋會要輯稿》刑法六之 61～62。
〔註44〕《墨莊漫錄》卷八，「陳睦屈死夏沉香遭報應」，第 217～218 頁。

的過程。

## 一、據法勘鞫、合於程序

　　宋人對於司法官員按照法律的實體要求和程序要求勘鞫獄訟的重要性已如前文第二章所論，宋代州級司法幕職中亦多有此類典型例證。前文所論於據法勘鞫一節較爲詳盡，然而對合於程序一節則尚有進一步挖掘的空間，故此處則摭南宋時曾任知縣的王炎（字晦叔）這一例，試就宋代司法官員在司法實踐中對於法律程序的認識和運用詳加補充。

　　宋代州縣司法自有其程序，在司法實踐之中，司法官員亦能按照程序規定理斷獄訟。這一點在王炎上呈其上司漕司孫某的文狀中展現得尤其清楚，鑒於其文較長，茲引如下：

> 　　一縣之人所謂詞訟半是論訴田疇。官司理斷爭田之訟先憑干照，既有干照，須問管業，則條令自有明文。如契要不明，限以二十年是也。或問開荒，則指揮自有明文。如已耕熟田，不許執舊契劃奪是也。然據兩辭所供，則管業開荒難以見其虛實，其勢又須問及鄰保，則事之曲直、人之情僞方別，自而不可逃。……炎爲因事之宜斟酌人情，依傍法意，平心理斷，不敢狥一己私意有所偏曲，亦不容吏輩執覆有所眩惑，此邑人之所通知也。若其兩辭紛挐，即呼之使至案前反覆論辯，未嘗敢臨之以鞭撲，亦未嘗敢拘之於囹圄。區區之意欲與百里之人情意相通，因是以理斷曲直，庶幾可以無失。然人之情僞固難盡知，而一己所見豈能皆當？即又準條令爲給斷由，其斷由之中必詳具兩爭人所供狀詞，然後及於理斷曲直情理，恐人戶以爲所斷未公，即當執出斷由，上詣臺府陳訴，庶幾上司見得元斷是非。〔註45〕

　　此文中「干照」、「契要」均是指契約文書。據此可見，宋代司法官員理斷田疇糾紛，先憑契約文書證據。在此基礎之上，再依據相關條令詢問管理田業之人，如果田疇係開荒之田，則於國家法令必然有據可查。如果證據不確鑿，不能據以查明具體情況，則詢問訴訟雙方的鄰人，以弄清來龍去脈，即使是訴訟雙方各執異詞致使案件不能迅速審結，也不可輒用刑訊。如果案件審結，則按照法律規定給予斷由，並於斷由中詳細記載訴訟雙方的論詞，

---

〔註45〕《雙溪類稿》卷二十一，「上孫漕」，影印文淵閣四庫全書本。

以便日後雙方上訴時上級司法機關加以判斷。

王炎此段記述與前述宋代州級民事案件訴訟程序之列論若合符節，由此可見在司法實踐中，司法官員不僅滿足了法律的實質正當的要求，而且也達到了其形式正當的標準。

## 二、以獄市利、受賂壞法

宋人對於宋代官場以獄市利的風氣多有摹寫，比如《夷堅志》中就有這樣一則故事：

> 潼州王藻，不知何時人。爲府獄吏，每日暮歸，必持金錢與妻，多至數千貫。妻頗賢，疑其鬻獄所得。嘗遣婢往饋食，藻歸，妻迎問曰：「適饌豬蹄甚美，故悉送十三臠，能盡食否？」藻曰：「止得十臠耳！」妻怒曰：「必此婢竊食，或與他人，不可不鞫！」藻喚一獄卒，縛婢訊掠，不勝痛引伏，遂杖逐之。妻始言曰：「君爲推司久，日日持錢歸，我固疑鍛鍊成獄，姑以婢事試汝，安有是哉！自今以往，願勿以一錢來，不義之物，死後必招罪咎。」藻矍然大悟，汗出如洗，取筆題詩於壁曰：「枷栲追求只爲金，轉增冤債幾何深？從今不復顧刀筆，放下歸來遊翠林。」即罄所儲散施，辭役棄眾學道。
>
> 〔註46〕

《夷堅志》所載故事多談亂力怪神，但是，撇開這則故事中的鬼神色彩，推司王藻「枷栲追求只爲金」的做法，並非作者憑空捏造，而是客觀存在於宋代州級司法過程中的一個毒瘤。宋代史料對此多有記載，如眞宗大中祥符九年（1016）「咸平縣民張贊妻盧訴侄質被酒詬悖。……縣聞於府。會從吉權知府事，命戶曹參軍呂楷就縣推問。盧之從叔虢略尉昭一納白金三百兩於楷，楷久而不決，且以俟追劉族爲名即還府。」〔註47〕

爲了通過制衡以達到司法的清明，宋代州級司法程序設計了諸多相互牽制的環節，但是，如此一來，也給不法官吏提供了更多以獄市利的機會。如《名公書判清明集》中曾記載了一起「兵士失妻推司受財不盡情根捉」案，兵士張震之妻阿葉「中夜爲強有力者挾而匿之，……其夫張震訟之於州，……

---

〔註46〕洪邁撰、何卓點校：《夷堅志》補目錄第十二卷，「保和眞人」，中華書局1981年版，第1662頁。

〔註47〕《續資治通鑑長編》卷八十六，大中祥符九年壬子，第1976頁。

推吏蔣估陰與匿亡之家表裏爲一，案內緊要人隱而不追，不過泛然行根捉，苟延歲月而已。」〔註 48〕在諸多環節之中，最易市利之環節便是獄司推勘一節，因宋代允許有條件的刑訊逼供，故獄司往往「置人囹圄，而付推鞫於吏手，往往寫成草子，令其依樣供寫，及勒令立批出外索錢，稍不聽從，輒加捶楚，哀號慘毒，呼天莫聞」。〔註49〕此外，刑獄追勘檢證之時，往往要提取證人證言，獄官則易於從中漁利，其慣常的做法便是令犯罪人「一夫被追，舉室皇擾，有持引之需，有出官之費」。〔註 50〕

對於宋代州級司法幕職的此等劣行，宋高宗時趙霈舉例加以議論，其言曰：

> 比年在外刑獄，例常淹延，考其奏案，原其情犯，有法當論死，初無可疑者，奈何吏緣爲奸，以獄爲市，意在縱釋，以故久而不決。如以建康府懋州論之，建康百姓王絨等六人始因失牛，仍報私怨，共殺死一十三人，獄具，得旨處以凌遲處斬二等，後因審問乃輒翻異，今逾一年，絨等殺人命爲至命，景忻殺平人以希賞，二獄久不決，皆欲遷延免死。〔註 51〕

宋代官場以獄市利、受賂壞法的風氣之烈，竟使得市利不成的司法幕職心懷怨恨而伺機報復。據《宋朝事實類苑》記載：

> 錢若水爲同州推官，……有富民家小女奴逃亡不知所之。奴父母訟於州，命錄事參軍鞫之，錄事嘗貸錢於富民不獲，乃劾富民父子教人共殺女奴，棄屍水中，遂失其屍，或爲元謀，或從而加罪，皆應死。富民不勝榜楚，自誣服，具上州官，審覆無反異，皆以爲得實。若水獨疑之，留其獄，數日不決。錄事詣若水廳事，詬之曰：「若受富民錢，欲出其死罪邪？」〔註 52〕

據此史料可知，同州錄事參軍之所以羅織罪名並嚴刑拷打富民一家，其原因正在於其曾經向富民借錢不成，而錢若水在辨白冤情的過程中，錄事參軍竟然到錢若水的辦公地點横加質問，辱罵錢若水是不是收受富民賄賂才試圖爲其脫出死罪。由此可見，宋代以獄市利、受賂壞法之風氣對州級司法幕

〔註 48〕《清明集》卷十二，「兵士失妻推司受財不盡情根捉」，第 449～450 頁。
〔註 49〕《清明集》卷一，「勸諭事件於後」，第 9 頁。
〔註 50〕《清明集》卷一，「咨目呈兩通判及職曹官」，第 2 頁。
〔註 51〕《建炎以來繫年要錄》卷八〇，紹興四年九月己巳。
〔註 52〕《宋朝事實類苑》卷二二，《斷獄》，上海古籍出版社 1981 年版，第 258 頁。

職之荼毒何其深也！

## 第四節　困於銓調與奔競獵官的對立

宋人筆記曾記載了這樣一則頗為耐人尋味的故事：

> 馬亮善相人，為夔路監司日，呂文靖父為州職官，一見文靖，即許以女嫁之。其妻怒曰：「君嘗以此女為國夫人，何為與選人子？」亮曰：「此所以為國夫人也。」〔註53〕

這一則故事中的呂文靖即北宋著名宰相呂夷簡，謚號文靖，故稱呂文靖，馬亮任夔路監司時，呂夷簡的父親呂蒙亨只是州級幕職而已，因此在馬亮的妻子看來，呂夷簡作為一個州級幕職的兒子，自然配不上自家路級監司的女兒。這一則故事在《宋史》中亦有大同小異的記載，〔註54〕在馬亮與其妻的對話中，隱約透露出「選人」即州級司法幕職在官僚序列中的下層地位已然影響到其下一代的婚配。

儘管與庶民相比，州級司法幕職的社會地位要高出許多，然而在官僚序列之中，州級司法幕職則屬低階職官，從官品上來看，州級司法幕職與京官均在從八品到從九品之間，但其地位、待遇之差別則有如天壤。比如「宰相禮絕庶官，都堂自京官以上則坐，選人立白事，於私第，雖選人亦坐，蓋客禮也。」〔註55〕由此可見，只有在宰相的私人府第，在剝離了官僚體系的背景之後，出於待客之禮節，選人才有可能得到一個座位，但是，在都堂之上，京官地位高於選人，因站與坐的不同而立見剖判。因此，能否升遷改官就成為州級司法幕職擺脫窘境的頭等大事。

正是由於選人改官尤難，所以對於改官的問題，也有選人寄希望於神靈。對此，《夷堅志》有一則故事《張津夢》描述得頗為詳盡：

> 張津，字子問。紹興戊辰，自常州錄事參軍歲滿，赴吏部磨勘。同鋪有張聿從政者，建康人，罷夔路屬官來。亦有舉將五員當改秩，而其一人嘗坐累，銓曹以薦章為疑，方上省待報，未決可否也。聿憂之，幾廢寢食。忽見津至，審其姓名，大喜。鋪吏問所以然，曰：

---

〔註53〕劉延世《孫公談圃》卷下，影印文淵閣四庫全書本。
〔註54〕《宋史》卷二百九十八，列傳第五十七，「馬亮」，第9915頁。
〔註55〕朱彧撰、李偉國點校：《萍洲可談》卷一，《歷代筆記小說大觀·宋元筆記小說大觀》（第二冊），上海古籍出版社2001年版，第2288頁。

「昔年至蔣山謁寶公丐夢，夢神告曰：『汝身畔有水，則改官。』竊而訊諸占夢，皆莫能測。今與宗人遇，而其名曰津，聿字加水，津字也，神告之矣，此吾所以喜也。」時秦丞相當國，以聿鄉里之故，為下其事，適以是日得報，二人遂同班引見，津次當第三，聿班在四，而軍頭司誤易之。及詣殿下，聿立於津上，正符身畔水之兆云。子問說。〔註56〕

改官一事竟繫於渺茫不可測的神明託夢，可見選人改官之路的艱辛。

## 一、困於銓調，改官尤難

宋人王辟之《澠水燕談錄》中曾記載了這樣一則故事：

祥符中，有劉佾者久困銓調，為陝州司法參軍，廉慎至貧。及罷官，無以為歸計，賣所乘馬辦裝，跨驢以歸。魏野以詩贈行云：「誰似甘棠劉法掾，來時乘馬去騎驢。」未幾，真宗祀汾陰，過陝，詔徵野赴行在。野避，不奉詔。上遣中使就野家索其所著，得贈佾詩。上歎賞久之，語宰臣曰：「小官中有廉貧如此者。」使召之。佾方為江南幕吏，至，以為京官，知青州博興縣。後有差除，上曰：「得如劉佾者，可矣。」未數年，亟遷主客郎中、三司戶部判官。真宗之獎拔廉吏如此，然由野一詩發之也。〔註57〕

這則故事中魏野為陝州司法參軍劉佾所作之詩名為《送劉法曹東歸》，其全文是「上官多是歎窮途，得替行裝盡有餘。唯有甘棠劉法掾，來時騎馬去騎驢。」〔註58〕劉佾任職司法參軍居然弄到入不敷出，難怪宋真宗會歎賞良久，並數年內將劉佾由一個小小的州級司法幕職迅速提拔為京朝官。但是，劉佾所經歷的充滿不確實性而近乎戲劇化的提拔過程，或多或少地反映了州級司法幕職困於銓調，於升遷改官時身不由己的窘境。

實際上，宋人對於國朝文官考銓制度的質疑從來都是不絕如縷，至道年間監察御史王濟批評考銓制度無法循名責實，形同虛設，以致改官之時，權貴子弟與孤寒之士之間有天壤之別，其論曰：

---

〔註56〕洪邁撰、何卓點校：《夷堅志》乙志卷三，「張聿夢」，中華書局 1981 年版，第 216～217 頁。

〔註57〕《澠水燕談錄》卷七，「歌詠」，第 88 頁。

〔註58〕魏野「送劉法曹東歸」，《全宋詩》第 2 冊，北京大學出版社 1998 年版，第 905 頁。

銓選之門，徒有其名，莫責其實。有殿者雖加厚罰，有最者莫見明揚，或驟遇寬恩，則不限其功過，靡逢舉薦，則終困於徒勞。……貢舉不嚴，則權勢爭前，而孤寒難進。〔註59〕

儘管宋朝州級司法幕職升遷改官有循資常調、磨勘改官、酬獎改官、恩例改官、奏薦改官等多種途徑，但是就升遷較快的途徑而言，其關鍵卻在於有無舉主薦舉。以州級司法幕職改官的主要途徑——磨勘改官為例，除了磨勘年限有相關要求之外，磨勘改官的決定因素就是舉主，而「舉主各有格法限員」，如知州根據每年可以推薦一人到六人，曾任宰相者則每年推薦名額限於五人。〔註60〕如此一來，權貴子弟多有政界背景以及可供利用的人脈資源，自然要比出自庶民、久困場屋全憑一己之力在官場打拼的孤寒之士要前途光明，由此便造成了州級司法幕職升遷改官之時「權勢爭前而孤寒難進」。

實際上，權貴薦舉其子弟的做法自宋初就已現端倪。據《宋史》記載：

國初，保任未立限制。建隆三年始詔：「常參官及翰林學士，舉堪充幕職、令、錄者各一人，條析其實，毋以親為避。」既而舉者頗因緣為奸，用知制誥高錫奏：「請許人訐告，得實，則有官者優擢，非仕宦者授以官，或賞縐錢；不實，則反坐之。」〔註61〕

及至宋仁宗天聖四年（1026），朝廷甚至下詔「臣僚奏薦子弟須言服紀，不許奏無服之親」。〔註62〕但是，儘管朝廷對權貴薦舉親屬多有限制，這一問題卻無改觀，非但如此，薦舉之弊日漸蔓延。因此，不乏官員建議朝廷將官員考銓之權悉數收歸吏部，但最終仍然無法廢除薦舉之制，糾正改官唯親的問題，「神宗熙寧間，內外小職任長吏舊得奏舉者悉罷。一歸吏部以為選闕，已而銓法所授才與職多不相當。遂又即選闕取其不可專以法，注者仍許辟置，然亦罕矣。至要司劇任，或創有興建，長吏欲得其所親信者，與相協濟，則往往特命許之。於是辟置亦不能全廢也。」〔註63〕

而降至南宋，朝廷鑒於改官途徑繁多而致吏員猥雜、官員素質下降，故收緊其他途徑只留薦舉一路，如此一來，改官之途更顯艱難。紹興二十二年，右諫議大夫林大鼐的奏疏，就指出了這一做法造成官員「老死選調而無脫」

---

〔註59〕《續資治通鑑長編》卷四十二，太宗至道三年九月壬午，第884～885頁。
〔註60〕《慶元條法事類》卷十四，《薦舉總法》，「改官關升」，第294頁。
〔註61〕《宋史》卷一百六十，《選舉六》，「保任」，第3739頁。
〔註62〕《燕翼詒謀錄》卷三，「奏薦以服屬進奉人等第推恩」，第28頁。
〔註63〕《文獻通考》卷第三十九，《選舉十二》，「辟舉」。

的弊端：「中興之初，恩或非泛，人得僥倖，有以從軍而改秩者，有以捕盜而改秩者，有以登對而改秩者。方今朝廷清明，吝惜名器，士夫改秩，祇有薦舉一路，捨此則老死選調而無脫者。」〔註64〕

薦舉之弊，宋人多有論述，此處僅摭劉沆之論略作印證，其論曰：

> 近臣保薦辟請，動踰數十，皆浮薄權豪之人，交相薦舉，有司以之貿易，遂使省府、臺閣華資要職，路分、監司邊防，實任役非公選，多出私門。又職掌吏人遷補有常，而或減選出官，超資換職，堂除家便，先次差遣之類，乃是近臣保薦官吏之弊一也。審官、吏部銓、三班當入川、廣，則求近地，入近地則求在京，並堂除升陟省府館職檢討之類，乃是近臣陳乞親屬之弊二也。其敘錢穀管庫之勞，捕賊雪活之賞，有司雖存常格，已經裁定，尚復有僥倖之請。以法則輕，以例則厚，執政者不能守法，多以例與之。如此之類，乃是敘勞干進之弊三也。願詔中書、樞密，凡三事毋得用，例餘聽如舊。〔註65〕

從劉沆所言，可知當時薦舉改官已淪爲浮薄權豪互利互惠的工具，部份官員將官職論價計籌，以致京官要和收入豐厚的地方官職，多出於私門，而地方基層官員爲求改官，多有妄稱功績，串通吏部下層胥吏以及考核官員，纂改選格。

鑒於薦舉改官的因緣爲奸，兩宋之際，中央朝廷一直屬行舉主連坐之法，北宋乾德年間，宋太祖就「命陶穀等各舉其充郡佐者，謬舉者坐罪。」〔註66〕降至南宋隆興以後，仍然以朝臣復議舉主連坐，據《建炎以來朝野雜記》所載：

> 隆興初，張子公爲同知樞密院事，首論薦舉改官、請求貨賄之弊，乞取紹興以來每歲改官酌中之數，立爲定額。……詔侍從臺諫詳議。申尚書省議者以爲，自太祖以來皆有薦舉之制，今若患其奔競，遂盡除之，何異因噎而廢食。於是學士承旨洪景嚴、給舍金彥行、劉共父、張貞甫、周子充共議，乞嚴舉隆興元年二月壬申舉主

〔註64〕《宋會要輯稿》選舉三十之2。
〔註65〕《續資治通鑒長編》卷一七八，至和二年二月丙午，劉沆「近臣保薦辟請三弊奏」，第4318頁。
〔註66〕陳均撰：《九朝編年備要》卷一，影印文淵閣四庫全書本。

連坐之法，不許首免，量其罪之輕重而停秩任。」〔註67〕

如此一來，在政界背景，人脈關係和俸祿財力三方面並無優勢可言的州級司法幕職，就不免困於銓調，而改官之難，以舉狀為尤。

宋朝州級司法幕職改官所需舉狀一般是五份，「承直郎以下選人，在任須俟得本路帥撫、監司、郡守舉主保奏堪與改官狀五紙，即趁赴春班改官。」〔註68〕但這五份舉狀頗不易得，州級司法幕職為湊齊五份舉狀，多至情不能堪，故南宋洪咨夔對此形容說：「矧墮七選之坑，欲結五剡之塔。」〔註69〕洪氏所言「七選」即指選人七階，而「五剡」則是指五份舉狀，以其「坑」、「塔」之比喻，足見其難。宋人對「五剡之塔」還有另外一種說法曰「破白合尖」，所謂「破白合尖」，即「選人得初舉狀，謂之破白。末後一紙湊足，謂之合尖，如造塔上頂之意。」〔註70〕由此可見，第一份舉狀即「破白」，第五份舉狀即「合尖」。雖然朝廷對州級長吏及監司有舉薦人才的要求，但因舉主連坐等原因，這一要求往往流於空談，故對於州級司法幕職而言，覓得五員舉主已屬不易，而要得到五份舉狀，則是難上加難，這恰如戴象麓《干黃倉求合尖》一文所說：「最難脫選者，薦剡之五員。未易全功者，合尖之一紙。」〔註71〕

改官之難以舉狀最巨，而舉狀之得以勢援為上，故州級司法幕職莫不深困之。據《說郛》所載：

　　嘗見有官君子，皆以舉削為慮，晦庵先生嘗以法言章句戲之曰：
「勢援，上也；文章，次也；政事，義其次也；咸無，焉為選人！」
　　其人大笑。〔註72〕

此處舉削即舉狀，晦庵先生即朱熹。朱熹的戲謔之言以攀附權勢為上，以文章、政事為次，而以三者皆無者枉為選人，其弦外之音，則透露出州級司法幕職的困於銓調的無奈與辛酸。

因此，州級司法幕職不免為尋覓舉主、求得舉狀而處心積慮，以至於低

---

〔註67〕李心傳撰、徐規點校：《建炎以來朝野雜記》乙集卷十四，「隆興至嘉泰積考改官沿革」，中華書局2000年版，第750頁。

〔註68〕趙升編、王瑞來點校：《朝野類要》卷三，《陞轉》，「改官」，第70頁。

〔註69〕洪咨夔撰：《平齋集》卷二十五，「謝丘安撫舉改官啟」，《四部叢刊》本。

〔註70〕趙升編、王瑞來點校：《朝野類要》卷五，《餘紀》，「破白合尖」，第106頁。

〔註71〕《翰苑新書》續集卷二十九，《謝薦舉類》，戴象麓「干黃倉求合尖」，影印文淵閣四庫全書本。

〔註72〕《說郛》卷十五上，「以論語法言章句戲有官君子」。

聲下氣、多方請託，若得一舉狀，則感激涕零，而不惜對舉主以「門生」相
稱。據《朝野類要》所載：「求改官奏狀，最爲難得。如得，則稱門生。」
〔註73〕宋朝政府爲防止官員相緣爲奸，對於「受命公朝，謝恩私門」的行
爲屢加禁止，「御試進士不許稱門生於私門」〔註74〕，但不乏官員爲改官成
功，置朝廷禁令於罔顧。如徐經孫曾經「薦陳茂濂爲公田官，分司嘉興。（陳
茂濂）聞經孫去國，曰：『我不可以負徐公。』遂以親老謝歸，終身不起。」
〔註75〕

　　州級司法幕職中出於孤寒者不在少數，而宋朝的改官制度則令其大多困
於銓調，在困頓與榮進之際，在舉主與皇帝之間，在現實與理想之前，州級
司法幕職不乏有背離天下意識，罔顧道德自律，甚至是貪贓枉法以逞私欲之
行爲，但若將所有責任歸咎於其自身，則失之公允。

## 二、奔競獵官、改官不實

　　州級司法幕職久困銓調，改官不易，故其群體之中，奔競獵官之風相沿
成習，改官不實之例不絕於書。

　　宋太宗一朝廣開科舉，由此則衍生出文人以各種卑劣之法晉升仕途的行
爲，而兩宋之間改官不易，則令官員多有奔競獵官的行爲，爲此，宋太宗太
平興國二年（977），中央朝廷爲了去除奔競巧取之弊，特頒佈此敕文曰：「今
後州府錄曹、縣令、簿、尉，吏部南曹並給印紙、曆子，外給公憑者罷之。
自此奔競巧求者，不得以公憑營私更易改給矣。」〔註76〕

　　但是官員巧詞僞飾，妄稱考功，以求提拔的風氣並未得以遏止，甚至有
官員爲求改官不惜誇下海口，胡亂吹噓。如景德三年（1066）監判官歐陽冕
誇口自薦之例：

　　　　萊蕪監判官歐陽冕求應賢良方正，而大言自薦，以姬旦、皐、
　　夔爲比，且云：「使臣日試萬言，一字不改，日覽千字，一句不遺。」
　　由是促召赴闕，令中書試五論、三頌、諸詩四十首，共限萬言。題
　　既出，冕惶駭，自陳止應賢良，不應萬言，幸假貸。乃以所上表示

---

〔註73〕趙升編、王瑞來點校：《朝野類要》卷三，《陞轉》，「改官」，第70頁。
〔註74〕王栐撰、誠剛點校：《燕翼詒謀錄》卷一，「御試不稱門生」，中華書局 1983
　　　　年版，第2頁。
〔註75〕《宋史》卷四百一十，列傳第一百六十九，「徐經孫」，第 12348 頁。
〔註76〕《燕翼詒謀錄》卷一，「選人給印紙」，第7頁。

之。晃不敢復言，至晡但成五論、一頌，共三千字。既奏御，上令
問表中所陳條目，晃伏躁妄之罪，責授連州司戶參軍。〔註77〕

除妄稱功績、自吹自擂之外，也有官員遊走於公卿之門，如威武節度推官劉扑「嘗挾術數言人禍福，多遊公卿之門，於是當改官。」〔註78〕又如宋英宗一朝雄武節度判官章惇改官爲御史臺駁回，其理由就是章惇「佻薄穢濫，向以擢第不高，輒擲劾於廷。」〔註79〕

在奔競獵官之風氣的浸淫之下，官員甚至不惜請託賂求，甚至於假託皇親。對此，韓琦於寶元二年（1038）上言論曰：

國家祖宗以來，躬決萬務。凡於賞罰任使，必與兩制大臣，於外朝公議，或有內中批旨，皆是出於宸衷。只自章獻明肅太后垂簾之日，遂有奔競之輩，貨賂公行，假託皇親，因緣女謁，或於內中下表，或只口爲奏求。是致僥倖日滋，賞罰倒置，法律不能懲有罪，爵祿無以勸立功，唐之斜封，今之內降，蠹壞綱紀，爲害至深。〔註80〕

宋人對於官員鑽營攀附，奔競獵官的原因及其對策多有論述，如龐籍主張立定員額，〔註81〕強至主張愼選官員，〔註82〕又如宋庠主張裁抑入仕途徑，

〔註77〕 《續資治通鑑長編》卷六十三，眞宗景德三年五月丙午，第1400頁。
〔註78〕 《續資治通鑑長編》卷一百七十八，仁宗至和二年正月庚辰，第4305頁。
〔註79〕 《續資治通鑑長編》卷二百九，英宗治平四年二月庚子，第5087～5088頁。
〔註80〕 《續資治通鑑長編》卷一百二十三，寶元二年五月己亥，第2904頁。
〔註81〕 趙汝愚主編：《宋朝諸臣奏議》，龐籍「上仁宗請改復祖宗舊制」，第104頁。「國朝建官，雖異於古，然於員數，未聞過多。近年以來漸異於此，蓋是好進者務求寵名，執政者不堅守舊制故也。今資政殿翰林侍讀學士員數過多，恐增之不已，更無限局。欲望準約舊典，以立定員，既有限，求者自息矣。……祖宗以來，謹重賜與。自前或因差遣上殿，特恩賜之，然多是已在升陟任使者。近年伏見有差遣未出常調，或祗是知縣之類，因公事上殿；亦得改賜，遂使三品之服漸成輕易。臣欲乞愛重服章，無及僥濫。」
〔註82〕 《歷代名臣奏議》卷三十九，強至「論用人」。「凡事有以宜於人者，朝思而夕行之，即不可持循而固守。雖前世已行之熟，未嘗或憚改。天下歡呼鼓舞，拭目以觀聖人之作，而跂踵以待極治之成……今則不然。取其名不責其實，始以此進而終不以此試。又冒虛名而受實用者，或其中無以異眾人，欲人人自安，其分難矣。且不得知於左右，則不能自達於朝廷。計資級、累日月，則不能底富貴之速。以是走公卿之門，唯恐足跡之或後；望廉恥之長，而奔競之熄，抑難矣。持甚高之論者，未必無甚卑之行；騁喋喋之辯者，未必有舉舉之見。言之不可必信也。……臣愚以謂取人以言，則詭辭巧辯者出，以希一時之合，曾無益於實也。進人與其失於速也寧緩，進眞才失之緩，其德

〔註83〕魚周詢則主張減少官闕，增加考課年限。〔註84〕在這些議論之中，歐陽修所論值得關注，他認爲這一風氣實因保舉制度而起，其奏疏曰：

> 臣竊詳臣僚上言，悉涉虛妄，蓋由近日陛下進退大臣，改更庶事，小人希合，欺罔天聰，臣請試辨之。據上言者云：「若令兩制以上保舉，則下長奔競之路。」方今上自朝廷，下至州縣，保舉之法多矣，只如臺官，亦是兩制以上舉。以至大理詳斷、審刑詳議、刑部詳覆等官，三路知州、知縣、通判，選人改京官，學官入國學，班行遷合職，武臣充將領，選人入縣令，下至天下茶鹽、場務、榷場及課利多處酒務，凡要切差遣，無小大盡用保舉之法，皆不聞以奔競而廢之，豈獨於省府等官偏長奔競而可廢？此其欺妄可知也。
> 〔註85〕

歐陽修此論，有一點誠可注意，即奔競之風的滋長與負有保舉之責的官員直接相關。根據歐陽修的敘述，可見舉薦改官上及於朝廷、下及於州縣，無官職不可以薦舉而改，如此一來，若舉薦之人不恪守職責，改官唯親而不唯賢、唯人而不唯法，則姦佞小人自然交相請託，終致奔競不止。不獨歐陽修有此見地，慶曆三年（1043）諫官蔡襄就對宰相呂夷簡任職期間，任意擢用親信之人提出了嚴厲的批評：

> 今乃並笏受事於夷簡之門，里巷之人，指點竊笑案夷簡謀身忘

---

章而不可捄，終爲國家用。若庸人誤速進也，徒激不如已之憤，而於誼無所勸。然則若之何其可？用人法虞舜，斯可已。」

〔註83〕《歷代名臣奏議》卷一百六十，宋庠「建官」。「承平寖久，仕進多門，人浮政濫，員多闕少，滋長奔競，糜費廩祿者。臣等聞欲影之正者，必端其表，欲流之潔者，必澄其源，此雖老生之常談，然實治道之要術。朝廷設官取士，固有成規，三年一開舉場，九品盡由銓選，其餘資蔭入仕，流外出身，或依託權臣謂之門客，或因緣酬獎，不累年勞，援例承恩，詭名希寵，人浮政濫，抑有由來。臣等以謂取士者政之表也，補吏者官之源也，近歲舉人殿試有老榜之目，但論舉數無取藝能釋褐，雖被朝恩參選，已登簪笏，縱分職任，盡昧廉隅，臣等欲乞將來科場罷茲一事，又每歲百司人吏出官甚眾，羣臣子弟增年就祿，員多闕少不得不然。」

〔註84〕《宋史》卷三百二，列傳第六十一，「魚周詢」，第10012頁。「陛下患承平寖久，仕進多門，人污政濫，員多闕少，滋長奔競，靡費廩祿。臣以謂國家於制舉、進士、明經之外，復有任子、流外之補，負瑕釁、服輿臺者，亦廁班列。……願陛下特詔，進士先取策論，諸科兼通經義，中第解褐，無令過多。其文武班奏薦並流外出官者，權停五七年，自然名器不濫，奔競衰息矣。」

〔註85〕《續資治通鑑長編》卷一百五十四，仁宗慶曆五年二月乙卯，第3751頁。

公，養成天下今日之患。……是以二十年來，人人不肯尚廉隅，屬名節，淺者因循闒茸，深者靡惡不爲，都無愧恥，但能阿附，夷簡悉力護之，使姦邪不敗，寖成此風，天下習以爲俗。以逐利爲知能，遠勢爲愚鈍，廢廉恥之節，成奔競之風。……文武銓院，冗官至多，而曾不裁損。奇材異績，不聞獎拔，貪墨昏耄之人，曾經免罷責罰，乃爲雪理，務施小惠，多與收錄，貪廉混淆，善惡無別。〔註86〕

在諫官蔡襄看來，宋仁宗一朝，文武官員之中不勝任而應罷除者多受呂夷簡之庇護，即使是曾受免罷責罰之人，也因呂夷簡的提攜而得以復官，因此二十年來姦邪不敗，竟致天下官員不知廉恥，唯知奔競。

官員奔競獵官心切，甚至不免受胥吏左右，故有州級司法幕職不惜賄賂胥吏，如「判刑部劉瑾舉權柳州軍事判官宋諤試刑名，中書言諤嘗試律，賂吏人，竊斷案，欲不許。上批：『緣試法雖實通律，亦恐不免如此。諤令就試無害，苟不中格，自當退黜。』」〔註87〕

奔競獵官，多有貲費，若下層官員薪俸不足以滿足其請託之費，則不免於貪贓枉法，侵漁百姓。對此，王安石論曰：

今官大者，往往交賂、遺營貲產，以負貪污之毀；官小者，販鬻乞丐，無所不爲。夫士已嘗毀廉恥以負累於世矣，則其偷惰取容之意起，而矜奮自強之心息，則職業安得而不弛，治道何從而興乎？又況委法受賂，侵牟百姓者，往往而是也。……今朝廷之法所尤重者，獨貪吏耳。重禁貪吏，而輕奢靡之法，此所謂禁其末而弛其本。然而世之識者，以爲方今官冗，而縣官財用已不足以供之，其亦蔽於理矣。〔註88〕

王安石之奏議所論上位者交相賄賂、遺營貲產，下位者販鬻乞求，無所不爲等狀況亦爲當時其他官員所議論，但其見識不同於常人的地方，乃是他點出了貪利奢靡與奔競獵官之間的關係。宋代士大夫貪利奢靡的風氣已如前所論，相對於這一風氣的要求而言，低層職官如州級司法幕職的薪俸顯然不足，而升遷改官則是最直接的解決辦法，如此一來，奔競使得宋代士大夫的整體風氣不免敗壞。

---

〔註86〕《續資治通鑑長編》卷一百四十，慶曆三年三月壬戌，第3367～3378頁。
〔註87〕《續資治通鑑長編》卷二百十二，神宗熙寧三年六月丁亥，第5160頁。
〔註88〕王安石撰、中華書局上海編輯所編輯：《臨川先生文集》卷三九，《上仁宗皇帝言事書》，中華書局1959年版，第411頁。

# 第五節 冗官待闕與不赴偏遠的兩極

宋代州級司法幕職的行為模式所呈現出來的矛盾，還表現在一方面冗官待闕，而另一方面官員不願赴偏遠地區任官。這一矛盾對於宋代州級司法的運作所造成的影響顯而易見，即冗官集聚之地機構臃腫，而缺官之地不得不一官而兼數職，宋代州級司法中最富特色亦最能體現司法公正的分權制衡機制受此影響而運轉不靈，甚至是形同虛設。

## 一、冗官待闕

後人論宋朝之弊政時，莫不提及其「三冗」即冗官、冗兵、冗費。冗官之弊，亦及於州級司法幕職。宋朝州級司法幕職的冗官問題，或多或少起於州級司法幕職所掌事務繁雜與人手緊張的矛盾，這一點恰如沈遘《開封府乞增屬官箚子》所言：

> 臣伏見開封府所治京師，其職事之劇，固非天下郡府之比。然今郡府之大者，其佐皆置通判、職事官六人。雖郡府之大，職事之劇，自不能開封什二三。而開封之佐，乃獨置推、判官四人，蓋失之從事久矣。且行尹事者，固當責以大體。夫使國家德澤不宣，法制不行，百姓失業，大眾弗治，是其咎也。若簿書期會之煩，笞榜訊驗之細，皆當責其佐。今則不然，一府之事無小大，行尹事者常與其佐雜治之，索其精神，散其支體，朝而視事，昏而後罷，僅能給一日之務。夫人之材力亦有分矣，事物之來則無窮也。以有分而應無窮，雖賢智或不能盡。……臣願陛下裁擇，可增置府推官二員，與舊為四員，使均治獄訟；判官二員，使共治諸務。若此，則事分而任專，處心者精，為力者省。〔註89〕

雖然沈遘所上箚子的主要目的是請求增加開封府的司法幕職，但其所言指出了在司法幕職缺員的情況下，長吏及其有限的幕職難以應付日日無窮的法律事務的實際困難。

與此相較，仕進多門而致官闕不足是造成冗官問題的最主要原因。由於仕進多門所造成的冗官之弊，到了北宋哲宗元祐以後，又因宗室入補添差親民、監當官者日漸增多，而顯得更加積重難返，至元祐三年（1088）

---

〔註89〕沈遘撰：《西溪集》卷七，「開封府乞增屬官箚子」，影印文淵閣四庫全書本。

時，其官員總數竟然「一倍皇祐，四倍景德，班行選人胥吏之眾，率皆廣增」。
〔註 90〕其後儘管朝廷意識到地方添差官的問題，但是到了徽宗大觀三年
（1109），「官較之元祐已多十倍官。」〔註 91〕正如當時吏部所言：「近州郡
官額外添差至多，不惟冗濫，騷擾州縣，實茲交結營私之弊，侵紊官制，莫
甚於此。」〔註 92〕尤其是蔡京、童貫執政以來，更是濫用宗室恩廕補官之
法，將州縣冗官推向頂峰，據《宋史》記載：

> 時權奸柄國，僥倖並進，官員益濫，銓法留礙。臣僚言：「吏員
> 增多，蓋因入流日眾。熙寧郊禮，文武奏補總六百一十一員；元豐
> 六年，選人磨勘改京朝官總一百三十有五員。考之吏部，政和六年，
> 郊恩奏補約一千四百六十有畸，選人改官約三百七十有畸。欲節其
> 濫，惟嚴守磨勘舊法。欲節其濫，惟嚴守磨勘舊法。而今之磨勘，
> 有局務減考第，有川遠減舉官，有用酬賞比類，有因大人特舉，有
> 託事到闕不用滿任，有約法違礙許先次而改。凡皆棄法用例，法不
> 能束而例日益繁，苟不裁之，將又倍蓰而未可計也。」〔註 93〕

由此可見，蔡京、童貫執政以來，宗室子弟郊禮廕補人數是元豐六年的
兩倍之多，選人改官人數則是元豐六年之數目的兩倍半。南宋陸游對此亦有
記載曰：「崇寧間……盜賊大起，馴至喪亂，而天下州郡又皆添差，歸明官
一州至百餘員，通判、鈐轄多者至十餘員。」〔註 94〕北宋末年朝廷官制多因
兵火而多有隳毀，但仕進多門的根源卻仍然存在，冗官之弊仍然綿延不絕而
至南宋，並未得以更革。對此，洪邁記曰：

> 吏部員多闕少，今為益甚，而選人當注職官簿尉，輒為宗室所
> 奪，蓋以盡壓已到部人之故。按宣和七年八月臣僚論祖宗時宗室無
> 參選法，至崇寧初，大啓僥倖，遂使任意出官，又優為之法，參選
> 一日，即在闈選名次之上。〔註 95〕

實際上，自北宋以來，朝廷有識之士對於冗官待闕問題已經多有鞭闢入

---

〔註 90〕《續資治通鑒長編》卷四百一十九，哲宗元祐三年閏十二月庚戌，第 10149 頁。
〔註 91〕《宋史》卷一百七十九，食貨志第一百三十二，「會計」，第 4359 頁。
〔註 92〕《宋會要輯稿》選舉二三之 10，政和八年九月二十九日。
〔註 93〕《宋史》卷一百五十八，《選舉四》，「銓法上」，第 3711～3712 頁。相關史料
　　　　亦可參見《文獻通考》卷三十八。
〔註 94〕陸游撰、高克勤校點：《老學庵筆記》卷二，《歷代筆記小說大觀・宋元筆記
　　　　小說大觀》，上海古籍出版社 2001 年版，第 3470 頁。
〔註 95〕洪邁撰：《容齋三筆》卷十三，宗室參選，第 572 頁。

裏的建言，如宋祁於宋仁宗寶元元年（1038）《上三冗三費疏》有論曰：

> 國家郡縣素有定官，譬以十人爲額，常以十二加之。遞代罪謫，
> 足以無乏。今則不然，一位未缺，十人競逐，紆朱滿路，襲紫成林。
> 州縣之地不廣於前，而陛下官五倍於舊。吏何得不苟進，官何得不
> 濫除？陛下誠得詔三班、辨審官院、內諸司、流內銓明立限員，以
> 爲定法，自今以往，門蔭、流外、貢舉之色，實制選限，稍務擇人，
> 俟有闕官，計員補吏。內則省息俸廩，外則靜一浮華，則三冗去矣。
> 〔註96〕

對於冗官問題，宋祁所提對策之核心，就是對於恩廕補官、流外補官、貢舉入仕限定員額，以限制仕進多門。繼宋祁之後，歐陽修又於慶曆三年針對地方官銓選未精的問題，提出更爲切實的改革措施：

> 今請令進奏院各錄一州官吏姓名，爲空行簿以授之，使至州縣，
> 遍見官吏。其公廉才幹，明著實狀，及老病不材，顯有不治之跡者，
> 皆以朱書於姓名之下。其中材之人，別無奇效，亦不致曠敗者，則
> 以墨書之。又有雖是常材，能專長於一事，亦以朱書別之。使還具
> 奏，則朝廷可以坐見天下官吏賢愚善惡，不遺一人，然後別議黜陟
> 之法。如此，足以澄清天下，年歲之間，可望至治。只勞朝廷精選
> 二十許人充使，別無難行之，事取進止。〔註97〕

實際上，冰凍三尺，非一日之寒，冗官待闕問題之積重難返，亦非一時間所能去除，故歐陽修委派專使至州縣愼選勤廉，淘汰不材的做法，也無法革除冗官待闕之弊，即使是范仲淹的慶曆新政試圖以增加舉主人數及任官資格來解決這一問題，從其結果來看，最終亦告失敗。

對於仕進多門、入流太泛的流弊，南宋前期周必大亦上《條具弊事狀》說：「比來入流太泛，入仕甚難，受任者至有十餘年不成一任，賢愚並滯，殊無甄別。」〔註98〕然則直至南宋後期理宗時，這一流弊仍然因循不已，寶祐元年科舉狀元姚勉就尖銳地指出：

> 方今冗官之弊，全在任子之多。三歲取士僅數百人，而任子每

---

〔註96〕宋祁撰：《宋景文集》卷二十六，「上三冗三費疏」，中華書局 1985 年版，第 336 頁。

〔註97〕歐陽修撰、李逸安點校：《歐陽修全集》卷九八，《論按察官吏箚子》，中華書局 2001 年版，第 1505 頁。

〔註98〕《文忠集》卷一百三十四，「起居郎兼權中書舍人狀箚八首」。

歲一銓以百餘計，積至三歲亦數百人矣。從觀州縣之仕爲進士者不
十之三，爲任子者常十之七，豈進士能冗陛下之官哉？亦曰任子之
眾耳。閥閱鼎盛，親故復多，挾厚貲而得美除，結奧援而圖見次。
考第未滿舉削巳盈，寒畯之流亦安能及？〔註99〕

## 二、不赴偏遠

儘管宋朝州級司法幕職居於文官序列中的底層，而且不免於冗官待闕之
弊，但州級司法幕職若遇偏遠地區的官闕，仍有不願赴任的現象。

實際上，至少在唐代就已經有官員不願赴偏遠地區任官的記載，如孔戣
在《奏加嶺南州縣官課料錢狀》就提到：

（嶺南）州縣，或星布海壖，或雲絕荒外，首領強黠，人戶傷
殘，撫御緝綏，尤藉材幹，刺史縣令，皆非正員。使司相承，一例
差攝。貞廉者懇不願去，貪求者苟務徇私。臣自到州，深知其弊，
必若責之以理，莫若加給料錢。今具分摺如前，並不破上供錢物，
輒陳管見，務在遠圖，伏乞天恩，允臣所請。〔註100〕

唐宋之際，嶺南州縣多被官員視爲偏遠蠻荒之地，故朝廷雖然提高官員
課料錢以鼓勵官員赴任，但應者寥寥。

及至宋朝，官員不願赴任偏遠地區的問題仍然毫無改觀，因此宋太宗
一朝蹈襲唐朝故智，於「太平興國元年四月，令西川諸州幕職官奉外，更
增給錢五千。雍熙三年，文武官折支奉錢，舊以二分者，自今並給以實價。」
〔註101〕又於太平興國二年，頒下《劍南幕職官增俸詔》曰「劍南諸州幕職
官，畫捐本土，從官異鄉，皆袛畏於簡書，宜稍增於廩祿。於常俸外月更給
錢五千，仍許令依州縣官例，分舊俸之半於鄉里，給其父母妻子。」〔註102〕
及至太平興國八年，更是以增加俸祿來鼓勵州級幕職赴任偏遠地區：

西川、廣南、兩浙等幕職、州縣官，朝廷以其遠地，並許分割
一半請俸與本家骨肉。切見兩京、諸到州府應幕職。切見兩京、諸

---

〔註99〕 姚勉撰：《雪坡集》卷七，影印文淵閣四庫全書本。
〔註100〕（清）董浩等撰：《全唐文》卷六百九十三，孔戣《奏加嶺南州縣官課料錢狀》，
中華書局1983年版，第7110頁。
〔註101〕《宋史》卷一百七十一，《職官十一》，「職錢」，第4115～4116頁。
〔註102〕《宋大詔令集》卷第一百七十八，政事三十一，「俸賜」，《劍南幕職官增俸詔》，
太平興國二年四月壬寅，第639～640頁。

到州府應幕職、州縣官，有父母垂老，岐路稍遙，多不遂於般迎，
乃有虧於侍奉。自今有願分支請俸者，望許其請。〔註103〕

　　雖然宋太宗屢次詔令優遇赴任偏遠地區的幕職官，但是官員不赴偏遠的
情況並未有所改觀。對於這一問題，宋人張方平提出了自己的看法：

臣嘗見禮闈川、廣之貢士，各才百人，夫豈眾之謂乎！且二方
之士，趨赴試集，往復幾年，驅涉萬里，與四海之眾多，角無涯之
得失，或數罷退，鮮不告勞。今使不出鄉關，坐而就舉，藝學相委，
名稱相聞，就有取捨，皆其土人。擇一方之官吏，考百人之所試，
取之必精，又何濫之長？退之以禮，復何怨之召？故臣謂之便，理
可詳矣。〔註104〕

　　據張方平所論，可見當時川、廣兩地士子由科舉入仕的艱難，並由此提
出就地選拔官員的建議。此後，宋神宗熙寧三年（1070）朝廷始定「遠官就
移之法」，即所謂「八路定差法」，規定川峽、廣南、福建及湖南八路州縣文
武官員的差注，由本路轉運司就地差遣。〔註105〕

　　雖然「八路定差法」的頒行在一定程度上解決了偏遠地區有闕無官的問
題，但是對於中原人士而言，若被差注偏遠地區官員，仍然不願赴任。如此
一來，卻不免造成本地人把持官場，結黨營私的問題，故當時有人批評說，「土
人知州非便，法應遠近迭居，而川人許連任本路，常獲家便，時太偏濫」，尤
其是何正臣又舉蜀人之例說：「蜀人之在仕籍者特眾，今自郡守而下皆得就
差，一郡之官，土人太半，僚案吏民皆其鄉里親信，難於徇公，易以合黨。
請收守令闕歸之朝廷，而他官兼用土人，量立分限，庶經久無弊。」〔註106〕

　　神宗熙寧間所定「八路定差法」僅僅行至哲宗元祐初期，其弊端已然顯
露，而爲朝臣所詬病。據《宋史》記載：

元祐初，御史上官均言：「定差不均之弊有七：諸路赴選中試乃
差，八路隨意取射，一也。諸路吏部待試，需次率及七年，方成一
任；八路就注，若及七年，已更三任，二也。八路雖坐停罷，隨許
射注；而見在吏部待次之人，至有歷任無過，尚須試法，候及一年
方有注擬，三也。其待次者又許權攝，祿無虛日；而吏選無怨犯，

---

〔註103〕《宋會要輯稿》職官五十七之21，「請許官分俸共養父母奏」。
〔註104〕《歷代名臣奏議》卷一百六十四，張方平「川嶺舉人便宜」。
〔註105〕參見郭東旭《宋代法制研究》，河北大學出版社2000年版，第99頁。
〔註106〕《宋史》卷一百五十九，《選舉五》，「遠州銓」，第3723頁。

亦大率四年方再得祿，四也。土人得射奏名者，免試就注家便，年
高力憊，不復望進，往往營私廢職，五也。仕久知識既多，土人就
射本路，不無親故請託，六也。八路監司地遠而專，設漫減功過名
次，人亦不敢爭校；故有力者多得優便，而孤寒滯卻，七也。請並
八路差盡歸吏部爲便。」〔註107〕

因上官均之言以及吏部之請，朝廷取消了「八路定差法」，但是未及數年，
哲宗又於紹聖時復行此法。降至徽宗重和年間，「八路定差法」已淪爲胥吏藉
以受賂的工具：

　　　　轉運以軍儲、吏祿、供饋、支移爲己責，而視差注爲末務，往
往付之主案吏胥定擬，而簽廳視成書判而已。注闕之高下，視賄之
厚薄。無賂，則定差之牘，脫漏言詞，隱落節目。及其上部，必致
退卻，參會重上，又半歲矣。〔註108〕

由此可知，在實施「定差法」的八路地區，其轉運使將偏遠地區官員的
除授視爲末務，使得注擬之判決權操於胥吏之手，以注擬官闕的高低來確定
收取賄賂的金額，若索賄不成，則在公文上動手腳，令不行賄賂的官員不得
改官，以至於此等官員要等到半年以後，才能有下一次的改官機會。

州級司法幕職之所以不願赴任偏遠地區，除了偏遠地區多爲官員視爲瘴
癘之地以外，其原因大略有二：

其一，不習風俗，難出政績。宋真宗咸平年間，有官員不願赴任河北偏
遠地區，對於這一現象，劉綜議曰：「河北承兵寇之後，民戶凋弊，吏部所銓
幕職州縣官皆四方之人，不習風俗，且有懷土之思，以是政事多因循不舉。
綜議請自今並以河朔人充之，冀其安居，勤於職事。」〔註109〕州級幕職位於
官僚序列的底層，如欲仕途上升、擺脫窘境，其政績至關重要，然而州級幕
職職事繁雜，若不習慣赴任之地的風俗，其政績難免會打折扣，加之思鄉情
切，往往無心職事，因循苟且，疏於政事，如此一來，其前途因此而更加渺
茫。

其二，州級司法幕職屬於低層職官，其升遷改官之權柄多執於長吏、監
司之手，而「八路定差法」則進一步強化了長吏、監司對於州級司法幕職升

---

〔註107〕《宋史》卷一百五十九，《選舉五》，「遠州銓」，第3724頁。
〔註108〕《宋史》卷一百五十九，《選舉五》，「遠州銓」，第3724頁。
〔註109〕《宋史》列傳卷二百七十七，「劉綜」，第9431～9432頁。

遷改官的控制權，加之升遷改官，須依印紙、曆子等公文，若長吏、監司視差注爲末務而將公文的製作委於胥吏，則胥吏又從中漁利，索取賄賂。如此一來，州級司法幕職的仕途不免陷於長官、胥吏的夾縫之中，與其受此困窘，還不如不赴偏遠地區任官。

# 第五章　宋朝州級司法幕職的社會關係

「關係」一語，雖極為常見，亦常常為包括法律史在內的學術研究所使用，但其語義卻顯得較為龐雜，其用法亦較為混亂。

就目前所見法律史的資料而言，儘管「關係」一語在法律史的研究成果中使用甚廣，但它並不見於中國傳統典籍，其相關研究很可能是近代中國「新文化運動的產物」〔註1〕。如胡適曾論曰：

> 人與人之間，有種種天然的或人為的交互關係。如父子，如兄弟，是天然的關係。如夫婦，如朋友，是人道的關係。每種關係便是一「倫」，每一倫有一種標準的情誼行為。如父子之恩，如朋友之信，這便是那一倫的「倫理」。儒家的人生哲學，認定個人不能單獨存在，一切行為都是人與人交互關係的行為，都是倫理的行為。〔註2〕

胡適所論，乃是基於儒家理論中所提出的「倫」。在傳統的儒家理論中，有「君臣」、「父子」、「夫妻」、「兄弟」、「朋友」這「五倫」。這一界定對於早期中國的關係研究影響至深。不獨胡適，後來梁漱溟亦在此基礎上對於中國社會的關係作出了以下論述：

> 因此西方人的倫理思想道德觀念就與我們很不同了。最昭著的

---

〔註1〕 翟學偉《關係研究的多重立場》載於《社會學研究》2007 年第 3 期，第 119 頁。本文對宋朝州級幕職群體的關係研究，在概念的界定及其方法運用上多受此文啓發。

〔註2〕 胡適著：《胡適學術文集·中國哲學史》，中華書局 1991 年版，第 83 頁。

有兩點：一則西方人極重對於社會的道德，就是公德，而中國人差不多不講，所講的都是這人對那人的道德，就是私德。譬如西方人所說對於家庭怎樣，對社會怎樣，對國家怎樣，對世界怎樣，都為他的生活不單是這人對那人的關係而重在個人對社會大家的關係。中國人講五倫，君臣怎樣，父子怎樣，夫婦怎樣，兄弟怎樣，朋友怎樣，都是他的生活單是這人對那人的關係，沒有什麼個人對社會大家的關係。（例如臣是對君有關係的，臣對國家實在沒有直接關係。）這雖看不出衝突來卻很重要，中國人只為沒有那種的道德所以不會組織國家。一則中國人以服從侍奉一個人為道德，臣對君，子對父，婦對夫，都是如此，所謂教忠教孝是也。〔註3〕

此即梁漱溟所概括的中國社會關係的「倫理本位」，「倫理本位者，關係本位也。」〔註4〕由此可見，梁漱溟仍然是基於中國傳統的儒家理論來闡釋他對於關係的認識，但相對於胡適而言，他所說的關係，不僅僅包括了胡適所指的個體之間的交互關係，還基於中西倫理觀念的差別提出了個體與社會、群體之間的關係。

與胡、梁二人相較，潘光旦對「倫」的認識則分為兩個層面：「一層是靜的，一層是動的。靜的所應付的是上文所說人與人之間的分別，動的所應付的是人與人之間的關係。」〔註5〕在此基礎上，費孝通則將「動」和「靜」用「差序格局」來概括，以「差」指代類別，以「序」指代關係，「格局」則是潘光旦所說的「人我之分的最主要的因素，我之所以為我，與人之所以為人，是由於彼此格局的互異，而尤其要緊的，是此種互異的鑒別與體會」〔註6〕，因此，費孝通認為中國人的關係之所以呈現出差異，其關鍵在於道德標準的不同。在此基礎上，他提出了自己對中國社會的關係的看法：

一個差序格局的社會，是由無數私人關係搭成的網絡，這網絡的每一個結附著一種道德要素，因之，傳統的道德里不另找出一個

---

〔註3〕 梁漱溟《東西方文化及其哲學》，《梁漱溟全集》第一卷，山東人民出版社 1989 年版，第 369 頁。

〔註4〕 梁漱溟《中國文化要義》，上海世紀出版集團 2003 年第 1 版，第 233 頁。

〔註5〕 潘光旦著：《中國人文思想的骨幹》，《潘光旦文集》第 6 卷，北京大學出版社 2000 年 12 月第 1 版，第 115 頁。

〔註6〕 潘光旦著：《倫有二義——說倫之二》，《潘光旦文集》第 10 卷，北京大學出版社 2000 年 12 月第 1 版，第 148 頁。

籠統性的道德觀念來，所有的價值標準也不能超脫於差序人倫而存

在。〔註7〕

就前人的關係研究而言，至少有三點誠可注意：一是對於中國社會的關係的認識，大體上不離「人倫」；二是對於關係的研究，既涉及作為整體的社會、群體，又涉及作為這一整體的組成部份的個體的人；三是關係與社會地位的差異以及人與人之間的互動密切相關。而這三者，往往又交織在一起。

因此，本文所謂「關係」，其意與「社會關係」相同，它是指社會大眾在共同認可及遵守的行為標準規範下的一種互動，這種互動因個人社會地位的不同而扮演不同的角色。儘管關係的界定與整體的社會相關，但是，從微觀的角度來觀察，關係是發生在兩個人之間的一種社會交往的過程。

潘光旦先生認為，儘管中國人的關係共有 23 項，但大略可歸結到七個方面：（1）屬於自然區分的：長幼、老少、男女。（2）屬於家庭或家族的：母子、從父子、同族。（3）屬於婚姻或因婚姻而發生的：姑媳、甥舅、婚姻（親家）、婭婿（聯襟）。（4）屬於家以外而與家有往還的：賓主、師生、父執、鄉里、新故。（5）屬於社會與文化地位的：賢不肖、貴賤、貧富。（6）屬於政治地位：官民、上下、同僚。（7）越出人道以外的：人鬼、人與天地。〔註8〕

對於解析宋代州級司法幕職的社會關係來說，潘光旦先生的這一認識極為重要，但是必須注意到這一認識係潘光旦先生於二十世紀之時分析中國人的社會關係的結晶，儘管其中蘊含著對於中國傳統的精闢論斷，但並非完全針對宋代的社會關係所發。其認識之中依據自然、家庭或家庭、婚姻或基於婚姻、家或基於家、社會文化以及越出人道之外的標準而作的區分，皆至為精當，然而，就政治地位這一環而言，似有一細微之處可進一步商榷。潘光旦先生將官民、上下、同僚三者加以區分的標準是政治地位，但是，就宋代州級司法幕職而言，其自身、其長官及其同僚皆為同一政治地位，因為總體來看，這三者都是獲得了國家所賜予的「出身」的士大夫，而這三者皆因「出身」一環而成其為官，並與民相區別。因此，本文基於潘光旦先生對中國人社會關係的劃分，而將宋代州級司法幕職之社會關係大致分為以下幾個方面

〔註7〕費孝通著：《鄉土中國》，北京三聯書店 1985 年版，第 34 頁。
〔註8〕潘光旦著：《說『五倫』的由來》，《潘光旦文集》第 10 卷，北京大學出版社
　　　2000 年 12 月第 1 版，第 193 頁。

加以探討：第一個方面是同作爲士大夫的州級司法幕職與監司、知州、通判及其同僚之間的關係；第二個方面是州級司法幕職與胥吏之間的關係，其原因在於胥吏雖然奔走於官府，但實際上並無官員之「出身」，由此觀之，胥吏是介於官民之間的一類特殊群體；第三個方面是州級司法幕職與「健訟之徒」的關係，健訟之徒雖屬於庶民，但他們往往對國家法律相對熟悉，又多與胥吏相交通，以健訟爲能事而從中牟利，以致造成宋代州級司法的諸多問題；第四個方面是宋代州級司法幕職的鬼神報應觀，因爲鬼神作爲一種外在的制約力量，對於宋代官員的司法行爲尤其是刑獄之審斷是否公正產生著不可忽略的影響，並由此而影響到宋代州級司法的運作。

　　本文之所以基於但並不囿於潘光旦先生的研究成果，主要是出於研究對象的限制，本文研究宋代州級司法幕職的社會關係，須與宋代州級司法過程相關，細言之，這一社會關係是指在宋朝州級司法過程中，作爲一個群體的「幕職」與其他群體之間的社會交往和互動。這一邏輯前提包含以下三個方面的內涵：

　　其一，宋朝州級幕職的社會關係所展開的場域是宋朝的州級司法過程，至於基於自然的、家庭或家族的、婚姻而產生的諸多社會關係，一般而言不會直接進入到宋代州級司法過程之中去，倘使有所涉及，一則影響不甚明顯，二則亦可附於相關章節之後予以論述，故無專論之必要。

　　其二，儘管本文受研究對象的限制，主要研究前列四個方面的社會關係，但這並不意味著宋代州級司法幕職的其他社會關係如親屬、師生、鄉里等等不會對宋代州級司法過程造成隱性的、潛在的影響——這種影響甚至有可能是決定性的，但是，宋代州級司法幕職在司法過程中的社會關係的形成，其首要的原因還是基於宋代相關的法律規範，其次才是其他社會規範如道德規範、宗教規範等等，如果倒錯了這一序列，則其論斷有可能謬之千里。

　　其三，作爲個體的幕職和作爲群體的幕職都是關係主體，作爲群體的幕職之關係的考察，其目的主要是爲了釐清「幕職」所必須遵循的行爲標準規範及其社會地位，而作爲個體的幕職之關係的考察，則更多的是從微觀的角度對實踐之中的幕職角色加以理解，這二者往往會呈現出相互纏繞的態勢，並進而對宋代州級司法過程產生微妙的影響。

# 第一節　宋朝州級司法幕職與監司、長吏、同僚之關係

## 一、宋朝州級司法幕職與監司之關係

南宋時，陳造曾上《重獄官箚子》論及監司位高權重，凌駕於州級司法幕職之上，進而令其唯監司意志是從以取媚，並進而影響到宋代州級司法的公正，其言曰：

> 夫諸州獄官，率用經任無舉主人充之，彼其不自植立，視監司郡守顰笑以爲輕重，望其能爭衡是非，收平反之效，豈不難哉！且一事繫獄，不論深淺小大，提刑守一見，郡守守一見，獄官亦有一見，監司郡守出於遙度，獄官宜深得其情。然士夫效官，其能以名義學術執持有立，百不一二。其間承望上官風旨，以意爲獄，滔滔皆是。況以大吏臨小官，意之向背，動爲升沉，此獄官所以婥阿附會以取媚，而陛下赤子往往陷於非辜也。〔註9〕

陳造此言，可以說道盡了司法過程中州級司法幕職受制於監司的辛酸，那麼這一情態是不是州級司法幕職與監司關係的常態呢？以下則試從二者之關係的制度準據及相關實例出發對此加以論述。

### （一）州級司法幕職與監司之關係的制度準據

在宋朝州級司法過程之中，幕職與監司之關係的形成，自有其制度準據。其一是監司通過對州級司法的監察而派生出來的對司法幕職的監察制度，其二是監司所負對於司法幕職的人才舉薦制度。鑒於舉薦制度已於本文第三章加以論述，故此處僅就監察制度進行探討。

宋朝爲保證州郡獄訟的清明，設漕司、常平茶鹽司、提點刑獄司等機構以監察州級司法。對於這三個機構的監察權力的大小輕重，宋人胡太初曾有一全面概括，其論曰：

> 令領一邑，太守察之，諸監司察之，所以防污虐、戒曠敗也。公正自飭，廉謹自將，固令所當持循，職事攸關，尤合加察。轉漕司惟財賦耳，縣道賦入自有定數，率是輸之郡家，本自無甚干涉，其他戶婚詞訴，吾惟決之以公，奚懼焉？常平茶鹽司惟廩役與鹽課

---

〔註9〕陳造撰：《江湖長翁集》卷二十八，「重獄官箚子」，影印文淵閣四庫全書本。

爾，不產鹽之繁衝處於鹽無預，若齊民之差役、公吏之敘役，與夫常平義倉之斂散，吾無偏私、無侵移，又奚懼焉？惟提點刑獄司則視諸司為獨重！何則，刑獄民命所繫，苟有過誤，厥咎匪輕。殺傷多委同官驗視，安知其無或疏鹵乎？罪囚淹禁，動經歲月，安保其無或疾病乎？結解公事，惟憑供款，又安信其果無翻異乎？有一於茲，便罹憲網，故惟在我者，無往不謹不審，而又得部使者察其忠實、寬其鞭驅，庶乎可以免厥咎也。〔註10〕

　　從胡太初此論來看，對於州郡司法關聯最為密切又最重大者，當屬提點刑獄司。此處僅依此論，重點探討州級司法幕職與提點刑獄司之關係，其他諸監司僅於摭擇史料加以論述之時略作涉及。就提點刑獄司制度的研究而言，學界已多有成果，〔註11〕此處不擬贅述，而是專就提點刑獄司對州級司法的監察加以撮述，藉以考察州級司法幕職與提點刑獄司之關係形成的制度準據。

　　在宋代的司法制度之中，提點刑獄司並非初審受案機關，其受理的案件大多來自於州郡，質言之，有翻異的州級案件，百姓越訴、上訴的案件以及其自身糾察、覆核的州郡疑案，此外則有中央朝廷指定的案件。因此，提點刑獄司與州級司法幕職的關係，集中地體現在案件的審理過程之中。由於宋代中央朝廷設置提點刑獄司的本意就是以之監察州郡司法，故提點刑獄司與州級司法幕職的關係，則相應地集中表現為監察和被監察的關係。

　　要言之，宋朝提點刑獄司的司法監察及於州級司法的諸環節，如前所述，提點刑獄司受理州郡案件的情況有三，分別是翻異的州級案件，百姓越訴、上訴的案件以及其自身糾察、覆核的州郡疑案，無論是其中的哪一種案件，提點刑獄司都可以對其案件程序的諸環節進行監察，並據相關規定劾奏失職州郡官吏。除此之外，提點刑獄司還可以就以下事項對州級司法進行監察。

　　其一，催督淹延。早在宋真宗一朝，提刑司就必須對下屬州郡所審理的案件加以催督，「有淹繫久者即馳往案問」，〔註12〕到北宋後期，逐漸形成了

---

〔註10〕《畫簾緒論》，《事上篇·第三》。
〔註11〕相關的研究成果主要有戴建國：《宋代的提點刑獄司》，載於《上海師範大學學報》1989年第2期。賈玉英《宋代監察制度》，河南大學出版社1996年版。王曉龍《宋代提點刑獄司研究》，人民出版社2008年版。
〔註12〕《宋大詔令集》卷一六一，《官制二·置諸路提刑詔》，第610頁。

提刑司每年定期到州縣催督決獄的制度。〔註13〕如宋徽宗政和二年的詔曰：「諸路監司歲奉詔旨，分部決獄。」〔註14〕北宋與南宋交替之時，因兵火綿延，此制多有不行，宋高宗紹興五年，「詔以盛暑，命諸路監司分往所部慮囚，前二日進呈，行在疎決。上問：『外路如何？』趙鼎曰：『臣記每年夏熱時，令提刑司催決獄事，自渡江後不曾舉行。』上曰：『大理等處禁繫無幾，當行之諸路，令無淹延刑禁，庶暑中不致罪人疾病也。』自是遂為永制」。〔註15〕與此相適應，提點刑獄司對結案不及時的州級司法幕職可加以奏劾，如高宗紹興初年江南東路提刑司言：「撫州司理院見禁周七十等為周三十七身死公事，將及一年，淹禁坐獄，並不結絕。又本院見罪人陳俊為行力殺死張進，至今亦及一年有餘，未曾結絕，以致陳俊脫去枷槓，跳牆逃走，見今未獲。其司理參軍宋仲和顯是弛慢不職，已牒信州取勘。詔宋仲和先次放罷，令本路提刑司催促信州疾速取勘具案聞奏。」〔註16〕

其二，索檔備案。宋太宗太平興國九年（984）規定，「諸處州府軍監，每十日一具所犯事由收禁月日聞奏，仍委刑部糾舉」。〔註17〕宋真宗朝復置提刑司時也令其「所部每旬具囚繫犯由、訊鞫次第申報，常檢舉催督。」〔註18〕元祐七年（1092）時，朝廷再詔：「應獄死罪人歲終委提刑司……取索姓名罪犯報刑部，數多者申尚書省。」〔註19〕

其三，督查獄政。宋代州郡於州院和司理院之下，均設監獄以留置案犯以便審理，若獄政黑暗，則難免冤濫橫行，如慶曆七年（1047）三月，有臣僚上奏：「近年郡國刑獄中罪人多是禁繫連月，飲食失所，及拷掠而死，……欲望令轉運、提刑司每巡歷至州縣，先入刑獄中詢問罪人，其有禁繫人身死，仰畫時具檢驗狀申二司點檢，如情理不明，有拷掠痕，立便取索公案，差官看詳，依公施行。」〔註20〕鑒於獄吏虐囚之行屢禁不止，故真宗朝規定：「三京、諸路大辟罪，獄既具而非理致罪死者，委糾察、提點刑獄官察

---

〔註13〕 王曉龍著：《宋代提點刑獄司研究》，人民出版社 2008 年版，第 128 頁。
〔註14〕 《宋會要輯稿》刑法五之 31。
〔註15〕 《建炎以來繫年要錄》卷八九，紹興五年五月己亥，第 1494 頁。
〔註16〕 《宋會要輯稿》刑法三之 74。
〔註17〕 《宋大詔令集》卷二〇〇，《刑法上・令天下繫囚十日具犯由收禁月日奏詔》，第 741 頁。
〔註18〕 《宋大詔令集》卷一六一，《官制二・置諸路提刑詔》，第 610 頁。
〔註19〕 《宋會要輯稿》職官五五之 11。
〔註20〕 《宋會要輯稿》刑法六之 55。

之。」〔註21〕行至仁宗景祐元年（1034），朝廷又詔：「舉人被囚，而獄吏苛酷非疾致死者，提點刑獄官按察之，募告者賞錢十萬」。〔註22〕因此，提點刑獄司須按朝廷規定督查州郡獄政，「諸路監司每季親詣所部州縣，將見禁囚徒逐一慮問」。〔註23〕如果根據相關文書記載發現州獄違法收押證人、無罪之人，則劾奏相關官員，「監司巡歷所至，索歷稽考，如輒將干證無罪之人淹延收繫，及隱落禁歷，不行抄上而別置歷者，按劾聞奏，官吏重置典憲。」〔註24〕其核查內容相當細緻，如獄囚口糧，提點刑獄司「置循環歷二本，名曰『囚糧歷』，日具支破姓名，取其著押，」而州郡獄吏「俾隨禁歷月日申提刑司，以備參考。」〔註25〕

與上述制度相適應，宋代州級司法幕職在其任何一個環節出了問題，都有可能受到上級監司的糾劾，而糾劾違法的州級司法幕職，也正是上級監司的職責所在。比如州郡獄訟倘若有「偏辭按讞，情不得實，官吏用情者，並以聞。佐史小吏已下得以便宜按劾從事。」〔註26〕如宋眞宗大中祥符六年（1013），「知成州劉晟，推官時群，錄事參軍孫汝弼，並勒停，初，同谷縣民勾知友妻張縊殺其夫，其子婦杜因省親言於其父，父以聞州，州鞫張伏辨，晟等論杜告其夫父母，罪流三千里，仍離之，張同自首，原其罪。轉運司移鄰州檢斷，張準律處斬，杜無罪。」〔註27〕。

又如宋眞宗時規定，提點刑獄司對「出入人罪者移牒覆勘，劾官吏以聞」。〔註28〕再如「幕職、州縣官非理決人致死，並具案奏裁，仍令本路轉運、提點刑獄司察舉，責懲殘暴之吏。」〔註29〕馳慢職事者亦在監司奏劾之列，「監司奏不理慢公者」。〔註30〕貪贓枉法更是在監司追究的範圍之內，如南宋理宗時浙東提刑奏溫州司戶參軍趙汝㯋「權宰平陽，侵用官錢，贓罪抵死。」〔註31〕又如仁宗皇祐年間，湖北鄂州崇陽富豪和人妻子謀殺其夫，而

〔註21〕《宋會要輯稿》刑法六之53。
〔註22〕《續資治通鑑長編》卷一百十四，景祐元年五月乙酉，第2677頁。
〔註23〕《宋會要輯稿》刑法六之69。
〔註24〕《宋會要輯稿》刑法六之71。
〔註25〕《宋會要輯稿》刑法六之75～76。
〔註26〕《文獻通考》卷六一，《職官考十五》。
〔註27〕《續資治通鑑長編》卷八十一，大中祥符六年十一月甲午，第1852頁。
〔註28〕《宋大詔令集》卷一六一，《官制二·置諸路提刑詔》，第610頁。
〔註29〕《續資治通鑑長編》卷七十三，大中祥符三年春正月壬申，第1652頁。
〔註30〕《宋會要輯稿》刑法二之17。
〔註31〕《宋史全文》卷三二，紹定四年四月乙丑，第2174頁。

州官受賄將他們釋放。湖北提刑葛源發現了其中的弊病，差官再劾，「劾者又受賕，獄如初。而源終以為不直。……遂親往鞫問，不復置獄，卒得其奸賕狀，論如法。」〔註32〕

值得注意的一點是，宋代州級司法幕職的職事之中還包括行政事務，監司對此亦有監查職責。如仁宗嘉祐元年（1056）蝗災、水災接踵而至，轉運、提刑司即「督責州縣長吏以下，勤撫疲羸，急於營濟，仍察官吏之不稱職者以名聞。」〔註33〕雖然類似的事務不在司法範圍之內，但是州級司法幕職若有失職，仍會受到監司聞奏，從二者之關係來看，這一點卻不可視若無物。

### （二）州級司法幕職與監司的關係分析

如果僅從制度層面來看，宋代州級司法幕職與上級監司的關係，大略只是監察與被監察，薦舉與被薦舉的關係，但是這一制度正如宋代州級司法制度在實踐上中的運行一樣，往往產生諸多或顯或隱、微妙而且重要的變化，並從更寬泛的意義上對宋代州級司法產生著不容忽略的影響。

宋代著名理學家，曾歷任州縣司法職務的朱熹對於監司及其下屬州縣的關係有兩則精妙的見解，茲引錄如下：

> 治愈大則愈難為，監司不如做郡，做郡不如做縣。蓋這裡有仁愛心，便隔這一重。要做件事，他不為做，便無緣得及民。

> 某嘗謂，今做監司，不如做州郡；做州郡，不如做一邑；事體卻由自家。監司雖大於州，州雖大於邑，然都被下面做翻了，上面如何整頓！〔註34〕

第一則所論，可以看作對於上令下達這一問題的論斷，監司的治民舉措，須由州、縣二級來實施，如果州、縣二級出了問題，監司的舉措也無法下達至基層民眾。第二則所論，則道出了監司施政的最大困難，即「都被下面做翻了」，就算是朝廷賦予監司極大的監察權力，也無法盡革此弊。朱熹二論，誠可為州級司法幕職與監司之關係的側影，實際上，二者之關係，由於人這一極其複雜的關係主體的存在，則絕非宋朝相關制度所呈現的二極分離的格局。這一認識在衡州法曹、湖南檢法官徐應龍與其上司提點刑獄司盧彥德之間發生的一件事情之中呈現得較為詳盡：

---

〔註32〕《折獄龜鑒》卷六，《核奸》，「葛源」，第298頁。
〔註33〕《宋大詔令集》卷一五三，《災傷令提轉督責州縣勤撫疲羸詔》，第571頁。
〔註34〕《朱子語類》卷一百一十二，「朱子九・論官」，第2461～2462頁。

> 徐應龍，字允叔。淳熙二年第進士，調衡州法曹、湖南檢法官。
> 潭獲劫盜，首謀者已繫獄，妄指逸者爲首，吏信之，及獲逸盜，治
> 之急，遂誣服。吏以成憲讞於憲司，應龍閱實其辭，謂：「首從不明，
> 法當奏。」時周必大判潭州，提刑盧彥德不欲反其事，將置逸盜於
> 死，應龍力與之辨。先是，彥德許應龍京削，至是怒曰：「君不欲出
> 我門邪？」應龍曰：「以人命傳文字，所不忍也。」彥德不能奪，聞
> 者多其有守，交薦之。〔註35〕

　　此條史料之中，有三點誠可注意：其一是潭州劫盜案的首謀已經捕獲，但還有逃逸在外尚未歸案的餘黨，而潭州法吏聽信首謀妄言胡亂抓捕，令無辜者身陷冤獄；其二是此案發生時，周必大任潭州知州；其三是提刑盧彥德曾經許諾法曹徐應龍「京削」，宋代薦舉徐應龍這樣的「七階選人」改爲京官有名額限制，一個名額稱一「京削」。這三點所產生的交互影響，使得法曹徐應龍與提刑盧彥德之間的關係呈現出一種微妙的共生與制衡。

　　首先要肯定的是法曹徐應龍與提刑盧彥德二人都知道此案必有冤情，但是在此案能否就此結案的問題上，徐應龍與盧彥德二人發生了分歧，徐應龍認爲不當結案，但如不結案，則此案必然返交潭州繼續追勘，盧彥德則打算就此結案，把無辜之人當成逸盜治以死罪。雖然史料未曾明言盧彥德「不欲反其事」的具體原因，但「時周必大判潭州」一語卻隱約道出了其中玄機。周必大此人生於名門望族，曾任徽州司戶參軍，素來個性剛直、不畏權勢，〔註36〕如果此案返回潭州繼續追勘，則盧彥德可能因不辨冤情而受影響。因此，盧彥德以「京削」相脅許應龍，其怒言「君不欲出我門」一語，意即許應龍若固執己見，不啻於不讓盧彥德出門進京爲許應龍上舉薦文狀。對此，許應龍卻表示，不忍心「以人命傳文字，」此處「文字」即指舉薦文狀。儘管盧彥德以此相脅，但最終未能令許應龍就範。

　　從以上分析可見，盧彥德與許應龍二人的關係中包含著這樣三個因素：藉由提刑盧彥德而體現出來的制度權威、藉由許應龍「不忍」之言體現出來的道德規範和藉由「京削」體現出來的利益關聯。在宋代司法制度的大背景下，這三個因素彼此制約而達致平衡，並同時宰制著盧彥德與許應龍二人的

---

〔註35〕《宋史》卷三九五，「徐應龍傳」，第12050～12051頁。
〔註36〕《宋史》卷三百九十一，列傳第一百五十，「周必大」，第11965～11972頁。其文記周必大「權給事中，繳駁不辟權倖。瞿婉容位官吏轉行礙止法，爭之力，上曰：『意卿止能文，不謂剛正如此。』」

行為，使得二者的關係格局呈現出一種共生制衡的態勢：以共生而言，如盧彥德若要堅持己見還須許應龍的支持，而許應龍的「京削」也須盧彥德的薦舉；以制衡而言，盧、許雙方都試圖根據不同的規範說服對方。

在州級司法幕職與監司的這種共生制衡的關係格局，在其他案例中仍然存在，以下再摭一例，並與徐應龍、盧彥德之例相互印證。據《宋史》記載，李琮任寧國軍推官時，「州庾積穀腐敗，轉運使移州散於民，俾至秋償新者。守將行之，琮曰：『穀不可食，強與民責而償之，將何以堪。』持不下，守愧謝而止。」〔註37〕這一例子之中的角色與上例並無差異，即州級司法幕職、州級長吏和監司，唯一的差別不過是監司意志通過州級長吏並非直接而是間接地與司法幕職產生了分歧，但最終的結果還是在相持不下之後，錯誤的決策未能得以執行。不過有一點需略加說明，即儘管這一例子之中並無「京削」這一具體的利益關聯的載體出現，但是鑒於州級長吏對於其司法幕職有考課權，因此，也可以說這一關係之中仍然存在著利益關聯的因素。

實際上，這種共生制衡關係格局之中的監司與州級司法幕職二者有著角色上的一致性，即二者同為獲得了國家所賜予的「出身」的士大夫、司法官員和行政官員，而且宋代的制度設計使得二者有著更為牢固而且實際的共同利益，因此二者在相同的境遇之下自然呈現出相同的行為模式，如浙東提點刑獄徐鹿卿「檄衢州推官馮惟說決婺獄，惟說素廉平，至則辨曲直，出淹禁。大家不快其為，會鄉人居言路，乃屬劾惟說。州索印紙，惟說笑曰：『是猶可以仕乎？』自題詩印紙而去。衢州鄭逢辰以繆舉，鹿卿以委使不當，相繼自劾，且共和其詩。」〔註38〕不僅如此，宋代司法幕職亦有仕途晉升而出任監司的機會，如蹇周輔舉進士之後，就因「善於訊鞫，鉤索微隱，皆用智得情，」而為「神宗稱其能，擢開封府推官，出為淮南轉運副使。」〔註39〕

因此，即使在宋代史料中多有監司以權勢壓制州郡司法幕職的記載，但亦有監司禮遇下屬的記載，如宋太宗時，向敏中「為戶部推官，出為淮南轉運副使。時領外計者，皆以權寵自尊，所至畏憚，敏中不尚威察，待僚屬有禮，勤於勸勖，職務修舉。」〔註40〕

與此相適應，州級司法幕職的上言，亦為監司所從。如方偕任溫州軍事

〔註37〕《宋史》卷三百三十三，列傳第九十二，「李琮」，第10711頁。
〔註38〕《宋史》卷四百二十四，列傳第一百八十三，「徐鹿卿」，第12648頁。
〔註39〕《宋史》卷三百二十九，列傳第八十八，「蹇周輔」，第10604頁。
〔註40〕《宋史》卷二百八十二，列傳第四十一，「向敏中」，第9553頁。

推官時，「歲饑，民欲隸軍就廩食，州不敢擅募。偕乃詣提點刑獄呂夷簡曰：『民迫流亡，不早募之，將聚而爲盜矣。』夷簡從之，籍爲軍者七千人。」〔註41〕在這一個案例之中，饑荒之下，七千災民打算通過從軍吃軍糧的方式解決生存問題，州級長吏畏於法律規定而不敢擅自募糧，可知茲事體大，但方偕對提點刑獄呂夷簡曉以利害之後，儘管籍爲軍者達七千之眾，呂夷簡還是採納了方偕的建議。

　　州級司法幕職與監司之間共生制衡的關係格局的形成，有賴於制度權威、道德規範和利益關聯這三個因素的平衡，身處這種關係格局之中的州級司法幕職與監司雙方，都試圖維持這種共生制衡的格局。這一認識可由張洽一案例得出，據《宋史》記載，「張洽改袁州司理參軍。有大囚，訊之則服，尋復變異，且力能動搖官吏，洽以白提點刑獄，殺之。」〔註42〕這則史料雖然相當簡略，但是從上下文來看，大囚之所以被殺，並不是因爲案情已然查清，而是因爲大囚屢番變異，「力能動搖官吏，累年不決，而逮繫者甚眾。」鑒於宋代有翻異別勘之制，且不乏屢勘屢翻之例，則提點刑獄採納張洽之建議而殺大囚，似有違法的嫌疑。但是，這恰恰說明了一點，即屢番變異，動搖官吏，累年不決，逮繫甚眾足以損害州級司法幕職與監司基於制度所產生的共同利益，並進而打破二者之間共生制衡的關係格局，而正是出於對這一格局的維護之需要，此案中的張洽與提點刑獄作出了處死大囚的判決，由此可見，這一共生制衡的格局對於宋代州級司法產生了或正或負但不可忽略的重要影響。

　　南宋初年，有臣僚上奏州郡與監司相援弄奸，敗壞國法，這一奏章，誠可爲引爲共生與制衡關係的一個注腳：

> 州郡、監司務相蒙蔽，或市私恩，或植私黨，或牽自己之利害，或受他人之囑託，見贓不劾，聞暴不刺，乞令諸州專察屬縣，監司專察諸州，臺諫則總其舉摘。如令丞簿尉有罪而州不按察以聞，則犯者亦論如律，而監司亦量經重與之降黜，州之僚屬則並責之，守倅之按察，監司之僚屬亦並責之，監司之按察而其坐罪亦如之。如此，則上下交制，小大相維，奸贓暴虐，無所逃罪，朝廷特舉其大綱，而天下無不治，斯民無不被賜矣。〔註43〕

---

〔註41〕《宋史》卷三百四，列傳第六十三，「方偕」，第10069頁。
〔註42〕《宋史》卷四百三十，列傳第一百八十九，「張洽」，第12785頁。
〔註43〕《宋會要輯稿》職官七九之11。

## 二、宋朝州級司法幕職與州郡長吏之關係

對於長吏與幕職之間的相處之道，宋人胡太初曾經作過一番理論，藉以告誡長吏須善待幕職，其言曰：

> 夫郡之督促哉，雖然奉法循理，盡瘁效職，監司郡守之難事猶可也，惟是臺幕郡僚，或捧檄經從，或移書請託，賓餼稍有不至，奉承稍有不虔，賢明仁厚之人固能推誠相亮，否則情好易暌，間隙易啓，始於職事相關之際，掊撫橫生甚而。使長會聚之時，讒讒肆入，蓋有陰中其毒而獲戾者多矣。故令之待臺幕郡僚者，寧過於勤，毋失之怠；寧過於恭，毋失之簡；寧過於委曲；毋失之率意而徑行，此亦可以杜無妄之災矣。〔註44〕

由此可見，雖然州級司法幕職只是州郡長吏的僚佐，但在實踐之中，長吏卻並不可將其等閒視之。

### （一）州級司法幕職與州郡長吏之間的交往行為

州級司法幕職與州郡長吏之間，既有衝突，又有合作，除了在獄訟審斷的過程中產生的衝突與合作之外，還有以下三點須略加論述：

1、舉發長吏不法行為。宋代州郡長吏有糾繩其司法幕職之責任，而州級司法幕職亦可舉發州郡長吏甚至因此而得以升遷改官。如楊澈於擔任青州司戶參軍期間，「知州張全操多不法，澈鞫獄平允，無所阿畏。太祖知其名，召試禁中，改著作佐郎，出知渠州。」〔註45〕又如雷有終任漢州司戶參軍時，「侯陟典選，木強難犯，選人聽署於庭，無敢嘩者。有終獨抗言，願為大郡治獄掾，陟叱之曰：『年未三十，安可任此官？』有終不為沮。署萊蕪尉。知監、左拾遺劉祺以有終年少，頗易之，有終發其奸贓，祺坐罪杖流海島，以有終代知監事。」〔註46〕由此看來，州級司法幕職舉發州郡長吏一旦得實，不僅有可能升遷改官，甚至有可能取彼而代之。

2、共同合作治理政事。州級司法幕職與州郡長吏之間多有合作治理政事，尤其是遇到重大的自然事件或社會事件時，州級司法幕職與州郡長吏往往通力合作，如邵亢任潁州團練推官之時，「晏殊為守，一以事諉之。民稅舊輸陳、蔡，轉運使又欲復折緡錢，且多取之。亢言：『民之移輸，勞費已

〔註44〕《晝簾緒論》，《事上篇·第三》。
〔註45〕《宋史》卷二百九十六，列傳第五十五，「楊澈」，第9869～9870頁。
〔註46〕《宋史》卷二百七十八，列傳第三十七，「雷有終」，第9455頁。

甚。方仍歲水旱，又從而加取，無乃不可乎？』遂止。」〔註47〕

3、沆瀣一氣相援為奸。州級司法幕職與州郡長吏之間存在著共同利益，故不免沆瀣一氣、相援為奸。如「王安禮向在青州，縱恣不法。節度推官倪直侯者，助其為惡，掌公使出納不明，及發露，遂匿其籍，陽為尋訪，終不獲。穢濫不悛，吏民具知。」〔註48〕

## （二）州級司法幕職與州郡長吏的關係分析

宋代州級司法幕職及與州郡長吏在角色上的亦有一致性，即士大夫、司法官員和行政官員，而且作為直接領導州級司法幕職的長官，宋代州郡長吏的司法活動不可避免的依賴並受制於州級司法幕職，從前章分析已然可以感知宋代州級司法制度在設計和運行過程中都給長吏與幕職之間的共生與制衡留出了或顯或隱的空間，此處將進一步予以詳論。

《宋史》中記載了一則開封府推官韓絳進言知府重懲狂言罪人的故事：

> 韓絳，字子華。舉進士甲科，通判陳州。直集賢院，為開封府
> 推官。有男子冷青，妄稱其母頃在掖庭得幸，有娠而出生己，府以
> 為狂，奏流汝州。絳言，留之在外將惑眾。追責窮治，蓋其母嘗執
> 役宮禁，嫁民冷緒，生一女，乃生青，遂論棄市。〔註49〕

這則史料之中有三點誠可注意，其一，開封府係中央所在之地，其司法活動很有可能動輒達於朝廷，直達天聽；其二，開封府知府起初並未認識到案犯冷青狂言與開封府地位特殊之間的關係，而上奏處冷青流汝州；其三，韓絳意識到奏流汝州之判的不良後果，即「留之在外將惑眾」，故最終弄清冷青之言的來龍去脈，並將其棄市，永絕後患。實際上，知府初判流汝州並無不妥，之所以改判棄市，全賴韓絳提醒，但是棄市之判顯然畸重，由此可見，在宋代州級司法連帶責任的制約下，出於對自身利益的考慮，開封府知府與其推官韓絳形成了一種共生的關係格局，而這一格局對於宋代州級司法運行過程中的法律適用產生了至關重要的影響。

除了司法活動之外，在其他的活動之中，州級司法幕職與州郡長吏之間亦存在著共生的關係，這一點可由泉州司法參軍杜純為其知州關詠上書申冤之事得知。據《宋史》記載：

---

〔註47〕《宋史》卷三百一十七，列傳第七十六，「邵亢」，第 10335～10336 頁。
〔註48〕《續資治通鑑長編》卷四百五十六，哲宗元祐六年三月丁丑，第 10924 頁。
〔註49〕《宋史》卷三百一十五，列傳第七十四，「韓絳」，第 10301 頁。

> 杜純，字孝錫，濮州鄄城人。少有成人之操，伯父沒官南海上，
> 其孤弱，柩不能還。純白父請往，如期而喪至。以蔭爲泉州司法參
> 軍。泉有蕃舶之饒，雜貨山積。時官於州者私與爲市，價十不償一，
> 惟知州關詠與純無私買，人亦莫知。後事敗，獄治多相牽繫，獨兩
> 人無與。詠猶以不察免，且檄參對。純憤懣，陳書使者爲訟冤，詠
> 得不坐。〔註50〕

從這則史料的上下文來看，關詠下屬借管理蕃舶之機上下其手，大肆謀
利，後事敗，關詠自然難脫其咎，但是，杜純之所以爲關詠申冤，其原因卻
是出於其自身的道德要求使然，其證有二：一則他人謀利之時惟獨關詠與杜
純潔身自好而「無私買」，二則從杜純「少有成人之操」往護伯父靈柩如期至
喪。由此可見，知州關詠免於責任追究的關鍵在於杜純上書使者，而這一案
例誠爲宋代州級幕職與州郡長吏之共生關係格局的明證。

除了共生的關係格局之外，宋代州級司法幕職與州郡長吏之間亦存在著
制衡的關係格局。《宋史》中記載了一則李承之任明州司法參軍時與郡守就法
律適用問題發生爭執的故事：

> 承之字奉世，性嚴重，有忠節。從兄柬之將仕以官，辭不受，
> 而中進士第，調明州司法參軍。郡守任情斲法，人莫敢忤，承之獨
> 毅然力爭之。守怒曰：「曹掾敢如是邪？」承之曰：「事始至，公自
> 爲之則已，既下有司，則當循三尺之法矣。」守憚其言。〔註51〕

這則史料中有三點誠可注意：

其一，郡守在司法過程中任情決斷而其他司法官員均不敢有所違忤，姑
且不論郡守之斷有無違法嫌疑，至少其制度權威得到了充分的體現；

其二，在眾人莫敢忤之時，李承之獨與郡守爭執，郡守因此怒問李承之
「曹掾敢如是邪？」此一節反映出相互勾連的兩點認識，一則郡守之斷並無
明顯違法之處，但不合於人情，故一干同僚因其制度權威而莫敢忤，二則李
承之獨與郡守爭，其行爲大異於同僚，係因其個人「性嚴重，有忠節」；

其三，李承之說「事始至，公自爲之則已，既下有司，則當循三尺之法
矣。」從上下文來理解，「循三尺法」的意思應該是遵照相關司法程序的規定，
則「守憚其言」一語所指，即郡守所忌憚的是任情執法違背了程序性規定而

---

〔註50〕《宋史》卷三百三十，列傳第八十九，「杜純」，第 10631 頁。
〔註51〕《宋史》卷三百一十，列傳第六十九，「李承之」，第 10177 頁。

非實體性規定，這一點恰與「郡守任情傲法，人莫敢忤」若合符節。

由以上分析可見，藉由郡守「任情傲法」而體現的制度權威，藉由李承之獨與郡守爭執而體現的道德規範，與藉由「循三尺法」所體現的程序規範一同發生作用，形成了州郡長吏與州級司法幕職之間的制衡關係格局，並進而保證了宋代州級司法的正常運作。

綜合上述三則史料，則可見宋代州級司法幕職與州郡長吏之間所形成的共生與制衡的關係格局，而這一關係格局的形成，又與制度權威、道德規範和利益關聯三個因素相關。以下就這三個因素各摭例以證之。

就關係格局中的制度權威而言，有穆修遭誣陷被貶之例。穆修「調泰州司理參軍。負才，與眾齟齬，通判忌之，使人誣告其罪，貶池州。」〔註 52〕在穆修一例之中，州郡長吏的制度權威獨大，而有「使人誣告」之舉，終致穆修被貶池州。

就關係格局中的道德規範而言，有曹豳禮讓舉薦機會而得郡守讚賞之例，曹豳「調重慶府司法參軍，郡守度正欲薦之，豳辭曰：『章司錄母老，請先之。』正敬歎。」〔註 53〕又如陳居仁知建寧府時，「觀察推官柳某死，貧不克歸，二子行丐於道，聞而憐之，予之衣食，買田以養之，擇師以教之。」〔註 54〕

就關係格局中的利益關聯而言，則有謝諤力阻長吏煉成冤獄之例，謝諤「改吉州錄事參軍……郡民陳氏僮竊其篋以逃，有匿之者。陳於官，詞過其實，反為匿僮者所誣。帥龔茂良怒，欲坐以罪，諤為書白茂良，陳氏獲免，茂良亦以是知之。」〔註 55〕謝諤之所以不顧龔茂良之怒而上書提醒，實則因為宋代州級司法官員的連坐責任制度將相關司法官員的利益捆綁在一起。

宋代州級司法幕職與州郡長吏之間的共生與制衡的關係格局，則為我們認識宋代州級司法提供了維度更為豐富的認識路徑，從而對宋代州級司法制度的運行實效作出更為妥貼的評價。

比如，在司法實踐中，宋代州郡長吏的司法決斷權實際上多委於州級司法幕職，如何執中之例。據《宋史》記載：

〔註 52〕《宋史》卷四百四十二，列傳第二百一，「穆修」，第 13069 頁。
〔註 53〕《宋史》卷四百一十六，列傳第一百七十五，「曹豳」，第 12482 頁。
〔註 54〕《宋史》卷四百六，列傳第一百六十五，「陳居仁」，第 12273 頁。
〔註 55〕《宋史》卷三百八十九，列傳第一百四十八，「謝諤」，第 11930 頁。

何執中，字伯通，處州龍泉人。進士高第，調臺、亳二州判官。亳數易守，政不治。曾肇至，頗欲振起之，顧諸僚無可仗信者，執中一見合意，事無纖鉅，悉委以剗決。有妖獄久不竟，株連寖寢多。執中訊諸囚，聽其相與語，謂牛羊之角皆曰：「股」，扣其故，閉不肯言，而相視色變。執中曰：「是必爲師張角諱耳。」即扣頭引伏。蔣之奇使淮甸，號強明，官吏望風震懾，見執中喜曰：「一州六邑，賴有君爾。」〔註56〕

而對於州郡長吏將相關職事盡相付於的做法，司法幕職在盡心而爲的同時，亦有據理而辭的舉動，州郡長吏不僅不視之爲推諉，反而從其所言，並倍加賞識。如杜衍知永興時，曾辟孫甫爲司錄參軍，「凡吏職，纖末皆倚辦甫。甫曰：『待我以此，可以去矣。』衍聞之，不復以小事屬甫。衍與宴語，甫必引經以對，言天下賢俊，歷評其才性所長。衍曰：『吾辟屬官，得益友。』」〔註57〕

又如宋代州級司法幕職雖困於銓調，但不乏郡守因其材而予以薦舉，如崔與之「授潯州司法參軍。常平倉久弗葺，慮雨壞米，撤居廡瓦覆之。郡守欲移兌常平之積，堅不可，守敬服，更薦之。」〔註58〕又如唐肅任泰州司理參軍時「有商人寓逆旅，而同宿者殺人亡去，商人夜聞人聲，往視之，血沾商人衣，爲捕吏所執，州趣獄具。肅探知其冤，持之，後數日得殺人者。後守雷有終就辟爲觀察推官。」〔註59〕

在宋代史料之中，亦有州郡長吏對司法幕職關懷有加的記載，如范純仁知河中時，「錄事參軍宋儋年暴死，純仁使子弟視喪，小殮，口鼻血出。純仁疑其非命，按得其妾與小吏奸，因會，寘毒鼈肉中。純仁問食肉在第幾巡，曰：『豈有既中毒而尚能終席者乎？』再訊之，則儋年素不食鼈，其日毒鼈肉者，蓋妾與吏欲爲變獄張本，以逃死爾。實儋年醉歸，毒於酒而殺之。遂正其罪。」〔註60〕這一案例誠可爲州郡長吏與其司法幕職共生之關係的旁證。

可以說，處於共生制衡的關係格局之中，宋代州級司法幕職的行爲才呈現出其獨立的個性特點，如孔道輔「爲寧州軍事推官，數與州將爭事。有蛇

〔註56〕《宋史》卷三百五十一，列傳第一百一十，「何執中」，第11101頁。
〔註57〕《宋史》卷二百九十五，列傳第五十四，「孫甫」，第9838頁。
〔註58〕《宋史》卷四百六，列傳第一百六十五，「崔與之」，第12257頁。
〔註59〕《宋史》卷三百三，列傳第六十二，「唐肅」，第10041頁。
〔註60〕《宋史》卷三百一十四，列傳第七十三，「范純仁」，第10281頁。

出天慶觀眞武殿中，一郡以爲神，州將帥官屬往奠拜之，欲上其事。道輔徑前以笏擊蛇，碎其首，觀者初驚，後莫不歎服。」〔註61〕宋代官員往往有借靈異之事上書以圖仕宦榮進的可能性，就此而言，孔道輔笏碎蛇首，無疑是不智之舉，但官員上書靈異若有不當，卻不免受到責罰，故孔道輔此舉，用意周詳嚴密，因此「觀者初驚，後莫不歎服」。由此而推之，或許正是在共生制衡的格局下，宋代州級司法幕職才可以依據司法程序的規定，充分表達自身的意願。

## 三、宋朝州級司法幕職與同僚的關係

從角色上來看，宋朝州級司法幕職皆爲士大夫、司法官員、州級佐官和行政官員，但是其中亦有幕職官系統和諸曹官系統的區別，而且就其權限來說也各有差異，此外，值得注意的一點是宋代州級司法制度的設計意圖，原本將各色州級司法幕職置於分權制衡的諸環節之中，因此宋代州級幕職之間關係格局之共生與制衡的特徵尤其明顯。

### （一）宋代州級司法幕職之間的交往行爲

宋代州級司法幕職之間並非相安無事，反而是出於諸多原因以致屢有勾心鬥角、相互刺舉，又或是彼此遮掩，包庇不法，以下茲引數例以證之。

勾心鬥角。宋太宗時竇偁爲開封府判官，賈琰爲開封府推官，但是「賈琰便佞，能先意希旨，偁常疾之。上與諸王宴射，琰侍上側，頗稱讚德美，詞多矯誕，偁叱之曰：『賈氏子巧言令色，豈不愧於心哉。』坐皆失色，上亦爲之不樂，因罷會，白太祖出偁爲彰義節度判官。」〔註62〕

相互刺舉。宋神宗元豐四年（1081），「詔前追官勒停人越州山陰縣主簿、太原府教授余行之陵遲處死。先是，行之以廢黜怨望，妄造符讖，指斥乘輿，言極切害。定州教授、潁州團練推官郭時亮詣闕告之，知定州韓絳即收行之付獄。詔開封府司錄參軍路昌衡就邢州鞫之，行之伏誅。」〔註63〕

相互包庇。劉安世「調洺州司法參軍，司戶以貪聞，轉運使吳守禮將按

---

〔註61〕《宋史》卷二百九十七，列傳第五十六，「孔道輔」，第9883頁。
〔註62〕《續資治通鑑長編》卷二十一，太宗太平興國五年十一月戊午，第481～482頁。相關史料亦可參見《宋史》卷二百六十三，列傳第二十二，「竇偁」，第9097～9098頁。
〔註63〕《續資治通鑑長編》卷三百十二，神宗元豐四年四月壬申，第7565頁。

之，問於安世，安世云：『無之。』守禮爲止。然安世心常不自安，日：『司戶實貪而吾不以誠對，吾其違司馬公教乎！』後讀揚雄《法言》『君子避礙則通諸理』，意乃釋。」〔註64〕

宋朝州級司法幕職之間的衝突與合作，實有其深層原因：

其一，儘管宋代州級司法幕職同屬於一個群體，但在具體事情的處理上，則各自經由制度設計而被賦予的權威又有高下之分，這一點正是宋代州級司法幕職相互之間交往決策的基準所在，比如宋代州級司法制度中的理雪、駁推之制就使得被追究責任的司法幕職受制於追究其責任的司法幕職的制度權威。

其二，在宋朝的制度框架之下，州級司法幕職的司法責任、升遷改官等關乎根本利益的諸方面，都具有關聯性，比如司法責任中的連坐制度，又如升遷改官時的名額限制。這樣的制度設計驅使著州級司法幕職要麼獨得其利，要麼合夥分肥，然而不管是其行爲的具體樣態如何，均基於關聯利益的考量。

其三，作爲角色高度同一的群體，州級司法幕職行爲的規範不僅是相關的國家法律制度，還有這一群體內共同認可的其他規範，其中最主要的一種規範就是道德規範。當道德規範與法律制度發生衝突之時，身處其中的州級司法幕職並非沒有自由裁量的空間，如此一來，司法幕職並不見得必須按照國家制度的意圖來作出決定。這一點在劉安世一例中呈現得尤其明顯，劉安世包庇司戶參軍貪贓行爲之後，其內心「常不自安」，但讀到「君子避礙則通諸理」之後心下釋然，姑且不論此「理」爲何理，但考慮到宋代司戶參軍的俸祿係州級司法幕職中最低一等，則劉安世此舉並非依據法律規定，而很可能是出於憐恤之心，至少從劉安世的行爲看來，君子之理並不等同於國家法律之理。

### （二）宋代州級司法幕職之間的關係分析

正是基於制度權威、道德規範和關聯利益三個因素的平衡，宋代州級司法幕職之間形成了共生與制衡的關係格局，宋代州級司法幕職的各色各樣的行爲，恰恰是對於這一關係格局的詮釋。如前文曾提及錢若水辯明富家失奴案後，「知州以若水雪冤死者數人，欲爲之奏論其功，若水固辭曰：『若水但

---

〔註64〕《宋史》卷三四五，列傳第一百四，「劉安世」，第10952頁。

求獄事正人不冤死耳，論功非其本心也。且朝廷以此爲若水功，當置錄事於何地邪？』知州歎服曰：『如此尤不可及矣。』錄事詣若水，愧慚叩謝，若水曰：『獄情難知，偶有過誤，何謝也？』於是遠近翕然稱之。」〔註65〕由此可見，儘管錄事參軍在錢若水辨白冤獄的過程中對其出言詬辱，但在共生制衡的關係格局之下，錢若水並未因此挾嫌報復錄事參軍，而錄事參軍也採取了「叩謝」的方式向錢若水道歉，尤其值得注意的一點是「遠近翕然稱之」，這一遠近之中，必然包括一干同僚在內，而交口稱讚則反映出州級司法幕職對於共生制衡關係的認識及樂意維持的態度。

這一種共生制衡的關係格局對宋代州級司法幕職的行爲取向影響至深，以下茲撮數例加以印證。

第一例，陳俊卿以同擔責任而對共生制衡關係加以維護：

> 陳俊卿⋯⋯授泉州觀察推官。服勤職業，同僚宴集，恒謝不往。一日，郡中失火，守汪藻走視之，諸掾屬方飲某所，俊卿與卒亦假之行，於是例以後至被詰，俊卿唯唯摧謝。已而知其實，問故，俊卿曰：「某不能止同僚之行，又資其僕，安得爲無過。時公方盛怒，其忍幸自解，重人之罪乎？」藻歎服，以爲不可及。〔註66〕

這一則史料之中，有三點誠可注意：其一，作爲角色高度同一的州級司法幕職，其行爲模式大略趨同，故同僚之間相互宴請，彼此赴宴本係常情，但陳俊卿素來爲官謹愼，以至於同僚之間的宴會都一概婉言謝絕，其行爲並不合此常情，很有可能因此而出離於群體之外；其二，但是在郡中失火而一眾同僚因宴飲而失於撲救因而受詰問之時，陳俊卿並未自陳清白而是唯唯諾諾，陳俊卿的這一行爲可以說在一定程度上彌合因行爲出群而帶來的分裂；其三，郡守汪藻瞭解這一實情之後就此詢問陳俊卿，陳俊卿卻解釋說自己未能阻止同僚去宴飲已然有了過錯，更何況若自陳清白無疑會因之加重同僚罪責，故詰問之時不予辯白。由此可見，陳俊卿對於同僚之間的利益關聯並非全無認識，反而出於這一認識，試圖減輕同僚因此所承擔的責任。

第二例，陳希亮以獨擔責任而對共生制衡關係加以維護。

> （陳希亮）爲開封府司錄司事，⋯⋯會外戚沈元吉以奸盜殺人，希亮一問得實，自驚僕死，沈氏訴之，詔御史劾希亮及諸掾吏。希

---

〔註65〕《宋朝事實類苑》卷第二十二，《斷獄》，第 269 頁。
〔註66〕《宋史》卷三百八十三，列傳第一百四十二，「陳俊卿」，第 11783 頁。

亮曰：「殺此賊者獨我耳。」遂引罪坐廢。〔註67〕

　　雖然這一則史料並未交待陳希亮是否知道自己獨擔責任的後果，但是他不可能不知道宋代司法審理過程中官員連坐的制度，也不可能對此案涉及外戚、茲事體大沒有任何考量，更不可能對於責任追究的後果毫無所知，但是，陳希亮還是一人承擔了所有責任，無論陳希亮是出於對制度權威，或是道德規範，又或是利益關聯的哪一個因素的考量，其行為決策都可以看作是對於共生制衡關係格局的詮釋。

　　第三例，鮮于侁以薦舉同事而對共生制衡關係加以鞏固。

　　　　鮮于侁，……為江陵右司理參軍。……唐介與同鄉里，稱其名
　　　　於上官，交章論薦。侁盛言左參軍李景陽、枝江令高汝士之美，乞
　　　　移與之，介益以為賢。調黟令，攝治婺源。……通判綿州。〔註68〕

　　宋代州級司法幕職升遷改官之難已於前文加以論述，在這種改官制度設計之下，作為「七階選人」的州級司法幕職每年能得到的舉薦名額均有相應限定，因此州級司法幕職對於有限名額的爭奪亦在情理之中，即使同僚之間相互禮讓名額而推薦對方，似乎應該不至於像鮮于侁對同僚李景陽的「盛言」讚美，但是，如果從關係格局的三因素來考量，則鮮于侁此舉並非不合情理，據史料可知，鮮于侁後來得以升遷改官，可見他並未因為推薦同僚而受影響，反由此使得唐介對他愈加器重，因此，鮮于侁此舉可以看作是共生制衡關係格局之下的明智之舉。

## 四、宋代州級司法過程中諸官僚與共生制衡關係格局

　　從宋代州級司法運行的角度來觀察，這一運行的過程始終與過程之中的諸級官僚緊密地聯繫在一起，正是在這一個意義上，諸級官僚之間的關係對於宋代州級司法的過程及其結果產生了至為深刻的影響。就關係的格局而言，共生制衡並非只是存在於某一層級的宋代司法官僚之中，在宋代司法的運行過程之中，無論是監司，還是州郡長吏，又或是州級司法幕職，彼此之間都結成了共生制衡的社會關係。這一關係格局的具體形態，取決於制度權威、道德規範和關聯利益三者的配置，因此，宋代州級司法的過程絕非僅如制度規定所呈現出來的定式，這一過程藉由諸級官僚行為而展開，它既受到

〔註67〕《宋史》卷二百九十八，列傳第五十七，「陳希亮」，第9918頁。
〔註68〕《宋史》卷三百四十四，列傳第一百三，「鮮于侁」，第10936頁。

公開的行爲規則的制約，又受到潛在的行爲規則的制約，而無論是哪一類行爲規則，都通過制約官僚的行爲而對宋代州級司法的法律效果和社會效果發揮著決定性的影響，並由此影響到旁人對宋代州級司法制度的價值判斷。

對於這一點認識，茲引一例以證之。據《宋史》記載，蕭貫任江東饒州知州時曾處理過江西撫州一件孫齊殺子的案件：

> 有撫州司法參軍孫齊者，初以明法得官，以其妻杜氏留里中，而給娶周氏入蜀。後周欲訴於官，齊斷發誓出杜氏。久之，又納倡陳氏，挈周所生子之撫州。未逾月，周氏至，齊捽置廡下，出僞券曰：「若傭婢也，敢爾邪！」乃殺其所生子。周訴於州及轉運使，皆不受。人或告之曰：「得知饒州蕭史君者訴之，事當白矣。」周氏以布衣書姓名，乞食道上，馳告貫。撫非所部，而貫特爲治之。更赦，猶編管齊、濠州。〔註69〕

《宋史》對這則案件所記頗爲簡略，但是，其中一些值得細究的環節卻在北宋曾鞏《元豐類稿》所載《禿禿記》中有更爲詳盡的記述：

> 禿禿，高密孫齊兒也。齊明法，得嘉州司法。先娶杜氏，留高密，更給娶周氏，與抵蜀。罷歸，周氏恚齊給，告縣，齊賕謝得釋。授歙州休寧縣尉，與杜氏俱迎之官。再期得告歸，周氏復恚求絕，齊急曰：「爲若出杜氏！」祝髮以誓，周氏可之。齊獨之休寧，得娼陳氏，又納之。代受撫州司法，歸間周氏不復見，使人竊取其所產子，合杜氏、陳氏載之撫州。明道二年正月至。是月，周氏亦與其弟來，欲入據其署，吏遮以告齊。齊在寶應佛寺收租米，趨歸捽挽至廡下，出僞券曰：「若傭也，何敢爾！」辯於州，不直。周氏訴於江西轉運使，不聽。久之，以布衣書裹姓聯訴事，行道上乞食。蕭貫守饒州，馳告貫。饒州，江東也，不當受訴，貫受不拒，轉運使始遣吏祝應言爲覆，周氏引產子爲據。齊懼子見事得，即送匿旁方政舍，又懼，則收以歸，搤其咽下，不死，陳氏從旁引兒足倒持之，抑其首甕水中，乃死禿禿也。召役者鄧旺穿寢後垣下爲坎，深四尺，瘞其中，生五歲云。獄上更赦，猶停齊官徙濠州，八月也。慶曆三年十月二十二日，司法張彥博改作寢廬，治地得坎中死兒，驗問知狀者，小吏熊簡對如此同，又召鄧旺詰之合獄辭，留州者皆是，惟

---

殺禿禿狀蓋不見與。〔註70〕

　　大略而言，此案由孫齊之妻周氏爲爭取其子禿禿監護權的婚姻訴訟，因撫州、江西監司的司法不當，終於演化爲一件孫齊因懼追究而殺子的刑事案件。但是，以二則史料相互印證，由《禿禿記》之中比《宋史》所記多了一個至關重要的細節，即此案審結後，又過了十年之久，才因爲司法張彥博修葺廬舍而意外發現禿禿屍體，進而驗問，「惟殺禿禿狀蓋不見與」。由此可知，當時此案是在「死不見屍」的情況下敷衍了事而審結的。

　　孫齊殺子禿禿一案有助於進一步理解官僚共生制衡關係格局下的宋代州級司法運作的諸層面。其一，就江西境內各級官僚之間以及官僚與胥吏之間的行爲而言，可謂官官相衛、官吏相衛，其中可以看到胥吏在周氏與其弟來找孫齊之時加以阻攔並將這一情況告訴孫齊以資提醒，而州衙雖受理這一案件卻並未辯明是非，周氏上訴到監司江西轉運使之處卻未能受理，這一相互包庇的行徑固然令人義憤填膺，但是，這一點亦從反面證明了官僚之間、官僚與胥吏之間的共生關係格局。其二，從江東饒州知州蕭貫受理此案，並促使江西轉運使不得不派遣官員對此案覆審來看，官僚間的制衡關係格局並不限於一路之內、一州之內或是一縣之內，可以說這種關係格局普遍存在於宋代州級司法的場域之中。其三，從這一案件的文狀獨缺孫齊殺其子一狀來看，宋代州級司法重視證據定讞的制度可以說形同具文，由此可見，這種共生制衡的關係必須置於國家法律制度的框架之內才會產生正面效應，否則會淪爲官僚徇私舞弊的溫床。

## 第二節　宋朝州級司法幕職與胥吏之關係

### 一、宋代州級司法中的胥吏

　　所謂胥吏，即「府史胥徒，庶人之在官者也。」〔註71〕從身份上來看，宋代州級司法過程中的胥吏既非獲得了國家所賜予「出身」的士大夫官僚，又因爲供官府驅使奔走而有異於平民百姓，因此，一方面胥吏受制於官僚，另一方面官僚又離不開胥吏。宋代州級行政區域的官員定額有限，因此其司

---

〔註70〕曾鞏撰，陳杏珍、晁繼周點校：《曾鞏集》卷十七，「禿禿記」，中華書局 1984 年版，第 275 頁。

〔註71〕《文獻通考》卷三五，《選舉考八》，「吏道」。

法中的具體事務如受理詞訴、偵查、巡捕、檢驗、看押囚犯、推鞫、檢法、執行判決等等，主要由大量胥吏承擔。由於胥吏所承擔的這些獄訟事務是司法官員作出判斷的直接依據，因此宋代州級司法程序的諸環節都離不開胥吏，而胥吏由此亦對宋代州級司法產生了深刻的影響。

宋代州級司法機關有簽廳、州院、司理院、法司，其中所涉及的胥吏的具體名稱頗為繁雜，可一概稱為「公人」或「吏人」，據《慶元條法事類》所載：

> 諸稱「公人」者，謂衙前，專副，庫稱、掏子，杖直，獄子，兵級之類。稱「吏人」者，謂職級至貼司，行案、不行案人並同。
>
> 稱「公吏」者，謂公人、吏人。〔註72〕

北宋州級司法中的胥吏不同於官僚而自有其特點：其一，胥吏所從事的職業基本上是世襲的，長期的獄訟實踐使得其法律知識不同於士大夫出身的官僚的法律知識，在很大程度上，胥吏的法律技能近似於一種手藝而並非理論；其二，官僚會因升遷改官而易地，但胥吏則累世居於一地，故胥吏比官僚更瞭解當地民情，而官僚不得不依靠胥吏處理獄訟；其三，儘管兩宋之際給胥吏以吏祿，但胥吏之俸祿遠不如官僚豐厚，因此他們從職務活動中謀利的理由更為充分。

就宋代州級司法程序而言，幾乎每個環節都離不開胥吏的參與。以下則略述之：

宋代州級訴訟的受理一般先由開拆司的胥吏辦理，若需勾追犯罪人和相關證人，則由尉司和巡檢司之中的縣尉和巡檢武官帶領胥吏執行。如果獄訟不能當時決斷，需留置訊問涉案人員，則將其關押於州院、司理院下設的監獄之中由各色胥吏負責管理。作為推鞫場所，這兩類監獄中的各色胥吏負責鞫問的具體執行，值得注意的一點是這一環節最易發生刑訊逼供。若案件涉及勘查檢驗，則由相關官員帶領胥吏執行。案件勘得情實之後，在檢法環節之中，也有負責檢法的胥吏，因宋代法律繁雜，司法參軍很難完全掌握架閣庫中的所有法令，一般都只是在檢法胥吏所提供的法條之中加以選擇擬成判決意見。

由此可見，在宋代州級司法過程中，州級司法幕職不可避免的要與胥吏交往，並由此形成二者之間的關係。

---

〔註72〕《慶元條法事類》卷第五十二，《公吏門‧解試出職‧名例敕》。

## 二、宋朝州級司法幕職與胥吏的交往行爲

宋代史料中所記州級司法幕職與胥吏的交往相當豐富，其交往行爲的具體樣態亦千姿百態，總體而言，大略可分爲二類：其一爲雙方的合作，其二爲雙方的衝突，在衝突過程中，州級司法幕職一方面對胥吏加以糾劾，另一方面又受胥吏刁難。

### （一）州級司法幕職與胥吏的合作

就所處階層而言，地方權力運作裏，州級司法幕職的位階要比胥吏更高，但是從司法程序的運作來看，州級司法幕職在處理其職事之際，在具體細務的操辦環節仍然不得不倚仗胥吏的支持，由此則形成了二者之間的合作。比如宋代的法律形式中有律有例，而相對於律而言，例的要龐雜得多，因此在例的運用上，州級司法幕職不得不依賴胥吏，這一點恰如葉適所言：

> 國家以法爲本，以例爲要，其官雖貴也，其人雖賢也，然而非法無決，非例無行也。驟而問之，不若吏之素也；而居之，不若吏之久也；知其一不知其二，不若吏之悉也；故不得不舉而歸之吏。
>
> 〔註73〕

在宋代史料中多見士大夫對於胥吏的激烈批評，而客觀公正的評價較爲鮮見，比如《作邑自箴》、《州縣提綱》這兩本官箴書之中，提及胥吏，備列其奸狀，藉以提醒士大夫官僚切勿落入胥吏的種種圈套。僅僅依據這種流於簡單化、一元化進而顯得較爲武斷的判定，當然不可能正確認識宋代州級司法過程中司法幕職與胥吏之間的合作，但是對此類批判作一逆向推導，則可知司法官員處理司法事務時，仍然有賴於胥吏的合作。在《夷堅志》中有一則關於餘杭縣胥吏何某的記載，此誠可作爲宋代州級司法過程中司法幕職與胥吏之合作關係的旁證：

> 餘杭縣吏何某，自壯歲爲小胥，馴至押錄，持心近恕，略無過怨。前後縣宰，深所倚信。又兼領開拆之職，每遇公訴牒日，拂旦先坐於門，一一取閱之。有挾詐奸欺者，以忠言反覆勸曉之曰：「公門不可容易入，所陳既失實，空自貽悔，何益也？」聽其言而去者甚眾。民犯罪，麗於徒刑，合解府，而顧其情理非重害，必委曲白

〔註73〕葉適撰，劉公純、王孝魚、李哲夫點校：《葉適集》卷十五，《上殿箚子》，中華書局 1961 年版，第 830 頁。

宰，就其斷治。其當杖者，又往往諫使寬釋。〔註74〕

從流程上看，宋代州級獄訟與縣級獄訟的受理相類似，亦始於開拆司，鑒於宋人的好訟風氣，州、縣二級司法機關所承擔的獄訟壓力自然不小，既然餘杭縣胥吏何某爲歷任縣宰所信任，則可以推見州級司法幕職與胥吏間的信任及其合作。

此外，從种師道任熙州推官、權知同谷縣時對縣吏的態度，也可推知在常態下官僚與胥吏之間的合作，當時「縣吏有田訟，彌二年不決。師道翻閱案牘，窮日力不竟，然所訟止母及兄而已。引吏詰之曰：『母、兄，法可訟乎。汝再期擾鄉里足未？』吏叩頭服罪。」〔註75〕雖然這則史料中有「吏叩頭服罪」之語，但從上下文推斷，此罪當屬今人所說「賠罪」之罪而非「犯罪」之罪，加之种師道所言「汝再期擾鄉里足未？」，故可以推知种師道的主要目的是爲了息縣吏之訟而並非對其處以刑罰，考慮到宋代法官往往對健訟行爲處以笞杖刑的做法，則又可推知司法官僚對胥吏的態度並非一味打壓，故二者之間出於職事牽連或其他原因的合作亦在情理之中。

正是由於二者之間的合作關係，州級司法幕職在胥吏身陷刑獄時，並不像多數宋代士大夫對胥吏異口同聲、口誅筆伐一樣不問青紅皂白而鍛成冤獄，而是據其情實、公正執法而辨明冤枉，如姚仲孫任許州司理參軍時，「民婦馬氏夫被殺，指里胥嘗有求而其夫不應，以爲里胥殺之，官捕繫辭服。仲孫疑其枉，知州王嗣宗怒曰：『若敢以身任之耶？』仲孫曰：『幸毋遽決，冀得徐辨。』後兩月，果得殺人者。」〔註76〕姚仲孫辨冤之舉雖非直接針對胥吏而爲，但至少未因士大夫對胥吏多有鄙夷而坐視不管，更何況知州王嗣宗對姚仲孫辨冤之舉出言怒之。而姚仲孫此後的經歷則更能說明宋代士大夫對胥吏的態度並非一味的排斥，姚仲孫後來改大理寺丞、知建昌縣時，「建昌運茶抵南康，或露積於道，間爲霖潦所敗，主吏至破產不能償。仲孫爲劵，吏民輸山木，即高阜爲倉，邑人利之。」〔註77〕在邑人受利的同時，相關的胥吏又焉能不受其利呢？

相比姚仲孫而言，楊簡在紹興府胥吏受到冤枉之時，其行爲更加決絕。

---

〔註74〕 洪邁撰、何卓點校：《夷堅志》（第三冊）夷堅支癸卷一，「餘杭何押錄」，第1228頁。

〔註75〕 《宋史》卷三百三十五，列傳第九十四，「种師道」，第10750頁。

〔註76〕 《宋史》卷三百，列傳第五十九，「姚仲孫」，第9970頁。

〔註77〕 同上。

楊簡爲紹興府司理時，「一府史觸怒帥，令鞠之，簡白無罪，命鞠平日，簡曰：『吏過詎能免，今日實無罪，必摘往事置之法，某不敢奉命。』帥大怒，簡取告身納之，爭愈力。」〔註78〕此處「府史」爲管理財貨文書出納的小吏，其職責則如司馬光《知人論》所言：「謹蓋藏，吝出納，治文書，精會計，此府史之職也」〔註79〕；而「告身」則是委任官職的任命狀，宋代官員的「告身」視所授官職高低，以各色綾約書寫，盛以錦囊，由官告院授給。〔註80〕由此可見，楊簡並不因府帥大怒而放棄辨白府史之冤的機會，甚至在爭執之中將自己的官職委任狀拿出來，藉以表明即使丟官也在所不惜。

## （二）州級司法幕職與胥吏的衝突

宋代官員與胥吏的衝突自有其原因，究其原因，除了階層高下所造成的價值取向不同之外，還與官員磨勘轉遷，迴避本籍導致不熟悉地方事務而受制於胥吏有關係。〔註81〕這也是宋代士大夫對胥吏普遍持激烈的否定評價的原因之一。州級司法幕職與胥吏的衝突又表現爲州級司法幕職對胥吏的糾劾，同時州級司法幕職亦受胥吏的刁難甚至是構陷。

州級司法幕職自身沒有直接懲處胥吏的權力，故其糾劾胥吏只能通過州郡長吏來完成。宋眞宗咸平元年八月辛卯，京西轉運使姚鉉上言：「諸路官吏或強明蒞事、惠愛及民者，則必立教條，除其煩擾。然所更之弊事，多不便於狡胥，俟其罷官，悉藏記籍，害公蠹政，莫甚於茲。應知州府軍監、通判、幕職、州縣官，於所在有經畫利濟，事可經久者，歲終書曆，替日錄付新官，俾得遵守，不得妄信下吏，輒有改更。若灼然不便，州以上聞，幕職以下聞於長吏，俟報改正。」〔註82〕

---

〔註78〕《宋史》卷四百七，列傳第一百六十六，「楊簡」，第12289頁。
〔註79〕司馬光撰：《傳家集》卷六十五，「知人論」，影印文淵閣四庫全書本。
〔註80〕（明）王世貞《弇州四部稿》卷一百六十四，「宛委餘編九」，影印文淵閣四庫全書本。
〔註81〕參見朱瑞熙，《宋代官員迴避制度》《中華文史論叢》第48輯，1991年，第155～172頁。
〔註82〕《續資治通鑑長編》卷四十三，咸平元年八月辛卯，《言諸路官吏事奏》，第914～915頁。「京西轉運使姚鉉上言：『諸路官吏或強明蒞事、惠愛及民者，則必立教條，除其煩擾。然所更之弊事，多不便於狡胥，俟其罷官，悉藏記籍，害公蠹政，莫甚於茲。應知州府軍監、通判、幕職、州縣官，於所在有經畫利濟，事可經久者，歲終書曆，替日錄付新官，俾得遵守，不得妄信下吏，輒有改更。若灼然不便，州以上聞，幕職以下聞於長吏，俟報改正。』」

正是由於州級司法幕職手中沒有直接懲罰胥吏的權力，故有猾吏悍胥對其則多有不遜之處，甚至有州級司法幕職受胥吏構陷之例。《續資治通鑑長編》就記載了宋真宗天禧四年（1020）胥吏受縣尉麻士瑤收買而與之構陷鎮海節度推官孫昌的事情：

> 丙申。杖殺前定陶縣尉麻士瑤於青州，其兄大理評事致仕，士安削籍配隸汀州。……初，士瑤祖希夢事劉鋹爲府掾，專以掊克聚斂爲己任，兼併恣橫，用致巨富。至士瑤累世益豪縱，郡境畏之，過於官府。士瑤素帷薄不修，又私蓄天文禁書、兵器。侄溫裕先有憾，常欲訟之，士瑤懼，乃繫之密室，命范辛等三僕更守，絕其飲食，數日死，即焚之。又嘗怒鎮將張珪，遣家僮張正等率民夫伺珪於途中毆殺，棄其屍？頃之，珪復蘇，訟於州，典級輩悉受士瑤賂，出其罪。承前牧宰而下，多與亢禮，未嘗敢違忤。及鎮海節度推官孫昌知臨淄，憤其兇惡，有犯必訊理之。士瑤常聲言遣人刺昌，昌乃送其族寓於他郡，每夕宿縣廨，列人嚴更爲備。士瑤復與王圭誣告昌不公事，又借同邑人姓名買場務。先是，侍御史姜遵風聞士瑤幽殺其侄事，奏遣監察御史章頻、推直官江鈞往鞫之，於是並得他罪，故悉加誅罰焉。〔註83〕

從這一則史料可知，定陶縣尉麻士瑤之家族盤踞當地多年，累世聚斂，並以賄賂勾結胥吏控制司法，先殺其侄，再殺鎮將張珪未遂而爲張珪所訟於州，但一干州級胥吏均受麻士瑤賄賂而爲其脫罪，及鎮海節度推官、知臨淄孫昌治其獄，麻士瑤一方面揚言派人刺殺孫昌，另一方面又多方誣陷孫昌執法不公，以權謀私，直到朝廷派官員查處，才告真相大白。從這一案件的來龍去脈來看，麻士瑤作爲一個縣尉膽敢如此囂張，其中一個重要的原因就在於被訟之時對胥吏大撒金錢，竟至於「典級輩悉受士瑤賂，出其罪。承前牧宰而下，多與亢禮，未嘗敢違忤。」由於司法事務中的細節多由胥吏具體執行，故胥吏趁機上下其手，變造情實，而司法幕職則不免受其蒙蔽。

## 三、宋代州級司法幕職與胥吏之關係

北宋末年唐庚所作曾作《訊囚》一詩，詩中反映了州級司法幕職審理一眾胥吏監守自盜的共同犯罪案件的情形，其詩曰：

---

〔註83〕《續資治通鑑長編》卷九十五，真宗天禧四年四月丙申，第2188～2189頁。

參軍坐廳事，據案嚼齒牙。引囚到庭下，囚口爭喧嘩。參軍氣
益振，聲屬語更切：「自古官中財，一一膏民血，爲吏掌管鑰，反竊
以自私。人不汝誰何，如摘額下髭。事老惡自張，證佐日月明。推
窮見毛脈，哪可口舌爭？」有囚奮然出，請與參軍辯：「參軍心如眼，
有睫不自見。參軍在場屋，薄薄有聲稱。只今作參軍，幾時得騫騰？
無功食國祿，去竊能幾何？上官乃容隱，曾不加譴訶。囚今信有罪，
參軍宜揣分。等是爲貧計，何苦獨相困！」參軍嗒無語，反顧吏辛
羞。包裹琴與書，明日吾歸休。〔註84〕

詩中的一眾胥吏被引至庭下，不僅沒有噤若寒蟬，反而眾口喧嘩，參軍
見此情狀則聲色俱屬予以斥責，未料胥吏之中有人奮然而出，反而指斥參軍
不過是個小官，又無功受祿，只因長官包容才免於追究，胥吏今日因貧困而
監守自盜爲囚，參軍又何必窮究不捨？！參軍不堪反駁，羞愧難言，遂生去
職之意。此詩描寫違法胥吏反駁參軍，寥寥數語，即刻畫出參軍的窘困境地：
參軍在長官之前與胥吏在參軍之前的境遇何其相似，因此胥吏有過犯，參軍
「何苦獨相困」。這一首詩的作者唐庚係哲宗紹聖元年（1094）進士，後調利
州司法參軍。〔註85〕此詩雖是文學作品，其中情節有可能虛構，但其中對於
參軍與胥吏間關係的描摹，卻是指實之言。

若細究宋代州級司法過程，則可知在司法官員推動司法進程的表象之
下，胥吏對整個司法過程的左右和支配卻是不爭的事實。這並不是說胥吏完
全取代了司法官員，而是說就具體案情的調查和法律條文的檢索範圍劃定而
言，司法官員不得不依賴胥吏，尤其是案情的調查，其基本情況從來都是由
當事人經胥吏而傳遞到司法官員。其情形恰如南宋高宗時劉行簡「議斷罪囚
疏」所說：

州縣凡禁勘大辟公事，除深僻幽隱處行劫或謀殺外，其餘殺人，
自有一時知見之人，自合一面研窮根勘，務盡情實。其間卻有豪強
有力之家殺人公事，意在變易情節，囑託官司，賕略承勘胥吏，多
以知證通說未明爲由，以幸差官體究，而所差官亦止是一到地頭，
呼集鄰社保甲訊問供析而已。〔註86〕

〔註84〕唐庚「訊囚」，《全宋詩》第23冊，北京大學出版社1998年版，第15030頁。
〔註85〕《丹棱縣志》卷六、卷七，轉引自《全宋詩》第23冊，「唐庚小傳」，北京大
　　　　學出版社1998年版，第15030頁。
〔註86〕《歷代名臣奏議》卷二百十七。

如果將劉行簡所言與唐庚所作《訊囚》詩兩相對照，則可見宋代州級司法幕職身處上有州郡長吏，下有胥吏的境地之中，如果交往行為得當，則得上下之助，否則難免於進退維谷。在這種境遇之下，州級司法幕職與胥吏的關係就顯得微妙而複雜。

### （一）公人世界

「公人世界」一語，蓋出於陸九淵、葉適二人文集。陸九淵云：「公人世界，其來久矣。而尤熾於今日……十數年來，公人之化大行，官人皆受其陶冶，沈涵浸漬，靡然之律。」〔註87〕葉適則將「公人世界」與「胥吏之害」相提並論，其言曰：

> 何謂『胥吏之害』？從古患之，而今為甚者。蓋自崇寧極於宣和，士大夫之職業，雖皮膚寒淺者亦不復修治，而專從事於奔走進取，其簿書期會，一切惟胥吏之聽。而吏人根固窟穴，權勢薰炙，濫恩橫賜，自占優比，渡江之後，文字散逸，舊法往例，盡用省記，輕重予奪，惟意所出，其最驕橫者，三省樞密院、吏部七司戶刑；若他曹外路從而效視，又其常情耳。故今世號為『公人世界』，又以為『官無封建而吏有封建』者，皆指實而言也。〔註88〕

這兩段文字尤其是葉適之言對於「公人世界」的描述，雖有言過其實之處，但是，同時也指出了宋代胥吏實際上在司法過程中的重要作用。正因為宋代司法無法離開胥吏的參與，而相對於官員遷官易地、職事更易而言，胥吏又有累代不遷、世襲職業的優勢，故宋人則有「吏強官弱」之判斷，如北宋蔡居厚曾言，「比來從事於朝者，皆姑息胥吏，吏強官弱，浸以成風」，〔註89〕而南宋李椿年亦向高宗奏報當時之弊甚大者有三，「一為銓選之弊，員多闕少；二為食貨之弊，錢輕物重；三為所司之弊，吏強官弱」。〔註90〕

「公人世界」中「吏強官弱」之說法，〔註91〕自有其正確之處：宋代胥

---

〔註87〕《陸九淵集》卷五，「與徐子宜二」，第66頁。

〔註88〕《葉適集》卷十四，第808頁。

〔註89〕《宋史》卷三百五十六，列傳第一百一十五，「蔡居厚」，第11209頁。

〔註90〕《建炎以來繫年要錄》卷八九。

〔註91〕相關研究成果可參見：（1）中華文化通志編委會：《中華文化通志》第四典《制度文化·選舉志》，上海人民出版社1999年1月版；（2）劉建軍：《古代中國政治制度十六講》，上海人民出版社2009年1月版；（3）祖慧：《論宋代胥吏的作用及影響》，《學術月刊》2002年第6期；（4）周源：《宋代『吏強官弱』現象之探析》，《雁北師範學院學報》2006年第4期；（5）張正印：《宋代司法

吏群體龐大、所轄事務繁多，而宋代獄訟滋繁，官員難以事必躬親，導致龐大胥吏群體在司法實踐中實然地掌握了話語權。在這種情況下，胥吏蒙蔽甚至操縱官員自然在所難免。比如包拯尹京，雖號爲明察，仍不免爲吏所賣，〔註92〕而「縣邑之間，貪饕矯虔之吏，……，與奸胥猾徒，靨飲咆哮其上。巧爲文書，轉移出沒，以欺上府。操其奇贏，與上府之左右締交合黨，以蔽上府之耳目。」〔註93〕

　　如此一來，「公人世界」中官員爲吏所欺，爲吏所賣，甚至爲吏所左右以致「吏強官弱」，在所難免。

### （二）州級司法幕職與胥吏間關係的制度準據

　　儘管陸九淵、葉適以及諸多宋代官僚都指出「公人世界」中的吏強官弱之格局，但就宋代官僚制度設計而言，則自始至終貶抑胥吏。要言之，大略有二：

　　1、胥吏難以入官。他們無法通過科舉考試獲得出身，躋身於官僚之流品，偶有特例，亦被皇帝重新打回胥吏行列，不得參加科舉考試，據《文獻通考》所載，「太宗端拱二年，上親試舉人，有中書守當官陳貽慶舉《周易》學究及第。上知之，令追奪所受敕牒，釋其罪，勒歸本局。因謂侍臣曰：『科級之設，待士流也，豈容走吏冒進，竊取科名！』乃詔自今中書、樞密、宣徽、學士院，京百司，諸州繫職人吏，不得離局應舉。」〔註94〕宋代州級司法幕職雖然官階低微，但是，在出身決定地位的宋代社會，胥吏始終無法越司法幕職而居其上。

　　2、胥吏少有常祿。據沈括《夢溪筆談》記載，「天下吏人素無常祿，唯以受賕爲生，往往致富者。熙寧三年，始制天下吏祿，而設重法以絕請託之弊。」〔註95〕正如沈括所言，在素無常祿的境遇之中，胥吏不得不通過枉法貪贓而致富，宋代中央朝廷對此又嚴加追究，故兩宋胥吏始終處於「居無廩祿，進無榮望」〔註96〕的尷尬境地，由此則反而使得胥吏出於生活壓力而疏

---

中的『吏強官弱』現象及其影響》，《法學評論》2007 年第 5 期；（6）（日）宮崎市定：《宋元時代的法制和審判機構》，載劉俊文主編：《日本學者研究中國史論著選譯》第 8 卷，中華書局 1992 年 7 月版。

〔註92〕沈括：《夢溪筆談》卷二十二。

〔註93〕《陸九淵全集》卷五，「與辛幼安」，第 70 頁。

〔註94〕《文獻通考》卷三五，《選舉八》。

〔註95〕《夢溪筆談》卷十二，第 92 頁。

〔註96〕《續資治通鑑長編》卷一百九十六，嘉祐七年五月丁未，第 4737 頁。「府史

於職事，其狀恰如胡太初所言，「人皆曰御史不可不嚴，受賕必懲無赦。不知縣之有吏，非臺郡家比。臺郡之吏，有名額，有廩給，名額視年勞而遞陞，廩給視名額而差等，故人人皆有愛惜己身之意，顧戀室家之心。乃若縣吏則不然，其來也無名額之限，其役也無廩給之資，一人奉公百指待哺，此猶可也。」〔註97〕因此，在州級司法幕職與胥吏的交往之中，不乏有胥吏出於謀利之意圖，或借司法之機漁利而受司法幕職糾劾，或與司法幕職串通一氣貪贓枉法。

與這一制度設計相適應，士大夫出身的官員刻意維護其自身與胥吏間的流品之別，對胥吏多予蔑視，加之吏無常祿而多有受賕，因此俸祿優厚的官員形容胥吏「以啖民為生」、「以受賕為生」。由此可見，國家制度的禁錮以及由這一制度的禁錮而產生的道德上的貶抑，使得作為士大夫、官員的州級司法幕職與胥吏之間在根本上存在著關係的緊張。

但是，兩宋胥吏數量龐大，一旦群起而為害，國家統治勢必隳毀。因此，宋代的國家制度設計並非一味禁錮、貶抑，而這正是「公人世界」中州級司法幕職與胥吏在司法過程中形成互補關係的準據所在。舉其特性之要者而言，大略有四點：

其一，角色轉換之可能性。儘管宋代「公人世界」中的官員與胥吏在身份上高下分明，但胥吏和官員同為官府中人，至少就宋代中央朝廷後來給予胥吏微薄的俸祿而言，胥吏可以被視作是「庶人在官者」。〔註98〕而且，事實上並非所有胥吏都無法入官，如前所述，宋代「七階選人」中有「流外補官」之制，因此一部份胥吏可通過「出職」的方式任官，〔註99〕這為宋代胥吏將其身份轉換為官員提供了機會，同時流外補官的胥吏成為「七階選人」，也可以出任州級司法幕職，這為州級司法幕職與胥吏提供了潛在的角色互通的可能性。

其二，個人利益之關聯性。儘管在俸祿問題上宋代胥吏與官員判若天壤，

---

胥徒之屬，居無廩祿，進無榮望，皆以啖民為生者也。」

〔註97〕 胡太初《晝簾緒論》，御史篇第五。

〔註98〕 參見《文獻通考》卷六十五，《職官考十九》。又據《宋史》卷一百七十七，《食貨上五》，「役法上」，第4299頁。

〔註99〕 據趙升《朝野類要》卷三《入仕·年勞》所載，「內外百司吏職及諸州監司吏人，皆有年勞補官法，俗謂出職是也，免銓試，逕注差遣。」但這部份胥吏僅限於州以上和中央機構吏胥。又據王曾瑜《宋朝的吏戶》載臺灣《新史學》四卷一期。

但是州級司法幕職畢竟不屬高層職官,「選人貪貧者眾」〔註100〕,由此則難免與奸吏沆瀣一氣、以獄市利。與此同時,宋代州級司法幕職的利益不僅表現在俸祿這一環節,還表現在司法責任、升遷改官等環節,以司法責任而言,州級司法幕職制擬司法文書若出差池會導致追究責任,如果胥吏能就此提點,則司法幕職必然受益,但如洪邁就曾記載有一京師老吏對翰苑學士行文不審慎之處加以指點,結果令官員「悚然亟易之」,〔註101〕這一史料上誠可為旁證。就升遷改官而言,其改官文狀受理等諸項雜務須經吏手,而基層官員則不得不仰賴於胥吏以求順利改官。〔註102〕

其三,權力來源之同一性。毋庸置疑,胥吏行使的權力也屬國家權力,同時在司法運作過程中,各類涉及法令律例的人事、獄訟、錢穀等細事雜役既不可能、也沒有由官員親力親為,而是多付諸胥吏完成,因此胥吏操持著繁雜瑣碎的各項具體司法事務,這些細務正是州級司法運作的基石。

其四,職責履行之互補性。宋代官員任職須迴避原籍,官員異地行政既累於案牘,自然不免假借胥吏瞭解民情,而胥吏多為本地人且長期在職,故州級司法幕職不免倚賴胥吏調查案情,搜集證據,並據以作出司法判斷。除此之外,宋代律例相當繁雜以致司法官員難以盡知其詳,故不得不依靠累世執業、熟悉律例的胥吏的助力,而且宋代官少吏多,當獄訟滋繁之時,官員難以事必躬親,故其職事不免「受成於吏手」。因此,從職事分工角度來看,州級司法幕職與胥吏的關係格局如臂使指,官員如臂而胥吏如指,故宋代州級司法幕職與胥吏之間存在著互為補充的可能。

## (三)共生制衡:宋代州級司法幕職與胥吏的關係格局

客觀而言,胥吏不同程度地掌握著「公人世界」的權柄。這一點在陸九淵、葉適以及相當多的兩宋士大夫的經驗中都有所體現,而且他們的看法亦

---

〔註100〕《續資治通鑑長編》卷五,乾德二年正月甲申,第117頁。
〔註101〕《容齋隨筆》卷十五,「京師老吏」,上海古籍出版社1978年版,第199頁。「京師盛時,諸司老吏,類多識事體,習典故。翰苑有孔目吏,每學士制草出,必據案細讀,疑誤輒告。劉嗣明嘗作《皇子剃胎髮文》用「克長克君」之語,吏持以請,嗣明曰:「此言堪為長堪為君,真善頌也。」吏拱手曰:「內中讀文書不如是,最以語忌為嫌,既克長又克君,殆不可用也。」嗣明悚然亟易之」。
〔註102〕參見劉馨珺《明鏡高懸:南宋縣衙的獄訟》北京大學出版社,2007年9月第1版,第342頁。

勾勒出「公人世界」中州級司法幕職與胥吏關係的一個側面，但是，據此簡單地判定「公人世界」中的官吏關係呈現出吏強官弱的態勢，則不免失之偏頗。以下茲摭兩例以證之：

其一，澤州司理參軍吳昌言「遷河陰發運判官。自濟源之官，見道上棄屍若剮剝狀者甚眾，竊歎郡縣之不治。既至河陰，得凶盜六輩，殺人而鬻之，如是十餘年，掩其家，猶得執縛未殺者七人。縣吏與市井少年共為肬橐，昌言窮治其淵藪，皆法外行之，而流其家人。」〔註103〕由此可見，州級司法幕職並非無力鉗制胥吏，實際上，若胥吏違法犯罪，州級司法幕職亦可窮究根治。退一步而言，即使州級司法幕職自身無法鉗制胥吏，也可以通過州郡長吏來完成。

其二，郭永「調東平府司錄參軍，府事無大小，永咸決之。吏有不能辦者，私相靳曰：『爾非郭司錄耶！』」〔註104〕由此可見，即使是在日常的司法事務中，州級司法幕職也可以通過謹守職事的方式來制約胥吏，至少在州級司法幕職躬親職事的前提下，其一切事務「受成於吏手」的可能性會大為削弱。

事實上，從「公人世界」中州級司法幕職與胥吏之間的交往行為來看，至少可以得出這樣的結論：官員與胥吏二者並非一方獨強，而是處於共生制衡的關係格局之中。

「公人世界」中胥吏與官員之間的共生，是一種既互斥又互補的共生。這種官吏共生的關係，來自於以國家制度設計和運行為前提的官員、胥吏二者之間的「分」與「合」。就二者之「分」而言，官員與胥吏在流品、俸祿、職司等諸方面存在巨大差異；就二者之「合」而言，官員與胥吏間的身份之別並非不可逾越，二者亦有事實上的共同利益，二者之間存在著相互協作。

實際上，宋代官員對胥吏並非沒有正面評價，如《州縣提綱》就告誡州縣官員「責吏須自反」，其言曰：

> 今之為官者，皆曰吏之貪不可不懲，吏之頑不可不治。夫吏之貪頑，固可懲治矣，然必先反諸己以率吏。夫富者不為吏，而為吏者皆貧，仰事、俯育、喪葬、嫁娶，幾欲資其生者與吾同耳。亡請給於公，悉藉贓以為衣食。士大夫受君之命，食君之祿，尚或亡厭

---

〔註103〕《宋史》卷二百九十一，列傳第五十，「吳昌言」，第9737頁。
〔註104〕《宋史》卷四百四十八，列傳第二百七，「郭永」，第13205頁。

　　而竊於公，取於民，私家色色，勒吏出備，乃反以彼爲貪、爲頑，

　　何耶？故嘗謂，惟圭璧其身，纖毫無玷，然後可以嚴責吏矣。〔註105〕

　　即使是宋代皇帝也對胥吏的行爲繫乎官員好惡的問題提出了自己的看法，比如宋孝宗就於淳熙元年七月三日下詔說：

　　朕惟天下治亂繫乎風俗之徽惡，風俗徽惡繫乎士大夫之好尚，
　　蓋士大夫者，風俗之表而天下所賴以治者也。故上有禮儀廉恥之
　　風，則下有忠厚醇一之行，上有險恠愉薄之習，則下有乖爭陵犯之
　　變，如刑聲影響之應，不可誣也。……而歷紀踰久，治效未進，意
　　在位者未能率德改行以厚風俗，故廉士失職，貪夫長利，將何以助
　　朕興化致理，無愧於古乎？」〔註106〕

　　因此，在宋代的「公人世界」之中，官員與胥吏從未出離於這種互補與互斥的共生關係格局之外，他們自然而又謹愼地依據這種關係格局來指導自身司法活動，進而影響到宋代州級司法。

　　宋代州級司法幕職與胥吏之間的關係不僅表現爲二者的共生，也表現爲二者之間的制衡。宋代的制度已然爲官員與胥吏相互制衡提供了準據，而宋代官員則在國家制度的背景之下，超出法定界限懲糾貪吏。曾任司法參軍的羅大經在其著作《鶴林玉露》中記載了張詠因一錢斬吏的故事：

　　張乘崖爲崇陽令，一吏自庫中出，視其鬢傍巾下有一錢，詰之，
　　乃庫中錢也。乘崖命杖之，吏勃然曰：「一錢何足道，乃杖我耶？
　　爾能杖我，不能斬我也！」乘崖援筆判曰：「一日一錢，千日一千。
　　繩鋸斷，水滴石穿。」自仗劍，下階斬其首，申臺府自劾。崇陽人
　　至今傳之。蓋自五代以來，軍卒凌將帥，胥吏凌長官，餘風至此時
　　猶未盡除。乘崖此舉，非爲一錢而設，其意深矣，其事偉矣。〔註
　　107〕

　　此則史料有三點誠可注意：其一，張詠的判詞中有「一日一錢，千日一千，繩鋸木斷，水滴石穿」之語，且斬吏之後申臺府自劾。由此可見，張詠對胥吏行爲的評價並非依據國家法律，而是基於道德取向的判斷，而且張詠申臺府自劾，已然證明其斬吏之舉違法；其二，曾任司法參軍的羅大經認爲「乘崖此舉，非爲一錢而設，其意深矣，其事偉矣」，可見，羅大經非但不認

〔註105〕《州縣提綱》卷一，「責吏須自反」。

〔註106〕《宋會要輯稿》職官七十九，「戒飭官吏」。見於宋孝宗淳熙元年七月三日詔書。

〔註107〕《鶴林玉露》乙編卷五，第191頁。

為張詠之行為不當，反而認為這是打擊五代以來「胥吏凌長官」之囂張氣焰的壯舉。此外，還有一點須附帶說明，即張詠自崇陽令之後歷官直至禮部尚書，宋仁宗時士大夫階層甚至將他與趙普、寇準並列，故不妨大膽推測，官員重罰胥吏即使違背法律規定，亦不會對仕途榮進造成實質性的負作用。由張詠一錢斬吏而為羅大經褒揚之例可見，宋代士大夫不僅可由國家制度設計，還可由身份權威、道德規範作出對於胥吏的制約。

官員對胥吏的制衡準據，同樣也是胥吏制衡官員的準據，在宋代史料中胥吏刺糾官員甚至是構陷官員的例子不勝枚舉，而宋代官員則對此不乏深刻認識，如前文所列《州縣提綱》、《作邑自箴》等官箴書中就多有告誡之言。由於司法官員在職事上不得不倚賴胥吏，以至「常有官員因胥吏申告而去職，胥吏集體『逃亡』事件也往往以長官調離甚至受責而告終」。〔註108〕由此可見，儘管國家制度設計把宋代「公人世界」中的官員和胥吏區別開來，但其實際運行卻將二者捆綁在一起。加之宋代官員尤其是州縣官的工作和生活多與胥吏相涉，故有《州縣提綱》一書中，多有潔己平心，親躬職事，同僚貴和，約束子弟，宴會宜簡之告誡，〔註109〕在字裏行間，則可見作者對於關乎為官原則的繁瑣事宜亦相當看重，唯恐稍有紕漏而為胥吏所乘，終至禍延己身。

由此可見，即使胥吏累代居於當地，世襲同一職業，而且很大程度上獨佔法律知識，司法運作往往受成於吏手，但官員對於「公人世界」的話語權並未被胥吏消解，「公人世界」並非由胥吏左右，更不能以「吏強官弱」或是「官強吏弱」這類非此即彼且內涵模糊的簡單判語作一個不假思索的斷定，在這個世界中，正如官與吏之間形成了共生制衡的關係格局，而且雙方都依據這種關係格局指導自身的行為模式。

宋代州級司法幕職與胥吏二者之間的共生制衡關係格局有其深刻的歷史原因。在宋人總結祖宗朝以來超越前代之「聖政」的議論之中，有宋承五季之亂而垂統「百年無心腹患」、「百年無內亂」的說法，這種對於「無患」、「無亂」的推崇多少反映出宋朝立國之法以防範弊端為其鵠的。〔註110〕宋

〔註108〕張正印：《宋代司法中的『吏強官弱』現象及其影響》，載於《法學評論》2007年第5期，第147頁。

〔註109〕可參見《州縣提綱》。《州縣提綱》一書從各篇名到其內容，都反映出官員對於自己行為的約束。

〔註110〕可參見鄧小南《祖宗之法——北宋前期政治述略》，生活‧讀書‧新知三聯書

太宗即位之後，其防弊之政重在防範內患，他曾說「姦邪共濟爲內患，深可懼也」，〔註111〕自此，防止「姦邪共濟」這一「內患」成爲宋朝士大夫與皇帝的共識，姦邪共濟這一心腹大患所造成的宋代皇帝的恐懼，與「事爲之防，曲爲之制」這一基本精神相隨而行，通貫兩宋的國家制度設計。在這種設計理念的指導下，宋代州級司法運作中形成了「設官分職、各司其局」的原則，受這一原則的指導，「鞫讞分司」、「翻異別勘」、「駁推」等一系列通過份權而制衡官員以防姦邪共濟的制度被創制出來，是謂「獄司推鞫，法司檢斷，各有司存，所以防奸」〔註112〕。

在宋代的司法實踐中，姦邪共濟不僅表現爲官員之間的勾結，而且表現爲官員與胥吏之間的同流合污，從蠹政害民的角度來看，官吏之間的勾結對宋朝國家政治清明、社會穩定的威脅更大——畢竟胥吏的數量遠比官員要多，而且胥吏直接與平民百姓打交道。因此，秉承宋代國家政治制度設計「事爲之防，曲爲之制」的基本精神，宋代針對「公人世界」中的官員與胥吏設置了諸多「分權制衡」的措施，以形成和維持「公人世界」中的官吏共生制衡關係格局。

宋代「公人世界」中官員與胥吏二者之間的共生制衡關係格局，無疑是宋代司法傳統中分權制衡思想的映照，它體現了宋朝「事爲之防，曲爲之制」的祖宗家法，實踐著宋朝皇帝與士大夫防止「姦邪共濟」之大患的共識。宋朝繼五代之亂而興，終宋之世不絕外憂內患，然創世垂統三百餘年，從「公人世界」的角度來看，可以說宋朝主要通過國家制度的設計而形成並維持官員與胥吏間的共生制衡關係格局功不可沒。

## 第三節　宋代州級司法幕職與「健訟之徒」的關係

兩宋之際，雖然士大夫與庶民之間仍然存在明顯的階層差異，但二者之間並不存在不逾越的障礙，宋代中央朝廷廣開科舉之路，更爲庶民借科舉轉換身份提供了雖然艱難但是可靠的途徑，而宋代不少當朝名士亦身涉商場，在宋代社會之中，傳統的士、農、工、商這四個階層之間的界限愈發顯得變

店 2006 年 9 月第 1 版，第 256〜257 頁。
〔註111〕《宋史》卷二百九十一，列傳第五十，「宋綬」，第 9735 頁。
〔註112〕《歷代名臣奏議》卷二百一十七，《慎刑》。

－269－

動不居。與宋代社會的變化相適應，宋代庶民對於士大夫的態度也發生了變化，宋代庶民不僅有自己的生活方式，有時甚至可以憑藉獨特的見識來警醒士大夫，這一點在宋人筆記中多有記載。

> 陳康肅公善射，當世無雙，公亦以此自矜。嘗射於家圃，有賣油翁釋擔而立，睨之久而不去。見其發矢十中八、九，但微頷之。康肅問曰：「汝亦知射乎？吾射不亦精乎？」翁曰：「無他，但手熟爾。」康肅忿然曰：「爾安敢輕吾射？」翁曰：「以我酌油知之。」乃取一葫蘆置於地，以錢覆其口，徐以杓酌油瀝之，自錢孔入而錢不濕，因曰：「我亦無他，惟手熟爾。」康肅笑而遣之。此與莊生所謂「解牛」、「斲輪」者何異？〔註113〕

陳康肅公即陳堯咨，宋眞宗咸平三年以進士第一爲狀元，其諡號爲康肅。從歐陽修的記述來看，對於賣油翁之言行，陳堯咨初出忿言、而後笑遣，無疑是受其啓發，從中亦可看出庶民對士大夫的態度。

在這種氛圍之下，宋代庶民通過打官司保護自身權益就愈發顯得順理成章，而非不可理喻。總體來看，宋代庶民打官司的風氣較其他朝代爲突出，不過這些打官司的庶民在很大程度上不會對司法造成干擾，但是，宋代庶民之中有一類人專以訴訟爲能事，誇大其詞以興訟，教唆詞訟以牟利，以至於州縣司法大受其弊，這一類人即健訟之徒。在健訟之徒的挑唆之下，普通民眾亦不免健訟成風，如黃幹所記「江西健訟成風，砍一壙木則以發冢訴，男女爭競則以強姦訴，指道旁病死之人爲被殺，指夜半穿竂之人爲強盜，如此之類，不一而足。」〔註114〕

如此一來，宋代州級司法的獄訟負擔顯得尤其繁重，與之相適應，宋代州級司法幕職與健訟之徒的關係就顯得相當重要了。

# 一、健訟風氣與「健訟之徒」

## （一）健訟風氣

宋代史料對於健訟風氣的記載可謂舉不勝舉，以正史而言，僅《宋史》中至少就有三處記載，茲摭於下以證之：

---

〔註113〕歐陽修撰、韓谷點校：《歸田錄》卷一，《宋元筆記小說大觀》（第一冊），上海古籍出版社 2001 年版，第 610 頁。

〔註114〕黃幹撰：《勉齋集》卷六，「復江西漕楊通老」，影印文淵閣四庫全書本。

登、萊、高密負海之北，楚商兼湊，民性愎戾而好訟鬥。〔註115〕

江南東、西路，蓋《禹貢》揚州之域，當牽牛、須女之分。東限七閩，西略夏口，南抵大庾，北際大江。川澤沃衍，有水物之饒。永嘉東遷，衣冠多所萃止，其後文物頗盛。而茗蘚、冶鑄、金帛、杭稻之利，歲給縣官用度，蓋半天下之入焉。其俗性悍而急，喪葬或不中禮，尤好爭訟，其氣尚使然也。〔註116〕

（荊湖）南路有袁、吉壤接者，其民往往遷徙自占，深耕溉種，率致富饒，自是好訟者亦多矣。〔註117〕

《名公書判清明集》之中亦記「湖湘之民，率多好訟」，〔註118〕「浙右之俗，嚚訟成風」，〔註119〕「婺州東陽，習俗頑嚚，好鬥興訟，固其常也。」〔註120〕

至於宋代文集之中，關於健訟風氣的記載更是豐富。如《陸放翁全集》所記：「訟氓滿庭鬧如市，吏牘圍坐高於城。」〔註121〕莊綽《雞肋編》中記載廣州「婦女兇悍喜鬥訟，雖遭刑責而不畏。」〔註122〕諸如此類，不一而足。

從史料記載來看，兩宋之際的庶民頗為瞭解法律。如北宋仁宗時歐陽修就記載了安徽南部的歙州民十分精通法律：「其尤甚曰歙州，民習律令，性喜訟，家家自為簿書，凡聞人之陰私毫髮，坐起語言，日時皆記之，有訟則取以證。其視入狴牢就桎梏，猶冠帶偃簟，恬如也。」〔註123〕宋代司法之中尤其是民事訴訟之中對於證據相當重視，而歙州之民習律令，喜訴訟，善於保存證據，入獄之時氣定神閒。又據北宋曾鞏所言：

〔註115〕《宋史》卷八十五，志第三十八，《地理一》，「開封府」，第2097頁。

〔註116〕《宋史》卷八十八，志第四十一，《地理四》，「江南東、西路」，第2186頁。

〔註117〕《宋史》卷八十八，志第四十一，《地理四》，「荊湖南、北路」，第2192頁。

〔註118〕《清明集》卷八，《戶婚門·檢校》，「侵用已檢校財產論如擅支朝廷封樁物法」，第280頁。

〔註119〕《清明集》卷十三，《懲惡門·嘩徒》，「專事把待欺公冒法」，第484頁。

〔註120〕《清明集》卷十三，《懲惡門·告訐》，「資給人誣告」，第489頁。

〔註121〕陸游撰：《陸放翁全集》，《劍南詩稿》卷十八，「秋懷」，中華書局1976年校點本，第312頁。

〔註122〕莊綽撰、李保民校點：《雞肋編》卷中，《宋元筆記小說大觀》（第四冊），上海古籍出版社2001年版，第4014頁。

〔註123〕歐陽修著：《歐陽修全集·居士外集》（上冊）卷十一，《尚書職方郎中分司南京歐陽公墓誌銘》，中國書店，1986年，第439頁。

分寧人勤生而嗇施，薄義而喜爭，其土俗然也。……其間利害
不能以粺米，父子、兄弟、夫婦，相去若弈棋然。於其親固然，於
義厚薄可知也。長少族坐里閻，相講語以法律。意向小戾，則相告
訐，結黨詐張，事關節以動視聽。甚者畫刻金木爲章印，摹文書以
紿吏，立縣庭下，變僞一日千出，雖笞撲徒死交跡，不以屬心。其
喜爭訟，豈比他州縣哉？民雖勤而習如是，漸涵入骨髓，故賢令長
佐吏比肩，常病其未易治教使移也。」〔註124〕

由此可見，分寧之民不僅是精通法律，而且成群結黨以張聲勢，僞造印
章、描摹文書欺騙官吏，屢變詞狀、不懼刑訊，其風習浸淫日久，漸至骨髓，
頗令司法官員頭疼。

從史料記載來看，終兩宋之世，遍天下州縣，健訟之風都不絕於記載，
其情狀恰如陳景良先生所考證：「就『好訟』之風的範圍而言，百姓爭訟決非
一州一縣之孤立現象。南宋時，所轄疆域以路劃分，共十七路，再加揚州附
近、成都府附近，左右江地區。大體包括現在的四川、貴州、雲南、湖南、
湖北、廣東、廣西、海南、浙江、安徽、江西、福建、江蘇、上海等諸省市
地區。史料有記載的，上述各路幾乎全部涉及。」〔註125〕

在這種風氣的涵泳之下，健訟之徒的出現就順理成章了。

## （二）健訟之徒

宋人陳淳在《箚上傅寺丞論民間利病六條》之中，對於健訟之徒的形象
作了一個相當細緻的刻畫，其文曰：

此間民俗大概質樸畏謹，然其間亦有奸雄健訟，爲善良之梗，
使不獲安息者，在民師帥不可以不知。蓋緣一種人長於詞理，熟公
門事體淺深，識案分人物高下，專教人詞訟爲料理公事，利於解貫
頭錢爲活家計，幾有詞訟者，必倚之爲盟主，謂之主人頭，此其人
或是貢士，或是國學生，或進士困於場屋者，或勢家子弟宗族，或
宗室之不羈者，或斷罷公吏，或破落門戶等人，皆於影下教唆。或
小事妝爲大事，或無傷損妝爲幾喪性命，或一詞實而妝九虛以夾之，

〔註124〕曾鞏撰，陳杏珍、晁繼周點校：《曾鞏集》卷十七，「分寧縣雲峰院記」，中華
　　　　書局 1984 年版，第 272 頁。
〔註125〕陳景良：《訟學、訟師與士大夫——宋代司法傳統的轉型及其意義》，載於《河
　　　　南省政法管理幹部學院學報》2002 年第 17 卷第 1 期。

或一事切而妝九不切，以文之承行之，吏亦樂其人爲鷹犬，而其人
亦樂於挾村人之財與之對分，此詞訟之所以日繁一日，聽斷之所以
徒爲虛勞，而善良者之所以虛被其撓也。〔註126〕

由此可見，健訟之徒具備這樣幾個特徵：其一，熟悉法律、司法官員的
權限以及司法程序的運作，「長於詞理，熟公門事體淺深，識案分人物高下」；
其二，挑起訴訟的目的不是爲了維護自身權益，而是從中謀利，「利於解貫
頭錢爲活家計」；其三，有一定實力或背景，因而在訴訟人群具有領導地位，
但不見得一定親自參與具體活動，「幾有詞訟者，必倚之爲盟主，謂之主人
頭，此其人或是貢士，或是國學生，或進士困於場屋者，或勢家子弟宗族，
或宗室之不羈者，或斷罷公吏，或破落門戶等人，皆於影下教唆」；其四，
捏造情狀，勾結胥吏，令官司詞訴滋繁，司法決而不斷，百姓受其騷擾，法
律成爲具文。

除陳淳之外，多有宋代司法官員記載健訟之徒的劣跡，如前文所記江西
民風健訟，把砍墳木說成是挖墳，把男女爭執說成是強姦，應該就是健訟之
徒的教唆，又如許應龍（1168～1248）曾分析嘩徒教唆詞訟影響地方風俗：

自初入境，訟牒紛如，猶未交龜，豈應受理。復應冤抑，無以
自達，遍取而觀之，因知疾苦。撰造詞理，誣害善良，發摘陰私，
欺騙財物，白詞追擾，妄狀牽連，凡此等詞，十居四五。此州風俗，
本自淳厖，祇緣嘩徒教唆煽惑，點胥猾吏，並緣爲奸，逮繫誅求，
椎肌剝髓，含冤負屈，寧免互調，輾轉相攻，遂成健訟。〔註127〕

健訟之徒對於州縣司法而言不啻於一大禍害，似乎不論此類人物出現在
哪一程序階段，都令司法官員頭疼不已，即使是關押健訟之徒，也須將其遠
置於其他囚犯之外，如《州縣提綱》有「健訟者獨匣」一條曰：「健訟之人在
外則教唆詞訟，在獄若與囚相近，朝夕私語，必令變亂情狀，以至翻異。故
健訟者須獨匣，不可與餘囚相近」。〔註128〕如果此言爲眞，則健訟之徒不僅以
訟謀己利，而且在獄訟與已無關的情況下，也會紊煩官司，當然也不能斷然
排除健訟之人爲利益驅動而設法入監以接觸當事人，從而挑唆詞訟的可能
性，這一可能性與「健訟者獨匣」所記之情形亦有吻合之處。

---

〔註126〕陳淳撰：《北溪大全集》卷四十七，「筍上傅寺丞論民間利病六條」，影印文淵
　　　　閣四庫全書本。
〔註127〕許應龍撰：《東澗集》卷十三，「潮州勸農文」，影印文淵閣四庫全書本。
〔註128〕《州縣提綱》卷三，「健訟者獨匣」。

　　健訟之徒的行動策略，往往是「把事鬧大」，比如聚攬民眾嘩訟，誇大詞訴情狀等等，其所為多有涉嫌輕微違法之處，而此類行為又不足以據法嚴懲，故頗令司法官員頭疼，甚至令司法官員有風聲鶴唳之感，如史彌堅巡行滄洲即為此所困而下令「禁戢部民舉揚知縣德政」：

> 當職素聞風俗不美，放嘩健訟，未敢以為信。然再入邑境，便有寄居官員、士人、上戶范文、吳釿等六十七人，糾率鄉民五百餘人，植朱杆長槍木一條，揭白旗於其上，遮道陳詞。當職初意朝廷有旨招軍，又疑當是官、民戶有冤抑無告之事，伺太守入境，欲行哀訴。及披攬狀詞，不過舉揚知縣政績。〔註129〕

　　由此可見，史彌堅在巡行之中甫見五、六百人立長杆揚白旗之時，立馬聯想到是不是民眾訴冤，但弄清情況之後，竟然只是民眾稱讚楊知縣的德政，而史彌堅將這一聚眾歌功頌德之事與放嘩健訟相併列，並由此認定滄州是「放嘩健訟」之鄉，則可見健訟之風對司法官員的壓力之大，進而可以推知健訟之徒必為司法官員厭惡。

　　健訟之徒具有一定領導地位並由此可能與地方司法權力相抗衡，這是州縣司法官員厭惡健訟之徒並試圖對其加以處罰的關鍵，因為健訟之徒很可能利用這一地位和能力，「聚集凶徒，旗鑼梆鼓，吹風哨齒，輪門叱喝，索錢索酒，所至雞犬一空，無異強劫」。〔註130〕更令地方司法官員忌憚的是健訟之徒甚至開設「嘩局」，廣泛地控制地方事務，比如饒州曾有宗室出身的健訟之徒趙若陋「專置嘩局」，勾結胥吏，把持公事：

> 有如趙若陋，若不痛懲，則嘩徒無所忌，奸民無所懼，而善良不得以安其居矣。趙若陋者，專置嘩局，把持饒州一州公事，與胥吏為黨伍，以惡少為爪牙，以至開櫃坊，霸娼妓，騙脅欺詐，無所不有。〔註131〕

　　宋代州縣司法的運作離不開胥吏執行具體事務，如果健訟之徒勾結胥吏，把持公事，則毋庸置疑地對州縣司法的正常運作造成了破壞，而健訟之徒恰恰長於賄賂吏人並與之結成緊密的利益關係，而胥吏若因違法被追究，也會尋求健訟之徒的幫助，如蔡久軒曾處理過這樣一件案子：

---

〔註129〕《清明集》卷一，《官吏門‧禁戢》，「禁戢部民舉揚知縣德政」，第38頁。
〔註130〕《清明集》卷十二，《懲惡門‧豪橫》，「為惡貫盈」，第456頁。
〔註131〕《清明集》卷十一，《人品門‧宗室》，「宗室作過押送外司拘管爪牙並從編配」，第286頁。

> 配吏鄭臻、金彬、吳恭三吏，結黨害民，流毒一縣，六鄉之人，
> 怨之切骨。本司入錫匣追赴臺治，乃敢密遣姦猾嘩徒，先次到司，
> 物色擺佈，次則身賚金銀，買囑貴寓強幹，行賕匣司人吏，抑捺脱
> 漏，以俟當職離任。〔註 132〕

　　如果說健訟之徒僅僅在民事訴訟中為非作歹，在宋代的司法觀念之下，尚不至於對司法官員和司法活動造成至關重要的影響，但是健訟之徒往往插手刑事訴訟，在宋代朝廷上下一致認為人命關天的觀念之下，自然為司法官員所不容，也對州縣司法造成了深刻的影響。《名公書判清明集》對此有所記載，茲摭一例以證之：

> 浙右之俗，嚚訟成風，非民之果好訟也，中有一等無籍嘩徒，
> 別無藝業，以此資身。……況於殺人，公自有對首。近閱牒，此等
> 公事率是勢家挾持，或曰某是某宅莊佃，某是某府幹僕，狡幹旁午
> 於庭下，右姓肆行其胸臆，如是而求田里無事，良善安枕，難矣！
>
> 〔註 133〕

　　由此可見，在鬥毆致死的刑事案件之中，健訟之徒在豪強之家的掩護之下，偽稱自己是佃戶或是僕人而立於庭下狡為點辭以脱殺人之豪強的罪責。以今日之眼光來看這一案件中的健訟之徒，已然有偽證罪的嫌疑。因此，地方官面對健訟之徒此舉，也只能概歎「田里無事，良善安枕，難矣！」

## 二、宋代州級司法幕職與健訟之徒的關係準據

### （一）健訟之擾

　　在宋代官員看來，健訟之風起於爭勝之心，所謂「州縣之間，頑民健訟，不顧三尺，稍不得志，以折角為恥，妄經翻訴，必欲僥倖一勝。則經州、經諸司、經臺部，技窮則又敢輕易妄經朝省，無時肯止。甚至陳乞告中，微賞未遂其意，亦敢輒然上瀆天聽，語言妄亂，觸犯不一。不有以懲之，則無忌憚，不但害及善良，官司亦為其紊煩。」〔註 134〕

　　正是出於爭勝之心，頑民爭訟之時，以至不惜自殘、自盡以誣告對方。如《范仲淹全集》中記載了江西、福建等地，險狡之民「與人有怨，往往食

---

〔註 132〕《清明集》卷十一，《人品門・公吏》，「受贓」，第 421 頁。
〔註 133〕《清明集》卷十一，《懲惡門・嘩徒》，「嘩徒反覆變詐縱橫捭闔」，第 484 頁。
〔註 134〕《宋會要輯稿》刑法二，嘉定五年十二月二十日。

毒草而後鬥，即時弊僕，以誣其怨者」。〔註135〕無獨有偶，《折獄龜鑒》亦記「王臻諫議知福州時，閩人欲報仇，或先食野葛而後鬥，即死其家，遂誣告之。臻問『所傷果致命耶？』吏持驗狀曰：『傷無甚也』。臻以為疑，反訊告者乃得其實。」〔註136〕更有甚者殺其母以誣告仇人，如曾任涇州觀察推官的程戡在虔州時，「州人有殺母，暮夜置屍仇人之門，以誣仇者。獄已具，戡獨辨之，正其罪。」〔註137〕宋慈則在《洗冤集錄》中記載：「南方之民，每有小小爭競，便自盡其命，而謀賴人者多矣。」〔註138〕由此可見，為求訴訟得勝，已無所不用其極。

與此同時，健訟風氣往往與州縣治理中諸多其他問題攪和在一起，令州縣不得安寧，而州縣長吏亦不免為強橫奸欺之輩妄為陵犯，其情形正如嘉定十年十月四日臣僚之言：

> 選侯擇令，所以分民社之寄，重藩宣之記，職任蓋不輕也。而強梗弗率，猶得以為州縣之撓，則亦積習既深，而其類非一爾。何者倚勢干請，挾公濟私，則有寄居之擾；事力有餘，劫制是務，則有豪富之擾。抵冒法禁，刑責不加，則宗室之擾。鼠牙雀角，珥筆健訟，則有頑民之擾。隱占逋賦，恩怒督促，則有攬戶之擾。甚而侵撓事權，陵轢傾陷，則又有同官之擾。臣備數臺察，每遇受詞，目睹其弊，尋行體訪，皆無籍之徒陷於微利，受情而來，多者或至數十為群，竄易顛末，巧飾詞理，期於必中。聽受之際，固不容不致其審。近者，畿邑之民有訴其長者，至有司究詰乃得其所使之實，聞者為之駭愕。……仍令聽受官司或遇此等詞訴，必須公心究竟其實。若州縣長吏貪謬殘虐，悖理傷道，則嚴行按奏，重寘於法。或疆橫奸欺之輩，妄為陵犯，亦必遵照申令，嚴與施行。〔註139〕

此段史料所記「寄居之擾」、「豪富之擾」、「宗室之擾」、「頑民之擾」、「攬戶之擾」、「同官之擾」之六種情狀與前述陳淳所言健訟之徒的來源相互印證，若合符節。由此可見健訟一事往往與州縣之治理所面對的諸多問題相雜

〔註135〕《范仲淹全集》，《范文正公文集》卷十三，「太常少卿直昭文館知廣州軍州事賈公墓誌銘」，第340頁。
〔註136〕《折獄龜鑒》卷三，第159頁。
〔註137〕《宋史》卷二百九十二，列傳第五十一，「程戡」，第9755頁。
〔註138〕《洗冤集錄校譯》卷二，「疑難雜説下」，群眾出版社1980年版，第46頁。
〔註139〕《宋會要輯稿》刑法二。

糅，如此一來，健訟之徒便得以上下其手，進而使得宋代州縣獄訟滋繁，司法官員亦相應地不勝其擾，甚至是不堪重負。

### （二）官司之斷

儘管有司苦於健訟之擾，但是，並非所有的訴訟都是爭勝枉法之訴，而提起訴訟的民眾亦並非不曉律令，胡作非為。對此，北宋眞宗景德時袁州知州楊侃所言頗能切中庶民健訟之原因：

> 袁之於江南，中郡也。地接湖湘，俗雜吳楚。壤沃而利厚，人繁而訟多。自皇宋削吏權而責治術，天下之郡，吉稱難治，而袁實次之。何者？編戶之內學訟成風，鄉校之中校律為業，故其巧僞彌甚，錐刀必爭。引條指例而自陳，訐私發隱以相報，至有訟一起而百夫繫獄，辭兩疑而連歲不決。皆謂弊在民知法也。抑法者，民之銜勒，上執之可以御下，下持之可以犯上也。是故子產鑄之於鼎，鄭國不聞不治；商君令之於市，秦人不聞不畏。且民者，冥也。以其冥然無知，所以難治也。今袁之民，既皆知法，是易治也，非難治也。其由在上者自紊其法，故民得以紛紜於下也。嗚呼！政不廉，法不平，雖非良民，口不可塞也。既廉且平，袁民其如予何！……則知有不治吏，無難治民。普天之下，莫非王土，安有袁乎？吉乎？難治郡乎？〔註140〕

據此可知，袁州之民精通法律，於錐刀小利之事亦有相當強烈的法律意識，至陳詞論辯之時，既熟於援引律例，又不憚揭人陰私，一旦訟起，牽連甚廣，以至於累年不能結案，但在楊侃看來，其地詞訟滋繁的眞正原因不在於其民知法，而在於「政不廉，法不平」，非但如此，「今袁之民，既皆知法，是易治也，非難治也。」楊侃此言，雖指袁州之民，實則道出了宋代各地健訟現象的原因。

因此，乾道七年十二月十四日，有臣僚言：「民間詞訟，多有翻論理斷不當者，政緣所斷官司不曾出給斷由，致使健訟之人巧飾偏詞，紊煩朝剩欲望行下監司、州縣，今後遇有理斷，並仰出給斷由。如違，官吏取旨行遣。」中央朝廷認為臣僚此言不無道理，故從之。〔註141〕此外，范應鈴也認為「鄉

---

〔註140〕　（光緒）《江西通志》卷六十七，《建置略》，「廨宇一」。
〔註141〕　《宋會要輯稿》刑法三。

民持訟，或至更歷年深，屢斷不從，固多頑囂，意圖終訟，亦有失在官府，適以起爭。如事涉戶婚，不照田令，不合人情，遍經諸司，乃情不獲已，未可以一概論。」〔註142〕

實際上，即使是健訟之民認爲獄訟不公，由縣、州、監司一路上訴或不依法律直接越訴到中央司法機關，最終的結果大多還是各層機關因循公事，敷衍塞責，由上而下將其所訴之案件一路打回原受理機關重審，因此，獄訟不公的問題仍然得不到解決，健訟現象仍然不得根治，開禧二年二月五日，有臣僚就這一問題上言，並乞中央朝廷申明糾正案件發回重審之中的相互推諉：

> 省部送下公事，有已經州縣、監司累年不決者。臣初恠（怪）其健訟，及探討本末，始知多因官司不能分明剖析，致使兩詞經臺、經部、經都省而不以爲瀆。乞自今省部送下公事，送之監司者，監司不可付之郡太守。送之郡太守者，郡太守不可付之郡縣吏。大率地位稍近者易囑託，分勢稍高者難請求，必須監司、太守自行理斷。
>
> 〔註143〕

由此可見，健訟雖嚴重干擾地方司法，但並非所有官員都將健訟之人等而視之爲刁頑亂法，健訟市利之輩，如北宋趙挺之的父親趙元卿任縣令之時，「有婦人亡賴，健訟，爲一邑之患，稱曰：『攔街虎』，視笞撻如爬搔。公雖知之，然未嘗有意治也。」〔註144〕

不過，對於「事不干己並理曲」、「誣告」以及「教唆詞訴」這三類健訟之徒，朝廷仍加以懲罰，南宋紹興二十一年（1151）刑部臣僚奏言：

> 陳乞禁約健訟之人，本部欲於見行條法指揮外，其訴事不干己並理曲或証告及教令詞訴之人，依法斷訖，本州島島島縣將犯由、鄉貫、姓名籍記訖，縣申州，州申監司照會，若日後再有違犯，即具情犯申奏斷遣，從斷訖，再注，仍先次鏤板曉諭。〔註145〕

由此可見，南宋以來，地方政府對於以上三類健訟之徒可予以懲罰，其具體程序是將這三類健訟之徒所訴之事依法處斷完畢後，登錄其「犯由、鄉貫、姓名」報上一級司法機關備案，若再有健訟之行則依法懲罰。

---

〔註142〕《清明集》卷四，《戶婚門·爭業下》，「漕司送下互爭田產」，第120頁。
〔註143〕《宋會要輯稿》刑法三。
〔註144〕《夷堅志》乙志卷九「攔街虎」，中華書局1981年版，第256頁。
〔註145〕《宋會要》刑法三之28。

## 三、宋代州級司法幕職與健訟之徒的關係

《宋會要輯稿》記載了北宋仁宗仁宗天聖七年（1029）桂州健訟之徒每遇家產分割之訴，就開始活躍於鄉黨里巷之間：

> 每歲務開，民多爭析財產。自令追鞫，多是積年舊事。按偽劉時，凡民祖父母、父母在，子孫始娶，便析產異煙，或敏於營度、資產益繁；或惰不自修，田畝荒廢。其後尊親淪逝，及地歸中國，乃知朝廷編敕，須父母亡歿始均產，因萌狡計，以圖規奪，或鄉黨里巷傭筆之人，替爲教引，藉詞買狀，重請均分。」〔註146〕

但是，此則史料之中有一語誠可注意，即「及地歸中國，乃知朝廷編敕」，從上下文來看，宋朝建立之後，子孫分家析產的法律規定有異於前朝，而健訟之徒則恰恰是依據宋代朝廷編敕而非前代朝廷法律來招攬詞訟的。

實際上，宋代司法官員與健訟之徒二者對於同一案件的認識和處理皆依據國家法律進行，二者之間關係的形成準據也是國家法律。但是，健訟之徒之所以有別於興訟之人，就在於這一類人熟知國家法律，他們遊走於法律的空白地帶，即使有出格之舉，也是深思熟慮之後故意爲之，就此而言，宋代司法官員與健訟之徒之間的關係格局，即使大體上依據國家法律而成形，但仍有其他內容存在的空間。鑒於健訟之徒本身與司法官員在身份上判若天壤，故大體而言，即使是健訟之徒可以通過其他方式對司法官員造成一定的影響，但二者之間的關係格局中佔據主導地位的仍然司法官員，那麼，宋代司法官員對健訟之徒的看法即成爲二者間關係的起點，而這些看法則來自健訟之徒的行爲，尤其是健訟之徒圍繞訴訟這一核心所展開訴訟行爲。宋代司法官員對健訟之徒的行爲有何認識？又將對健訟之徒的行爲採取何種策略？在這一交往過程中，其自身與健訟之徒會形成何種關係？以下將對於這些問題試加回答。

### （一）宋代健訟之徒的行爲

1、教習法律。可以說宋代的經濟發展造就了健訟需要，而適應健訟需要則促成了健訟之徒教習法律。北宋沈括在《夢溪筆談》中，詳細記載了北宋時期江西人好訟而有法律教材的故事：「世傳江西人好訟，有一書名《鄧思賢》，皆訟牒法也。其始則教以侮文，侮文不可得則欺誣以取之，欺誣不可得

---

〔註146〕《宋會要輯稿・刑法》三之43。

則求其罪以劫之。蓋思賢，人名也，人傳其術，遂以之名書，村校中往往以授生徒。」〔註147〕

由此可見，北宋之時江西已然出現關於「訟牒法」的老師和教材，而「侮文」、「欺誣」、「求其罪」則是勝訴技巧。這一類技巧是健訟之徒的強項，據《州縣提綱》所載，「健訟之民朝夕出入官府，詞熟而語順，雖譊譊獨辯庭下，走吏莫敢誰何？」〔註148〕而行至南宋，江西則已成爲訟學教育盛行之地，兒童亦不免於此風氣，如紹興十三年（1143）有臣僚上言：「江西州縣有號爲教書夫子者，聚集兒童，授以非聖之書，有如四言雜字，名類非一，方言俚鄙，皆詞訴語。」〔註149〕此間江西還出現了專門的訟學機構「訟學業觜社」，對此，南宋人周密記曰：

> 江西人好訟，是以有簪筆之譏，往往有開訟學以教人者，如金科之法，出甲乙對答及嘩訐之語，蓋專門於此。從之者常數百人，此亦可怪。又聞括之松陽有所謂業觜社者，亦專以辯捷給利口爲能，如昔日張槐應，亦社中之錚錚者焉。〔註150〕

周密所言「甲乙對答及嘩訐之語」以及「辯捷給利口」即辯論技巧，將這一則史料與前揭北宋沈括所記相對照，其所教之內容如出一轍，足見其教師非健訟之人而不能爲之。而周密所記，更反映出健訟之徒教習法律日趨專業化，其中張槐應就是「業觜社」學人之中的佼佼者。

南宋之時，更有健訟之徒以累世傳承訟學，如紹興七年（1137）九月二十二日的明堂赦提及江西虔州、吉州習訟者視訟學爲「家學」，累世相沿而習之，以至於脅持州縣：「訪聞虔、吉等州專有家學，教習詞訴，積久成風，脅持州縣，傷害善良。仰監司、守令遍出文榜，常切禁止，犯者重寘以法。」〔註151〕

2、把持官司。《名公書判清明集》所載判詞之中，多有「把持官司」的記述。如胡石壁在判詞中描述健訟之徒李邊：「說條道貫，不但欲昏賴典主，直欲把持官司。執減落會價爲詞，一則曰有違聖旨，二則曰有違聖旨，使官

---

〔註147〕《夢溪筆談》卷二十五，《雜志二》，嶽麓書社 2002 年 9 月新 1 版，第 186 頁。

〔註148〕《州縣提綱》卷二，「通愚民之情」。

〔註149〕《宋會要輯稿·刑法》二之 150。

〔註150〕周密撰、吳企明點校：《癸辛雜識》續集上，「訟學業觜社」，中華書局 1988 年版，第 159～160 頁。

〔註151〕《宋會要輯稿·刑法》二之 150。

司明知其非而不敢加其罪，典主明遭其誣，窒礙而不敢與之爭。自非老奸巨滑，習於珥筆，安得設謀造計，以至於此！」〔註152〕由此可見，李邊屢借「聖旨」之威要挾司法官員，以至司法機關無可奈何，其反制司法官員之能耐可見一斑。

此外，宋代為保障獄訟公平而設有越訴之制，但是這一制度恰為健訟之徒所利用，「監司才要究見分曉，自度不得志，即越經臺部，埋頭陳詞，脫送他司。則其聲價非特可與州郡相勝負，仰可與監司相勝負矣。可以脫罪，可以行奸，又非特視監司如無，抑亦視臺部為可玩侮矣。」〔註153〕

### （二）宋代司法官員對健訟之徒的行動策略

1、審理案件時酌情據法。正如前文所論，健訟之徒非但是知法，而且是善於利用法律制度中的漏洞以謀其利，故司法幕職在理斷案件之時，則不得首先依據法律。與此同時，法律對於社會關係的調整範圍相當有限，而訴訟者對法律結果是否公正的評判又不僅僅是依據法律作出，因此，司法幕職斷案之時，在據法之際，尚須參酌人情。如《名公書判清明集》就記載了一則司法參軍在「立繼有不據不為戶絕」的擬判文書時，強調戶婚訟牒依法辦理的原則：「照得戶婚訟牒，不一而足，使直筆者不能酌情據法，以平其事，則無厭之訟矣，家不破，未已也。事到本司，三尺具在，只得明其是非，合於人情而後已。」〔註154〕

2、對教唆詞訟者處以刑罰。宋代中央朝廷允許地方官府以刑罰懲處健訟之徒，因此，儘管健訟之徒會利用制度設計中的諸多漏洞對官府施加壓力，但是官府向來不憚於對其施以刑罰，比如胡太初在《晝簾緒論》「聽訟篇第六」之中就說：

> 縣道每有奸狡頑囂之人，專以教唆詞訟、把持公事為業，先當榜文曉諭，使之盡革前非，若有犯到官，定行勘杖、刺環、押出縣界，必懲無赦。凡遇引問兩爭應答之辭，與狀款異，必有教唆把持之人也，須與窮根重實於罰。〔註155〕

---

〔註152〕《清明集》卷九，《戶婚門·取贖》，「典賣田業合照當來交易或見錢或錢會中半收贖」，第311頁。

〔註153〕《清明集》卷十二，《懲惡門·豪橫》，「豪民越經臺部控扼監司」，第458～459頁。

〔註154〕《清明集》卷七，《戶婚門·立繼》，第215頁。

〔註155〕《晝簾緒論》，「聽訟篇第六」。

由此可見，如果官府查實健訟之徒的犯罪事實，則可以處以「勘杖」、「刺環」、「押出縣界」等刑罰。

健訟之徒爲打贏官司，往往採用「把事鬧大」的行動策略，而這一策略最常用的一種方式是聚黨喧嘩，以張聲勢。對於這種情況的制裁，官府的懲罰力度要大得多，往往是杖刑、編管之類，《名公書判清明集》中就記載了「唆使無賴，上經臺部，威成勢立」的嘩徒張夢高被「決脊杖十五，刺配台州牢城，免監贓，即日押遣」。〔註156〕

但是，健訟之徒「或是貢士，或是國學生，或進士困於場屋者，或勢家子弟宗族，或宗室之不羈者，或斷罷公吏，或破落門戶等」，〔註157〕自然非普通庶民可比，而且這諸色人等相互交通，遊走閭巷、出入公府，其人際關係廣泛而複雜，且一郡嘩徒往往「同惡相濟，互爲羽翼」，因此官府對其即使論以重刑，也不免有所折扣，如金千二、鍾炎之例：

> 嘩魁訟師之可畏如此哉！金千二教唆脅取，所犯三十四項，入己贓二千六百四十餘貫，鍾炎教唆脅取，所犯一十七項，入己贓一千三百餘貫，併合黥配，以爲將來之戒。以士友曾爲之請，當職曾許之末減，金千二決脊杖十五、編管二千里。鍾炎免申禮部駁放，更免勘，決竹篦二十、編管一千里，免監贓，即日押行。〔註158〕

據此條史料可知，只因士友求情，就將二人所處刑罰從黥配分別降爲脊杖、編管和決竹篦、編管。由此可見，一則爲金千二、鍾炎二人求情之人來頭甚大，從而可以推知金、鍾二人社會關係之複雜，二則說明了官府對這種健訟之徒的基本態度是遣送別處以省卻自己日後麻煩。

官府對於健訟之徒的處罰輕重，最關鍵還是看健訟之徒的社會關係背景，這一點在陳淳的言論中反映得較爲明確，他說：「若其人非士類，則依條重行科斷。在士類者則循舊例，決竹篦，處之自訟齋窮年，使讀論語、小學之書，是乃以善治之之道。如此健訟者無復敢恣爲虛妄，而肆行教唆。」〔註159〕宋代各色人等身份高下不同，而士人的出身更是由國家所賜予，由

---

〔註156〕《清明集》卷十三，《懲惡門·嘩徒》，「撰造公事」，第483頁。

〔註157〕《北溪大全集》卷四十七，「上傅寺丞論民間利病六條」，影印文淵閣四庫全書本。

〔註158〕《清明集》卷十三，《懲惡門·嘩徒》，「嘩鬼訟師」，第482頁。

〔註159〕《北溪大全集》卷四十七，「上傅寺丞論民間利病六條」，影印文淵閣四庫全書本。

此可見，健訟之人所受刑罰因身份高下而顯出差異。在這一意義上，官府的決斷依據，則往往超出國家法律之外了。

### （三）宋代州級司法幕職與健訟之徒的關係

在研究宋代州級司法幕職與健訟之徒的關係之時，有一個前提必須先予說明，即宋代州級司法幕職本身沒有直接制裁健訟之徒的終局性權力，二者關係格局的確定，很大程度上要通過州郡長吏來完成。但是，總體上來看，在宋代州級司法過程中，司法幕職與健訟之徒處於相互監督、彼此制約的關係之中。

儘管史料中不乏貶損健訟之徒的言論，但不可否認健訟之徒精通法律，因此健訟之徒提起訴訟之時，官府審理案件既須依據律令，又須援情合理，即使健訟之徒教唆詞訴的行為已經觸犯法律，但是在實踐之中，官府鑒於健訟之徒社會關係背景的複雜及其本身就善於規避法律的懲罰，官府對健訟之徒的處罰也多半不會從重，而多是本著息事寧人的態度而至有順水推舟之嫌疑。如此一來，司法官員因制度而獲得的權威不免大打折扣，而健訟之徒的行為亦對司法官員的利益造成了相當的影響。但是，在這一關係之中，道德規範的作用得以凸顯，進而使得司法判斷在法律的框架之內，往往圍繞著訴訟行為是否合乎道德而展開，這一點認識在《名公書判清明集》的諸多書判中都有不同程度的體現，比如官員懲罰健訟之徒時，多有對其敗德之舉多加譴責。實際上，宋代庶民的健訟對於司法運作的制約不言自明，而健訟之徒只是來自民間的制約力量中最為突出的典型，在這一意義上，其行為不過是庶民借健訟以迫使宋代州級司法趨於公正的凝煉和縮影而已，而健訟之徒與州級司法幕職之間的關係格局，也不過是宋代庶民與司法官員之關係的投射和反映。在這一關係格局中，權威不再是一元的官方權威或是基於制度而為官員獨佔的權威，司法官員和庶民之間也不存在直接的利益關聯，雙方都在司法活動中尋求自身行為正當性的支持，處於這種境遇之下，雙方自然而然的尋求制度權威和關聯利益之外的第三個因素即道德規範，如此一來，宋代州級司法活動相應地呈現出據法援情而合於理的特徵。就司法效果而言，衡量司法運作的首要標準不是合乎純粹理性的完善而是合乎實踐理性的妥當，在宋代庶民與司法官員的關係格局之下，宋代州級司法運作則體現了這一標準。

## 第四節　宋朝州級司法幕職的鬼神報應觀

南宋眞德秀知泉州時，曾作《勸孝文》勸勉泉州之民踐行孝道，其文曰：

> 若能勤行孝道，非惟鄉人重之，官司敬之，天地鬼神亦將祐之，
> 如其悖逆不孝，非惟鄉人賤之，官司治之，天地鬼神亦將殛之。此
> 州素稱佛國，好善者多，今請鄉黨鄰里之間，更相勸勉，其有不識
> 文義者，老成賢德之士當與解說使之通曉。〔註160〕

其文將道德評價、法律判斷和天地鬼神之賞罰並列，並說行孝道者得此
三賞，不行孝道者當此三罰。姑且不論眞德秀的這一說法究竟是出自本心，
還是鑒於泉州之民素行佛法的權宜之計，至少這一表述說明了官員和民眾都
將自身的活動與鬼神相關聯，從而更在法律權威之外，平添一層冥冥之中超
越生死界限的威權。

實際上，宋代的鬼神並不像今日之鬼神一般虛無飄渺而僅有助於茶餘飯
後的談資，非但是庶民的活動多受鬼神的監督和制約，士大夫的活動亦多受
鬼神的影響，如士大夫沉淪場屋之時就多有求神問卜之舉，且屢言其靈驗，
而鬼神觀的影響亦隨著士大夫成爲宋代司法活動之主體進而影響到宋代的司
法活動。比如司法官員在司法過程中爲陰德往往不能據法審斷，對此，朱熹
即加以痛斥：「今之法家，或於罪福報應之說，多喜出入罪以來福報。夫使無
罪者不得直，而有罪者得幸免，是乃所以爲惡爾，何福報之有！」〔註161〕

### 一、立法、司法之鬼神報應的歷史資源

中國古代社會歷來都不缺乏鬼神報應的歷史資源。以儒家經典而論，《周易》
曰：「積善之家，必有餘慶，積不善之家，必有餘殃，」〔註162〕《尚書》曰：「天
道福善禍淫。」〔註163〕以道教經典而論，《太平經》在以陰陽五行解釋治國之
道的同時，也說「善自命長，惡自命短」。〔註164〕至於佛教傳入中國之後，更
以其因果報應的精深論辯補充了中國傳統的鬼神報應思想。若以經、史、子、
集四類標準來看的話，中國古代著作中鬼神報應的表述可謂多如牛毛。

---

〔註160〕眞德秀撰：《西山文集》卷四十，《泉州勸孝文》，影印文淵閣四庫全書本。
〔註161〕《朱子語類》卷一百一十，「論刑」，嶽麓書社1997年版，第2442頁。
〔註162〕《周易·坤卦》。
〔註163〕《尚書》，「湯誥傳以伐桀大義告天下」。
〔註164〕王明編：《太平經合校》卷三十五，中華書局1979年版，第39頁。

若以司法之鬼神報應的歷史資源而言，則有以下三者：

## （一）則天象地，立法行刑

中國古人認為法律的正當性來源在於天地而非人類，聖人立法設刑，不過是對天地之法則的表述。正如《漢書‧刑法志》所言：

> 聖人既躬明哲之性，必通天地之心，制禮作教，立法設刑，動緣民情，而則天象地。故曰：先王立禮，「則天之明，因地之性」也。刑罰威獄，以類天之震曜殺戮也；溫慈惠和，以傚天之生殖長育也。《書》云「天秩有禮」，「天討有罪」。故聖人因天秩而制五禮，因天討而作五刑。〔註165〕

由此可見，人類社會秩序的構建應當按照天之秩序的要求，制禮作刑皆莫能外。這一觀點為儒家公羊學派大師董仲舒闡發，影響到漢代的立法觀，而接受了董仲舒建議的漢代「德主刑輔」的立法模式則源自於上天之「陽多陰少」，與此相適應，秋冬行刑的司法原則源自於天道之「春夏為慶賞，秋冬為肅殺」，而人類社會的尊卑貴賤之「仁義制度之數盡取之天」。「則天象地、立法設刑」的原則實際上講的是天人感應，而天人感應進入立法、司法模式之後，則形成了這樣的原則：人道遵循天道時天賞之以祥瑞，否則天譴之以災異。這一原則對後世立法、司法影響至深。這一特點正如瞿同祖先生所說：「古人認為災異不是自生的自然現象，而是神靈對於人類行為不悅的反應。政事不修是致災的原因，而政事中刑獄殺人最為不祥，其中不免有冤枉不平之獄，其怨毒之氣可以上達雲霄，激起神的忿怒。」〔註166〕

宋代的立法、司法同樣受到這一原則的制約，其君臣上下莫不認為立法用刑須則天時，應天意。如宋太宗每遇災害就遣使決獄，淳化四年（993）七月到九月，京城連雨三月，而至「泥深數尺，朱雀、崇明門外積水尤甚，往來浮甕筏以濟。壁壘廬舍多壞，民有壓死者，物價湧貴，近甸秋稼多敗，流移甚眾，陳、潁、宋、亳間盜賊群起，商旅不行。上以陰陽愆伏，罪由公府，切責宰相李昉及參知政事賈黃中、李沆曰：『卿等盈車受俸、豈知野有餓殍乎？』昉等慚懼拜。」〔註167〕而宋真宗咸平五年時，河陽節度判官張知白上疏曰：「望自今除盛夏仍舊降詔恤刑，每歲自孟秋中氣後、秋分前，

---

〔註165〕《歷代刑法志》，《漢書刑法志》，群眾出版社1988年版，第1頁。
〔註166〕瞿同祖著：《中國法律與中國社會》，中華書局2003年新1版，第276頁。
〔註167〕《續資治通鑒長編》卷三十四，淳化九年丙午，第745頁。

遴選周行，分道決獄。如此，則順天行刑，萬務必乂。而又四方之風謠，因之得以知，列郡之綱條，因之得以振。」〔註 168〕

### （二）天罰神判

中國古代一直都有天罰神判即鬼神定罪懲罰的傳統。在夏、商之時，對於人力不能辨明的是非曲直，往往求之於神，在當時的觀念之中，神庇護正直無罪者，處罰邪惡有罪之人。比如獬豸斷案的傳說即爲明證，這一傳統後來甚至進入到國家司法傳統之中，通過治獄官吏服飾上所繡的獬豸圖案而得以表現。此外，商代還有以占卜定罪量刑的做法，在今日出土的甲骨文中有不少關於神判的記載，如「貞，王聞不惟辟；不貞，王聞惟辟。」〔註 169〕

雖然這一做法並未被後世的國家司法裁判所採用，但其無可否認的成爲鬼神賞罰的歷史資源。尤其是佛教傳入中國後，其因果報應與中國傳統的鬼神賞罰融合爲一，中國傳統的鬼神賞罰與佛教的因果報應理論融合之後，賞罰之中的權威逐漸由君王代行鬼神行使轉而爲鬼神直接行使，而主宰賞罰的鬼神亦漸趨龐雜。

## 二、宋代社會的鬼神報應觀

宋人並不缺乏鬼神報應的觀念，而這一觀念又因民眾廣泛信仰宗教而得以進一步增強。對於民眾信仰佛教的盛況，朱熹曾說：「今看何等人，不問大人、小兒、官員、村人、商賈、男人、婦人，皆得入其門。最無狀是見婦人便與之對淡。」〔註 170〕雖然宋代庶民對佛教的高深教義並沒有也不可能有深刻理解，但這並不妨礙庶民把佛教的因果報應說與鬼神懲賞捏攏在一起，與此同時，在佛教入世理論的影響下，宋代道教表現出入世傾向，其傳播的方式也更順應庶民的口味，如此一來，在宗教的推波助瀾之下，中國原本就有的鬼神賞罰觀念造成整個宋代社會的鬼神信仰愈發普遍，可謂「萬物有靈」而人皆不問其緣由儘管拜服，如《蘆浦筆記》曾記載了一則「草鞋大王」的故事：

> 蜀道上有百年古木，枝葉繁茂，陰可庇一畝。故東西行者多憩

---

〔註 168〕《續資治通鑒長編》卷五三，咸平五年十一月庚申，第 1158 頁。
〔註 169〕《殷墟文字乙編》，4604，轉引自張國華《中國法律思想史新編》，北京大學出版社 1998 年版，第 21 頁。
〔註 170〕《朱子語類》卷一百二十六，「釋氏」，嶽麓書社 1997 年版，第 2740 頁。

其下，或易扉屨，則以其舊拋掛於枝上以為戲。久而積千百輛，亦
有卜心事者，往往皆應，人固神之。忽一士人應舉過之，旁無人焉，
取佩刀削樹皮書曰：「草鞋大王，某年月日降。」莫有知者。洎回途，
則已立四柱小廟堂矣。士笑而不言。三年再至，則祠宇壯麗，亦有
十數家於其側。驚而問焉，則備言其靈感。〔註171〕

　　姑且不論這百年古木是不是真的有求必應，令人不免啞然失笑的是「草
鞋大王」的鐘頭居然來自於一個讀書人突然手癢所刻下的一行字，而鄉人又
因之倍加信服，先立四柱小廟，三年營繕竟至「祠宇壯麗，亦有十數家於其
側」。此間多少可以反映出宋代庶民對鬼神的態度以及鬼神信仰的普遍程度。

　　此外，有一點值得注意，即宋代庶民的鬼神信仰的普遍亦與巫祝的刻意
推動有關，而巫祝出於自身利益，竟至害人性命以證靈驗。如《梁溪漫志》
卷十曾記載了一則《江東叢祠》的故事，其中所記巫祝設計，假託神靈毒死
不信神明的少年，而鄉人因此愈發信服，巫祝所得多不勝計，若非分財不均
而鬧到官府，則少年枉死之冤永不得昭雪，茲引其文如下：

　　　　江東村落間有叢祠，其始，巫祝附託以興妖。里民信之，相與
營葺，土木寖盛。有惡少年不信，一夕，被酒入廟，肆言詆辱。巫
駭愕，不知所出，聚謀曰：「吾儕為此祠勞費不貲，一旦為此子所敗，
遠邇相傳，則吾事去矣。」迨夜，共詣少年，以情告曰：「吾之情狀，
若固知之，儻因成吾事，當以錢十萬謝若。」少年喜問其故，因教
之曰：「汝質明復入廟，詈辱如前，凡廟中所有酒殽，舉飲啖之，斯
須，則偽為受械祈哀之狀，庶印吾事。今先賂汝以其半。」少年許
諾，受金。翌日，果復來廟廷，袒裼踞嫚，極口醜詆不可聞。廟傍
民大驚，觀者踵至，少年視神像前方祭賽羅列，即舉所祀酒悉飲之，
以至殽饌無子遺，旋俯躬如受繫者，叩頭謝過，忽黑血自口湧出，
七竅皆流，即仆地死。里人益神之，即日喧傳，傍郡祈禳者雲集，
廟貌繪繕極嚴，巫所得不勝計。越數月，其黨以分財不平，詣郡，
反告乃巫置毒酒中，殺其人。捕治引伏，魁坐死，餘分隸諸郡，靈
響訖息。〔註172〕

　　宋代庶民一來受鬼神信仰的傳統浸潤，二來受佛道二教的訓誡，三來受

〔註171〕劉昌詩撰，張榮錚、秦呈瑞點校：《蘆浦筆記》卷四，「草鞋大王事」，中華書
　　　　局1986年版，第33頁。
〔註172〕《梁溪漫志》卷十，「江東叢祠」，影印文淵閣四庫全書本。

巫祝的鼓惑，其鬼神報應觀自然根深蒂固。儘管其所信之鬼神多種多樣，不一而足，但總體來看，鬼神皆循於因果而施以賞罰，茲列於下：

1、天神。宋人所謂「天」、「天帝」或「上帝」都是指天神。天神以人之善惡來決定有罪之人的生死，如紹興二十六年（1156年），「閏六月鹽官縣雷震，先雷數日，上管場亭戶顧德謙妻張氏夢神人以宿生事責之曰：『明當死雷斧下。』覺而大恐，流淚悲噎。姑問之，不以實對，姑怒曰：『以我嘗貸汝某物未償故耶？何至是！』張始言之，姑殊不信。明日，暴風起，天斗暗，張知必死，易服出屋外桑下立，默自念：『震死既不可免，姑老矣，奈驚怖何』，俄電雷晦冥，空中有人呼張氏曰：『汝實當死，以適一念起孝，天赦汝。』又曰：『汝歸，益為善，以此語世人也。』」〔註173〕依神人所示，張氏當死，但孝念一起，又蒙神赦，張氏免死之果實起於其孝念之因。

2、地獄神。在宋代佛教的影響，地獄神根據因果報應之原則來懲罰有罪之人，而這類人往往是專掌刑獄的官吏，此類記載在宋代史料中多有出現，如《宋稗類鈔》中就曾記載了江西人雷申錫「紹興中一舉中南省高第，廷試前三日客死都下，捷音與訃踵至。其妻日夜悲哭，忽一夕夢申錫自言：『我宿生為大吏，有功德於民，累世為士大夫。然嘗誤人死囚，故地下罰我，凡三世，如意時暴死。今已兩世矣，須更一世乃是，以償宿譴耳。其事可以為治獄者之戒』。」〔註174〕雷申錫前世為大吏誤入人死罪當三世如意時暴死，哪怕還差一世，都不得解脫，正所謂因果相循，報應不爽。

3、家神。據宋人所記，家神係天帝的屬官，其賞善罰惡之行皆受囑於天帝，但也為人所悚服。如《春渚紀聞》所載「中霤之神，實司一家之事，而陰祐於人者，晨夕香火之奉，故不可不盡誠敬。……朝奉郎劉安行，東州人，每遇啜茶必先酹中霤神而後飲。一夕忽夢一老人告之曰：『主人祿命告終，陰符已下而少遲之，幸速處置後事，明日午時不可踰也。』劉起拜老人，且詢其誰氏，曰：『我主人中霤神也，每承主人酹茶之薦，常思有以致效，今故奉報也。』劉既悟，點計其家事，且語家人神告之詳，云：『生死去來，理之常也。我自度平生無大過惡，獨有一事，吾家廚婢采蘋者，執性剛戾，與其輩不足，若我死必不能久留我家，出外則必大狼狽，今當急與求一親，使之從良，且有所歸，則我瞑目矣。』因呼與白金十星，以為資遣。語畢沐

---

〔註173〕《咸淳臨安志》卷九十二，影印文淵閣四庫全書本。
〔註174〕《宋稗類鈔》卷五，「諂媚第九」，影印文淵閣四庫全書本。

－288－

浴易服，以俟時至。過午，忽覺少倦，就憩枕間，復夢其神欣躍而告曰：『主人今以嫁遣廚婢之事，天帝嘉之，已許延一紀之數矣。』已而睡起安然，後至宣和間無病而卒。」〔註175〕劉安行本當死，但因一念之仁，又得延一紀之壽，是謂因果報應也。

　　4、無名神靈。在宋人看來，即便是無名神靈，也有賞善罰惡之神力，宋代史料中多見因不善而遭雷劈死的例子，如《鐵圍山叢談》就記載了一個「斗秤詐欺、陰理至重」的故事，其言曰：「鬱林有謝秀才者，衣冠後也，善以術籠人，上下頗愛之。於田井間爲駔儈事，每以小量輕權貨與人，必用大器巨秤責償，自喜其得計，刺深非一日也，人往往不覺。一旦，從以僕，其手自捉升斗諸誑具，將入林野，才出城東門，未數里即雷雨驟興，有黑雲追逐，及霹靂一聲而謝秀才震死矣，屢葬則屢爲雷所發，俟其肉潰散乃焚焉，腹中得一雷楔也。世人昧於錐刀間，一不顧義理，至爲鬼神所仇，猶不戒，且甘以此死。何哉！」〔註176〕這個謝秀才生前做買賣小斗出大斗進，積惡甚深，以至於被雷劈死後都不得安寧，連其墳都屢次被劈開，可見因果報應的厲害。即使是沒有出現賞罰的後果，神明的靈驗也不容置疑，如「柳庭俊作官江西，被差檢放旱，以漕司喻意，不敢以實聞。一日，宿於高明使者觀，夢偉丈夫轉簿示之曰：『柳庭俊放稅不實，使上澤不得流行，杖一百。』驚悟，汗浹體。」〔註177〕儘管這則故事沒有說柳庭俊最後是否因此受到懲罰，但從柳庭俊渾身冷汗的表現來看，神明賞罰的靈驗則無可置疑。

　　5、冤屈鬼魂。冤屈鬼魂雖非神仙，但因其怨魂不散令有罪之人心生恐懼，如張齊賢在在《洛陽縉紳舊聞記》中記有《洛陽染工見冤鬼》一則故事：洛陽賢相坊染工李某曾於後晉末年饑荒之時以石擊殺一孫姓貨郎並劫貨棄屍，直到宋太祖開寶年間，孫姓貨郎的鬼魂突然出現並令李某欲遁不得，直到有僧人點醒李某挖出孫姓貨郎屍體，換新衣下葬後此事方息，李某亦因此而供奉僧人。對此，張齊賢說，「豈非鬼神報應之驗昭昭乎！余在洛中目睹之，故書以示勸誡云。」〔註178〕看來張齊賢本人也對此事中的因果報應深信不疑，並特地記此事以勸誡旁人。

---

〔註175〕何薳《春渚紀聞》，中華書局1983年版，第31頁。
〔註176〕《鐵圍山叢談》卷四，中華書局1983年版，第67〜68頁。
〔註177〕王鞏《隨手雜錄》，影印文淵閣四庫全書本。
〔註178〕張齊賢《洛陽縉紳舊聞記》卷四，影印文淵閣四庫全書本。

### 三、鬼神報應觀之下的司法行爲

如果說在日常生活的惡行要受到鬼神的懲罰，那麼司法官員在獄訟之中的惡行則更不免於因果報應之外，這一點在宋代史料中多有體現，其中又以《夷堅志》的記載最爲典型，以下茲摭數例。

其一，《大錄爲犬》。「秀州華亭縣吏陳生者，爲錄事，冒賄稔惡，常帶一便袋凡所謀事皆書納其中。既死，夢於家人曰：『我已在湖州顯山寺爲犬矣。』家人驚慘，奔詣寺省問，一犬聞客至，急避伏眾僚僧榻下，連呼不出，意若羞赧，其家不得已遂還。既去，僧語之曰：『陳大錄宅中人去矣。』方振尾而出。此犬腹下垂一物正方，宛如便袋狀，皮帶周匝繫其腹，猶隱隱可辨。洪慶善嘗與葛常之侍郎至寺見之。詢諸僧云然。」〔註179〕

其二，《大庾震吏》。「紹興二十一年二月晦，大庾令連潛正午治事，書吏抱文書環立，忽黑氣自庭入，須臾一廳盡暗，雷電大震，吏悉仆地。令悸甚，手足俱弱，亦撲於案下。少頃即散，眾掖令起，吏死者四人，二錄事二治獄者。蓋昔皆爲經界吏云。」〔註180〕

其三，《吳仲弓》。「鄭州人吳仲弓，建炎末，知桂陽監。時湖湘多盜，仲弓一切繩以重法，入獄者多死。及得疾，繞項皆生癰疽，久之瘡潰，喉管皆見，如受斬刑者。一日命家人作炰鴨欲食，未及而死。死之二日，司理院推吏忽自語曰：『官追我證吳知郡公事。』即死。時衡州人劉式爲司理，親見之。」〔註181〕

其四，《興國獄卒》。「興國軍司理院。有囚抵法。當陵遲。獄卒李鎮行刑。囚告之曰：『死不可辭，幸勿斷我手，將不利於爾家。』鎮不聽，至市，先斷其二手曰：『看汝將奈我何？』越二日，鎮妻生子，兩腕之下如截。時王濱稚川爲通判，親見之。」〔註182〕

以上四例，可見宋人對於獄訟之中貪利擾民、用刑慘毒等惡行的痛恨，故以因果報應的靈驗加以鞭撻，除了以上所舉的司法官吏的惡行在現時即予以報應之外，在宋代史料的記載中，鬼神報應還及於其科舉入仕、升遷改官、後人繁衍等諸方面。

宋代鬼神報應觀信仰既然如此普遍，其司法官員的司法行爲自然難免不

---

〔註179〕《夷堅志》甲志卷十一，「陳大錄爲犬」，中華書局 1981 年版，第 93 頁。
〔註180〕《夷堅志》甲志卷十一，「大庾震吏」，中華書局 1981 年版，第 95 頁。
〔註181〕《夷堅志》甲志卷十四，「吳仲弓」，中華書局 1981 年版，第 120 頁。
〔註182〕《夷堅志》丁志卷二，「興國獄卒」，中華書局 1981 年版，第 552 頁。

受影響。大略而言，在鬼神報應觀念大行其道的宋代，既有司法官員對此篤信不疑，也有司法官員對此堅決排斥。茲分述如下。

## （一）對鬼神報應觀的接受

曾官至官至徽猷閣待制的蔡絛在《鐵圍山叢談》中記載了數位州級司法幕職在異兆之後相繼身亡的故事，其文曰：

> 鐵城之小南街，有龐攝官舍，龐已死久矣。一日其家木偶土地者，忽自相毆擊不止，家怪異之，焚香拜禱，又不止，乃投於井中。一夕於井中又出，遂令僕遠送之。然僕人者亦懼，夜以楮錢纏木偶，但潛置於稅務門小石橋下，不敢遠。人皆不知也。石橋去行街止數十百步。翌日則街市人皆見木偶土地夫婦行於街，眾大駭，爭相傳報，聚十百人。而木偶土地自行街前，以手相接抱而雙俱行轉街，復抵稅務，入其中攔頭，因以繩繫於柱。葉戎宰因下務，見眾喧噪，詢之，爭白曰：「木土地自行也。」葉戎曰：「豈有此理！」呼伍伯輩，令二人持此木偶，擲之江中，後乃寂然。此非所動而動，在五行有兆。當是時，趙守不法，兇險生事，人不奠居。吾意謂其有兵火之厄乎？此紹興乙亥夏六月十有六日也。吾親見之。至九月末，許簽判遽死。十月，趙守殂，而楊司戶又死。南流黃知縣，丁憂而去。歐陽巡捕、米推官，皆卒。次年六月，葉戎又死。此其驗矣。
> 〔註183〕

雖然蔡絛並未直接說明許簽判、楊司戶、米推官之死究竟是何原因，但其中一語仍然道出了個中緣由，「當是時，趙守不法，兇險生事，人不奠居。」郡守不法，兇險生事，令百姓不得安居樂業，作為其佐官，許簽判、楊司戶、米推官自然脫不了干係，即使沒有為虎作倀，亦難辭不規勸郡守依法安民之咎，因此天降異兆加以警示，並在三個月後取走這一干州級司法幕職的性命。

鑒於獄訟司法與鬼神報應之間特別密切的聯繫，宋代司法官員往往懼於報應的靈驗而謹言慎行，而司法幕職在司法過程中的司法行為要受制於長官的最終決斷權，若長官有誤判，則司法幕職亦不免於受到牽連，因此，謹言慎行對於司法幕職而言更是重要，這種謹慎甚至影響到司法幕職的日常交往，就此而言，《夷堅志》中有一則「王積不飲」的記載描寫得頗為傳神：

---

〔註183〕《鐵圍山叢談》卷四，中華書局1983年版，第69頁。

嚴州觀察判官王積，京東人。每與人燕會，酒不濡唇。同官皆疑爲挾詐，云：「得非陰伺吾曹醉中過失，售諸長官，以資進身計乎？」益久稍以獨醒侵之。積長歎移時，愀然曰：「久欲秘此事，諸君既相疑，敢不盡言？」即袒衣示之背，兩瘢相對，如嘗受徒刑者，徐而言曰：「三年前疽發於背甚惡，一日瘡劇，冥冥不知人，或呼使出外，到官府，中有據案，見詰曰：『汝曾爲某州幕職乎？』對曰：『然』。曰：『某時某時。某人不應坐某罪，汝何得輒斷之？』對曰：『此郡守之意。積持之連日，嘗入議狀爭辨，至遭叱怒，訖不能回，公牘始末具存，恨無由取至爾。』主者命左右云云，一卒趨而出，俄頃已持文案來。主者反覆閱視，喜曰：『汝果無罪，幾誤殺汝！今遣汝歸。』呼元追吏護送。吏頗賢，沿路款語，力戒曰：『回世間切勿飲酒。』問其故，不肯言。及寤，腥血交流，瘡已潰，即日遂愈。性本好飲，思冥吏之戒，不忍再速死也。」聞者皆慘懼自悔云。〔註184〕

這一則故事之中有兩點誠可注意，其一是王積與一干州級司法幕職之間本來不至於相互提防，但是鬼神報應令王積爲保性命而不能飲酒，以至於同僚之間疑神疑鬼，以至出言相責，唯恐酒後失言而爲王積所乘；其二是王積身爲司法幕職，自然無法令長官收回成命，以至於受到牽累，爲鬼神所罰，雖得保全性命，但此後亦不得不改變自己好飲酒的習慣；其三，王積身邊一干司法幕職及聞王積所言情狀，皆慘懼自悔，則可知司法幕職在司法過程之中亦有與王積相同的際遇而難免循於報應。此一則材料與前揭蔡絛所記若合符節，說明在州級司法過程中鬼神報應之說的影響，尤其是對於司法幕職的影響非同小可。

既然人世間的諸種善惡行爲都逃不出於鬼神的耳目，那麼司法官員若遇有疑難案件無法判斷時，則不免利用鬼神報應的力量以查明案情。如張洽任袁州司理參軍時，「民有殺人，賄其子焚之，居數年，事敗，洽治其獄無狀，憂之，且白郡委官體訪。俄夢有人拜於庭，示以傷痕在脅。翌日，委官上其事，果然。」〔註185〕看來，張洽破案的關鍵在於鬼魂襄助，提醒查訪案情的

---

〔註184〕《夷堅志》丁志卷第十七，「王積不飲」，中華書局1981年版，第680～681頁。

〔註185〕《宋史》卷四百三十，列傳第一百八十九，「張洽」，第12786頁。

官員查看犯罪嫌疑人的脅部。不過，相比於張洽此事子虛烏有的色彩之濃厚，陳述古的破案方法雖然是利用了鬼神報應的力量，但更爲可行，據《折獄龜鑒》所載：

> 陳述古密直嘗知建州浦城縣，富民失物，捕得數人，莫知的爲盜者。述古紿曰：「某廟有一鐘至靈，能辨盜。」使人迎置後閣祠之。引囚立鐘前，喻曰：「不爲盜者摸之無聲，爲盜者則有聲。」述古自率同職，禱鐘甚肅，祭訖帷之，乃陰使人以墨塗鐘。良久，引囚以手入帷摸之，出而驗其手，皆有墨，一囚獨無墨。乃見真盜恐鐘有聲不敢摸者，訊之即服。〔註186〕

綜上所述，可見在宋代司法過程中，鬼神報應的觀念不僅存在於官員的意識之中，爲官員所信服，而且還有官員可主動利用這一觀念來查明案情。反過來看，鬼神正是通過作用於司法官員而對宋代司法產生了一定的影響。

### （二）對鬼神報應觀的抵制

實際上，民眾的鬼神信仰往往單純而盲目，這一點在前述「草鞋大王」一事中已有所反映，民眾只看重靈驗的結果，而根本不想探究這一靈驗結果的實現過程，因此民眾對鬼神的信奉很容易爲別有用心者所利用，比如《癸辛雜識》就記載了一則因捏造「鄭仙姑」而致百姓盲目信奉，社會秩序遭到破壞的事情：

> 瑞州高安縣旌義鄉鄭千里者，有女定二娘。己酉秋，千里抱疾危甚，女刲股和藥，疾遂瘥。至次年，女出汲井之次，忽雲湧於地，不覺乘空而去。人有見若紫雲接引而升者，於是鄉保轉聞之縣，縣聞之州，乞奏於朝，立廟旌表以勸孝焉。久之未報，然鄉里爲立仙姑祠，禱祈輒應，遠近翕然趨之作會，幾數千人。明年苦旱，軍士復申前請，時洪起畏義立爲宰，頗疑其有他因，閱故牒，密遣縣胥廉其事。適新建縣有闕氏者雇一婢，來歷不明，且又旌義人，因呼牙儈訊，即所謂鄭仙姑也。蓋此女初已定姻，而與人有奸而孕，其父醜之，遂宛轉售之傍邑，乃設爲仙事以掩之。利其施享之入以爲此耳。〔註187〕

---

〔註186〕《折獄龜鑒校釋》卷七，復旦大學出版社 1988 年版，第 367 頁。《夢溪筆談》卷十三《權智》亦載此事。

〔註187〕周密撰、王根林校點：《癸辛雜識》前集，「鄭仙姑」，《宋元筆記小說大觀》

　　據此則史料可知，鄭千里為掩其女定二娘違背婚約，因奸而孕的醜事，硬生生捏造了此女孝感動天、白日升仙的謊話，以至鄉里為之立祠，遠近聞風趨之而鶩集作會，客觀的說，這已經對於社會秩序造成了一定程度的影響，非但如此，鄉里還希望將「鄭仙姑」一事奏報朝廷以圖旌表，若非軍士因苦旱為此事再請於縣宰而令縣宰起疑進而查明真相的話，這一彌天大謊還不知道會禍害鄉里到什麼時候。因此，出於社會秩序的考慮，朝廷和部份士大夫對於淫祠淫祀一類的鬼神信仰堅決反對，而鬼神報應須依賴於民眾對鬼神的信奉，如此一來，宋代的鬼神報應觀念亦不免因之而被壓制。

　　與此同時，佛道二教對於鬼神報應的作用也應作兩面觀：鬼神報應對於佛道二教的傳播可謂「方便法門」，即佛道二教往往把精深的道理貫徹在最淺顯明白的事例中以民眾最易接受的方式加以灌輸，但是，如此一來，一方面招來包括部份士大夫在內的大批信眾，另一方面卻因士大夫對佛教、道教及其法術的認識水平有所提高，而對鬼神報應不屑一顧。除此之外，兩宋之際，不僅朝廷始終致力於「同風俗、一道德」，不斷地發布詔令、頒佈法律，禁止參拜淫祀與宗教結社等活動，從而對鬼神報應觀念造成限制，而且部份士大夫亦自覺抵制鬼神報應之說，斥之為妄誕，比如至南宋逐漸成為主流學術的理學，除了允許家族祠堂對祖先的祭祀以外，其宇宙觀中基本沒有鬼神的位置。如北宋張邦基在其著作《墨莊漫錄》中說：

　　　　予每憤南方淫祠之多，所至有之，陸龜蒙所謂：「有雄而毅黝而碩者，則曰將軍；有溫而願皙而少者，則曰某郎；有媼而尊嚴者，則曰姥；有婦而容者，則曰姑」，而三吳尤甚。所主之神不一，或曰「太尉」，或曰「相公」，或曰「夫人」，或曰「娘子」，村民家有疾病，不服藥劑，惟神是恃。事必先禱之，謂之問神。苟許其請，雖冒險以觸憲綱必為之；倘不諾其請，卒不敢違也。凡禱必許以牲牢祀謝刲割物命，所費不貲。禱而不驗，病者已殂，猶償所許之祭，曰：「弗償，其禍必甚」。無知之俗，以神之禦災捍患為可，惴惴然不敢少解也。豈獨若是乎？近時士大夫家亦漸習此風。士大夫稍有識者，心知其非，而見女子之易惑，故牽於閨幃之愛，亦遂徇俗，殊可駭歎。且神聰明正直而一者也，豈有以酒食是嗜？而竊福以饕餮於愚

魯之民，豈所謂聰明正直者耶？至於嶽也、瀆也，古先賢德有功於
人，載在祀典，血食一方者，吾敢不欽奉之乎？所謂郎者、姑者，
安能禍福於忠信之士，吾所未信也，世豈無一狄公為一革之？木居
士既為令之所焚矣，彼庸髡者復假託以惑眾，此尤可笑云。〔註188〕

在朝廷禁燬淫祠淫祀的政策和部份士大夫倡議抵制此類風氣的推動之
下，宋代亦不乏官員搗毀祠廟、懲罰巫祝，如「景德中，邠州有神祠，凡民
祈禱者，神必親享，杯盤悉空。遠近奔赴。蓋狐穴神座下，通寢殿下，復門
繡箔，人莫得窺。群狐自穴出，分享肴醴。王公嗣宗雅負剛正，及鎮邠土，
乃騎兵挾矢，驅鷹犬，投薪穴中，縱火焚之。群狐奔逸，擒殺悉盡。鞭廟祝
背，徙其家，毀其祠，妖狐遂絕。」〔註189〕

宋代史料之中此類記載亦不在少數，如記載了大量的鬼神報應故事的
《夷堅志》也記載了一則鬼神屈服於人世權威的故事「神乞簾」，其文曰：「永
州譙門相對有小廟，廟神見夢於錄事參軍何生，曰：『吾一方土地神耳，非
王侯也。郡守每出入，必徑祠下，我輒趨避之，殊不自安，就君乞一簾蔽我。』
如其言，明日夢來謝。化州守何休說。錄事之子也。」〔註190〕由此看來，
在宋代朝廷大力禁制之下，即使是神明亦不得不忌憚三分，因郡守出入之時
經祠下過路而難以自安，以至於要託夢錄事參軍代乞一簾，聊以遮擋郡守背
後的皇權威勢，一方土地之神在郡守過路時即如此難堪，則錄事參軍代行國
法之時，又焉敢造次？據《宋史》列傳所記，在曾歷州級司法幕職的官員之
中，多有官員嚴懲風傳鬼神靈驗者，如「孫鼇……調越州司法參軍，守趙抃
薦其材。知偃師縣，蒲中優人詭僧服隱民間，以不語惑眾，相傳有異法，奔
湊其門。鼇收按奸狀，立伏辜。」〔註191〕又如，何時任臨江軍司理參軍時，
「郡獄相傳，舊斬一寇，屍能行一里許。眾神之，塐為肉身皋陶。時至，取
故牘閱，此寇嘗掠殺數人，曰：『如此可為神乎？』命鞭之，湛於水，人服
其明。」〔註192〕

綜上所述，宋代州級司法受鬼神報應的影響似不可一概而論。但是，有
一點必須予以闡明，即宋朝士大夫不信神並非不論神的力量，而是出於對正

〔註188〕《墨莊漫錄》卷八，中華書局 2002 年版，第 223 頁。

〔註189〕《澠水燕談錄》卷九，「雜錄」，中華書局 1981 年版，第 113 頁

〔註190〕《夷堅志》丙志卷一，「神乞簾」，中華書局 1981 年版，第 371 頁。

〔註191〕《宋史》卷三百四十七，列傳第一百六，「孫鼇」，第 10995 頁。

〔註192〕《宋史》卷四百五十四，列傳第二百一十三，「何時」，第 13355 頁。

統的維護，實際上，即使是中央朝廷也有此矛盾，其情形恰如南宋一個見多識廣的窮儒李之彥所論：「士君子莫不知崇尚正學，排斥異端，然朝廷及州縣間遇旱潦凶荒，非黃冠設醮，則浮圖禮懺。平日排斥異端，至此則倚仗異端，豈吾儒乏感格之道耶。竊所未喻。」〔註193〕但是，在士大夫脫離了官方設定的角色之後，其自身往往不免墮於鬼神信仰之中，亦不乏服膺其靈驗，敬畏其神明的言論，這一點已藉由前文所引宋代士大夫所撰文字而得以充分證明。

### （四）州級司法幕職與鬼神的關係

要言之，州級司法幕職與鬼神的關係呈現出監督與被監督的格局：在這一格局之中，作為人的州級司法幕職永遠是被監督的對象，而鬼神則永遠處在無時不刻監視人的狀態之中，將二者聯繫起來的紐帶是鬼神對人的賞罰，無論是賞還是罰，其最終的標準是藉由善行或惡行而反映出來的宋代社會的道德規範；在這一格局中，作為人的州級司法幕職永遠難以反制鬼神，即使是他們運用自身所掌握的威權搗毀淫祠、禁絕淫祀或是將一切鬼神藉以託附的物質載體化為飛灰，充其量也只是暫時地破壞了鬼神所棲居或顯靈的場所，而無法對原本虛無而不可為人所捉摸的鬼神本身有任何威脅，除非他們從精神上、思想上、意識上徹底擺脫對於無可名狀或莫知所由的鬼神報應的恐懼，但是，在宋人如此普遍而真切的相信鬼神報應的氛圍之下，要做這一點何其難也！

有鑒於此，故可以說宋代司法活動大體上不免多受鬼神報應觀念的影響。如歐陽守道在《送趙仕可序》一文中就有這樣的記載：

> 予友趙仕可為宜春獄掾，……宜春之獄，經仕可手者，其庶幾不冤乎。仕可父在時多施藥，其傅杖瘡者，藥至痛止。所居近縣破膚流血者，日扶曳其門。仕可登科，人多稱其父陰德之報。予以詩送仕可，與新昌尉首舉是事告之曰，「爾父愍人，善心如此，今爾居官，一棰撻可輕用乎。」仕可服而行之。〔註194〕

由此可見，鬼神報應觀念的宰制對於獄訟無冤來說不失為一件好事，如前文所提及的餘杭縣吏何某不僅勸諭百姓息訟，而且「置兩竹筒於堂，擇小

---

〔註193〕李之彥撰：《東谷所見》，「異端」，《叢書集成新編本》第14冊，臺灣新文豐出版公司1985年版，第253頁。
〔註194〕《巽齋文集》卷九，「送趙仕可序」，影印文淵閣四庫全書本。

銅錢數千，分精粗爲二等，時擲三兩錢或一錢於筒中。諸子問何故，曰：『吾蒙知縣委任，凡幹當一事了，則投一錢，所以分爲二者，隨事之大小也。』子竟不深曉。迨謝役壽終，始告之曰：『爾曹解吾意乎？吾免一人徒罪，則投一光錢於左筒；免一杖罪及諭解一訟，則投一糙錢於右筒，宜剖面觀之。』兩筒既破，皆充滿無餘地。笑而言曰：『我無復遺恨。如陰隱可憑，爲後人利多矣。』」〔註195〕與此相適應，宋代州級司法幕職的司法行爲，似乎也並未擺脫鬼神報應的影響，如曾任戶部侍郎、吏部侍郎兼中書舍人的李韶之父李文饒任台州司理參軍時，就多次對人說：「吾司臬多陰德，後有興者。」〔註196〕王欽若之祖王郁「爲濠州判官，將死，告家人曰：『吾歷官逾五十年，愼於用刑，活人多矣，後必有興者，其在吾孫乎！』」〔註197〕由此可見，鬼神報應對於宋代州級司法幕職的司法行爲的影響不可謂不深刻，而鬼神報應觀念正是藉由影響司法活動主體進而影響到宋代的州級司法活動。

---

〔註195〕《夷堅志》支志癸巳卷，「餘杭何押錄」，第1228頁。

〔註196〕《宋史》卷四二三，列傳第一百八十二，「李韶」，第12628頁。

〔註197〕《宋史》卷二八三，列傳第四十二，「王欽若」，第9559頁。

# 餘論　法、情、理的世界：宋代州級司法的「中庸」之道及其實踐

　　因為語詞的變遷，宋代法律史的研究過程中往往不免出現兩種尷尬：或史料分析方鑿圓枘，或所得結論隔靴搔癢。然而陳寅恪先生有一段精闢的論述可能對解決這兩種尷尬頗有啓發，陳先生在《馮友蘭中國哲學史審查報告》中針對中國哲學史的撰寫提出了一個「眞瞭解」的說法，儘管陳寅恪先生並未將這一說法擴大到整個歷史研究的領域，然其發明之功則有裨於宋代法律史的研究，其論曰：

> 古人著書立說，皆有所爲而發；故其所處之環境，所受之背景，非完全明瞭，則其學說不易評論。而古代哲學家去今數千年，其時代之眞相，極難推知。吾人今日可依據之材料，僅當時所遺存最小之一部；欲藉此殘餘斷片，以窺測其全部結構，必須備藝術家欣賞古代繪畫雕刻之眼光及精神，然後古人立說之用意與對象，始可以眞瞭解。所謂眞瞭解者，必神遊冥想，與立說之古人，處於同一境界，而對於其持論所以不得不如是之苦心孤詣，表一種之同情，始能批評其學說之是非得失，而無隔閡膚廓之論。否則數千年前之陳言舊說，與今日之情勢迥殊，何一不可以可笑可怪目之乎？[註1]

　　兩宋距今已逾千年，其時代風貌已不可全知，即使披閱研覆現存史料，也不免於管窺之圍而難以見其全豹。然承陳寅恪先生所論，倘能持「歷史的

<hr>

〔註1〕陳寅恪：《陳寅恪集・金明館叢稿二編》，《馮友蘭〈中國哲學史〉下冊審查報告》，北京：生活・讀書・新知三聯書店 2001 年版，第 284 頁。

同情」進入古人的境界，或可以對古人所構建的制度及其運行有一個「真瞭解」，並藉以作出準確的判斷，而不致因今日社會的發展而作妄下斷言。

如何方能進入宋人的境界認識宋代法律？惟有借宋人之語詞，推敲其中語意，方得以宋人之眼光及精神瞭解宋人法律制度設計的用意及這一制度的運行。以這一路徑進入宋代史料，則可見宋代州級司法的設計及其運行的特色，要言之，宋人乃是以「中庸」的方法論構建宋代州級司法制度，並在實踐之中造就了一個法、情、理三者圓融的運行模式。在這一模式之下，宋代司法官員的判斷據法援情而合於理，法律是依據和底線，它是司法審判的「常經」，而情則是參照，它是司法審判的「權變」，理則是判斷據法而酌情的判斷是否正當的標準，宋代的司法審判往往呈現出這樣一種權不離經、經不離權，以經統權，以權補經的態勢，在此態勢之下，法、情、理三者各序其位而致中和，最終達到結案之目的。

## 一、「中庸」之道及其法律的意涵

### （一）「中庸」的含義

以宋人所論，中庸之義大致有三：

其一，中庸的核心是「中正不偏頗」。「中庸者，不偏不倚，無過無不及」，〔註2〕以中庸處事的關鍵就在於「執其兩端而用其中」。

其二，中庸的最高境界是「中和」。「喜怒哀樂之未發謂之中，發而皆中節謂之和，中也者，天下之大本也，和也者，天下之達道也。」〔註3〕中庸之道是通過「允執其中」而致「中和」，人之言行若居於中道，則其一舉一動則恰到好處而不會越出常界。

其三，中庸之存續繫於「時中」。「時中」是指在事物的變易中求得中庸的狀態，即經不離權，權不離經，以經統權，以權補經。所謂「經」是指不變之原則，而「權」是指變通之舉動，中庸正是通過原則性和靈活性統一於「中和」來解決問題，如朱熹所論，「蓋經者，只是存得個大法正當的道理而已，精微曲折處，故非經之所能盡也。所謂權者，於精微曲折處曲盡其宜，以濟經之所不及耳。」〔註4〕

---

〔註2〕《朱子語類》卷六十二，「中庸一·綱領」，嶽麓書社1997年版，第1323頁。
〔註3〕《禮記·中庸》。
〔註4〕《朱子語類》卷三十七，「論語十九」，嶽麓書社1997年版，第888頁。

　　宋人所論「中庸」，既包含中庸的理性化觀念，又包含踐行這些理性化觀念的方法，宋人對於中庸之道的論述反映這樣一點認識，即宋人不僅探究中庸之道本身的含義，更將其作爲修身齊家治國平天下的方法，並據之以構建宋代的國家制度，其中就包括了法律制度。

　　在這一過程之中，宋代的司法制度及其運行因之呈現出法、理、情三者權不離經、經不離權，以經統權，以權補經的態勢，故本文以「中庸之道」一語以概括之。

### （二）「中庸」之道的法律意涵

　　宋人對於法律制度及其運行中的中庸之道多有論述，《宋大詔令集》中就多有皇帝對於司法官員「刑罰不中」的訓誡，宋人筆記中對此亦多有記載，如呂陶所記《誡厲諸路監司修舉職事詔》曰：

> 古之人君恭己無爲，而恩之所加者深，威之所制者遠，群黎百姓莫不悅懷畏服而無一夫不獲者，其道非他，蓋有法度以爲治世之具，張官置吏奉而行之，足以整齊天下而導其德澤以及於遠近幽深故也。今四海之廣，判爲諸部，部有使者以督察郡縣，乃爲朕行法度而導德澤者，比歲以來，或不勝職以苟且爲易簡，以解縱爲寬裕，以懲奸去惡爲慘暴，以度用均財爲刻剝，政有先務則置而不問，事有中道則違而不循，是以賦役不均，刑罰不中，盜賊不戢，疾苦不除，其勢駸駸然日趨於偷惰弛廢之餘而不知止。〔註5〕

　　據此則史料可見，其「中道」的法律意涵有二：其一，國家法度爲不變之經，各級國家官員須奉法度而行事，不可違背；其二，司法須依中道而行，但亦有輕重寬嚴的權變，但是不可「以解縱爲寬裕，以懲奸去惡爲慘暴，」以致「事有中道則違而不循」，「刑罰不中，盜賊不戢，」要言之，權不離經，經不離權，但權不逾經，以經統權。

　　實際上，作爲中國傳統知識資源的中庸方法論中包含著相當豐富的法律意涵，茲論述如下。

　　「中正不偏頗」是中庸的應有之義，正如朱熹引程子所言：「不偏之謂中，不易之謂庸。中者，天下之正道，庸者，天下之定理。」〔註6〕可見，「中正不偏頗」即是恪守正道，無過無不及，就其法律意涵而言，可以闡發爲立法、

---

〔註5〕呂陶《淨德集》卷八，「誡厲諸路監司修舉職事詔」，影印文淵閣四庫全書本。
〔註6〕《朱子語類》卷六十三，「中庸二」，嶽麓書社1997年版，第1361頁。

執法、司法的不重不輕，不縱不枉，既無冤濫亦無疏忽。正是基於這一「中正不偏頗」的法律意涵，朱熹才對司法官員惑於鬼神報應之說一味求福報而濫行寬宥加以嚴厲斥責，並提出司法應當「以嚴爲本，而以寬濟之」。〔註7〕

中庸的最高境界是「中和」，而「中和」之境界須由處事「允執其中」方得臻進，人須謹言慎行以居於中道，一舉一動須恰到好處方不會越出常界，正如《中庸》說：「中也者天下之大本也，和也者天下之達道也。致中和，天地位焉，萬物育焉。」〔註8〕「致中和」要求行爲主體以和爲貴，諸如不守法度、出入人罪、相援爲奸、徇私枉法之類的行爲，都是背離了「中和」的行爲。

中庸之存續繫於「時中」，即經不離權，權不離經，以經統權，以權補經。就其法律意涵而言，立法、執法、司法皆有其最高的原則，但這一最高原則並非絕對不變，靜止不動，因循守舊，而是在應時勢而有所變化並以這種變化對最高原則加以補充，但這種變化不可以超出立法、執法、司法的底線，否則就是對「中正不偏頗」、「中和」的破壞，結果則會喪失公正。因此，「時中」決非與時俯仰、隨波逐流。對此，權開封府推官的蘇軾於宋神宗熙寧四年有一段頗爲詳盡的論述，其言曰：

> 古之所謂中庸者，盡萬物之理而不過，故亦曰皇極。夫極，盡也。後之所謂中庸者，循循然爲眾人之所能爲，斯以爲中庸矣，此孔子、孟子之所謂鄉原也。一鄉皆稱原人，焉無所往而不爲原人。同乎流俗，合乎污世，曰：「古之人何爲踽踽涼涼，生斯世也，爲斯世也，善斯可也。」謂其近於中庸而非，故曰「德之賊也」，孔子、孟軻惡鄉原之賊。夫德也，欲得狂者而見之，狂者又不可見，欲得狷者而見之，曰「狂者進取，狷者有所不爲也。」今日之患，惟不取於狂者、狷者，而皆取於鄉原，是以若此靡靡不立也。〔註9〕

由此可見，「時中」要求立法、執法、司法必須與時俱進，孔子曾有夏禮、殷禮、周禮三者相與「損益」之說，「損益」就是權時而執中，而宋人於變法時既紹述三代之法，又因時損益，正合於「時中」之道。其道理正如南宋時周南上奏朝廷所言：「帝王之所異，質文有損益，制度有繁簡，或法善於古而

---

〔註7〕《朱子語類》卷一百八，「論治道」，嶽麓書社 1997 年版，第 2421 頁。
〔註8〕《中庸》。
〔註9〕《歷代名臣奏議》卷三十七，「治道」。

今當變，或事失於今而古當從，變而通之，以求無失於中庸時措之宜者是也。古之聖人既用其同者以興治，復取其異者以隨時，此禮樂之文雖小有增益而不害爲同條共貫者此也，及至後世，拘牽條貫之名，變易沿襲之說，其所當同者，既一切錯亂而非其舊，其所當異者反因陋守舊而不敢爲此，甚可歎矣。」〔註10〕實際上「時中」之道在法律上的適用並非宋人獨有，直至明朝，仍可見丘濬有相類似的論述，其言曰：

> 帝王之道，莫大於中。中也者，在心則不偏不倚，在事則無過
> 不及……非獨德禮樂政爲然，而施於刑者亦然，蓋民不幸犯於有司，
> 所、以罪之者，皆彼所自取也。吾固無容心於其間，不偏於此，亦
> 不倚於彼，惟其情實焉。既得其情，則權其罪之輕重，而施以其刑。
> 其刑上下，不惟無太過，且無不及焉。夫是之謂中，夫是之謂詳刑。
> 〔註11〕

### （三）據法援情而合於理：中庸之道的法律表達

雖然宋人在司法實踐中運用中庸之道作出司法判斷，但就目前史料所見，尚不見宋人明確說明其司法判斷是依中庸之道而作出的，他們對於司法判斷依據的語言表達大多用情、理、法這三個字眼，而就運用這三者的具體方法而言，的確遵循著中庸之道。以下試摭一例以證之。

慶曆三年十月，知光化軍韓綱酷虐兵士而致兵士等作亂，攻劫州縣，最終驚動朝廷，韓綱亦因此而被劾捕治罪。歐陽修在《論韓綱棄城乞依法箚子》之中對於法、理、情三者的運用有一段分析，茲錄於下：

> 竊以斷獄之議，不過兩端而已，今韓綱所犯，法有明文，情無
> 可恕。謹按律文：「主將守城，爲賊所攻，不固守而棄者斬。」此韓
> 綱於法當斬，有明文也。綱不能撫綏士卒，致其叛亂，但其棄城而
> 走，情最難容……方今盜賊可憂之際，若使天下州縣皆效韓綱，見
> 賊便走，則在處城池皆爲賊有，陛下州縣誰肯守之？此韓綱之情，
> 又無可恕也。綱之一死，理在不疑。〔註12〕

從這一則史料可見，歐陽修對於韓綱之罪的判斷，正是基於對情、理、法三者的考量而作出的。在歐陽修看來，「斷獄有兩端，有正法則依法，無正

---

〔註10〕《歷代名臣奏議》卷五十六。
〔註11〕丘濬《大學衍義補》卷一百一。
〔註12〕《歐陽修全集》文集卷八，中華書局 2001 年版，第 614～615 頁。

法則原情，」即判決的依據有兩點，如果法律有明文規定則按照法律規定來處理，沒有明文規定則按照人之常情來處理，而最後「綱之一死，理在不疑」，則說明在於法於情都應判處韓綱死刑的前提下，判決的公正性則毫無疑問。歐陽修此論與中庸之道若合符節，中庸之道講「叩其兩端」，「允執其中」，運用到司法之中，正是在「法」與「情」二者之間，須仔細推敲，至於判斷之中「法」與「情」二者的比重大小，最終還應當以「理」即中正來衡量。這一模式之下的司法運作，恰如黃幹所言「張官置吏，亦止得據情按法，平理曲直，又豈敢以罪狀未明之人，置之囹圄，以快寄居之意乎！」〔註13〕

　　藉由宋人對於「情」、「理」、「法」三個字眼的運用，則可以瞭解這三者的內涵。據真德秀所言：

　　　　公事在官，是非有理，輕重有法，不可以己私而拂公理，亦不
　　可枉公法以徇人情。諸葛公有言：吾心有秤，不能為人作輕重。此
　　有位之士所當視以為法也。然人之情每以私勝公者，蓋徇貨賄則不
　　能公，任喜怒則不能公，黨親戚，畏豪強，顧禍福，計利害，皆不
　　能公。殊不思是非之不可易者，天理也，輕重之不可踰者，國法也。
　　以是為非，以非為是，則逆乎天理矣！以輕為重，以重為輕則違乎
　　國法矣！居官臨民，而逆天理，違國法，於心安乎？雷霆鬼神之誅，
　　金科玉條之禁，其可忽乎？故願同僚以公心持公道，而不汨於私情，
　　不撓於私請，庶幾枉直適宜，而無冤抑不平之歎。〔註14〕

　　茲據真德秀所言，並參酌其他史料，試將司法之中的情、理、法三者之內涵分論如下：

　　所謂「情」者，並不是指人之自然的或是由人欲主宰的「人情」，而是指作為社會主體的人的關係，主要包括人與人之間基於儒家「五倫」即君臣、父子、夫婦、兄弟和朋友而確定的人倫關係格局，此外還有一點值得略加辨析，即人倫關係本為禮之規定，而「禮起於祭祀，」〔註15〕因此人倫之中原本就有天地鬼神的因素，而且宋人並不否認人與天地鬼神之間的關係，故除了人倫關係之外，「情」還可以指天地鬼神與人的關係格局，這一點恰如宋人蘇軾所論：沒有禮之前，民眾「桀猾變詐而難治也，是故制禮以反其初，禮

---

〔註13〕《清明集》附錄二，《勉齋先生黃文肅公文集》，「危教授論熊祥停盜」，第
　　　　571頁。
〔註14〕《清明集》卷一，《官吏門・申儆》，「諭州縣官僚」，第6～7頁。
〔註15〕《禮記》。

者所以反本復始也，聖人非不知箕踞而坐，不揖而食，便於人情而適於四體之安也，將必使之習爲迂闊難行之節……其衣以黼黻文章，其食以籩豆簠簋，其耕以井田，其進取選舉以學校，其治民以諸侯，嫁娶死喪，莫不有法嚴之，以鬼神而重之，以四時所以使民自尊而不輕爲奸」。〔註16〕非獨蘇軾有此論列，又如陳襄論及司法官員的選拔之時，亦將司法過程中的「天意」與「人情」相提並論，其言曰：「天下所授刑法獄官皆不擇材，至有庸常之人素非習學經義，手持刑書，懵然無適從，設有能者，蓋不過拘攣文字，一執於法，豈有知助順天意、推原人情者乎。」〔註17〕正是由於這一原因，眞德秀才有「金科玉禁之條，雷霆鬼神之誅」的說法。但是，正如前文所述，在作出法律判斷之時，並非所有司法官員都認可人與鬼神的關係，不過人與天地的關係，則爲宋代朝廷上下所公認。

至於「理」之含義，則是指公正、公平，據眞德秀所言「是非有理」可知，理是用於作出價值判斷的標準，故「理」之義當爲公正、公平，宋人對此亦多有論述，如「理者，天下至公之謂也。」〔註18〕「理」的反面是偏私、錯謬，比如「萬事之初，未能徧燭其果，有偏謬而悖理者耶」。〔註19〕由此可見，無論以何種形式違背公平、公正，即是「違理」。

所謂法者，即國家所制定的法律。國家法律是刑罰輕重的依據，正如眞德秀所言「輕重有法」，司法官員依法判決之時不可徇私意而爲，即「不可枉公法以徇人情」，「輕重之不可踰者，國法也」，「以輕爲重，以重爲輕則違乎國法矣！」司法官員必須體會法意，以公允之心作出司法判斷，以避免司法枉濫，正如眞德秀所謂「以公心持公道，而不汩於私情，不撓於私請，庶幾枉直適宜，而無冤抑不平之歎。」

宋代司法實踐中，司法官員正是依據中庸之道，在作出判斷之際叩法之兩端而允執其中，據法援情而合於理，不僅如此，更是由於中庸之道的運用，宋代解決了司法實踐中的諸多矛盾──兩宋傳統法律文化的具體表現之中，自相扞格之處並不少見，如權利等差與法則公平，明審法令與類推裁斷，無訟、賤訟的官方表達與興訟、囂訟的司法實踐之背離等等，諸多看似矛盾的現象得以並存於兩宋而互不悖謬以致隳毀國統，實有賴於至關重要的中庸之道。

〔註16〕 《東坡全集》卷四十二，《秦始皇帝論》，影印文淵閣四庫全書本。
〔註17〕 《古靈集》卷十四，「與福建運使安度支書」，影印文淵閣四庫全書本。
〔註18〕 契嵩《鐔津集》卷十，「上呂內翰書」，影印文淵閣四庫全書本。
〔註19〕 鄭獬《鄖溪集》卷八，「求直言詔」，影印文淵閣四庫全書本。

## 二、極高明而道中庸：治道與國法

自魏晉以降，儒學呈現出自內而外的危機，簡言之，儒學的發展不僅受到漢學的束縛，而且佛、道兩教於本體論、心性論等方面的完善令儒學相形見絀，故自韓愈、李翺以降，儒學對佛、道兩教多有批判，以求闡明儒學系中國之正宗，其所含之「治道」足以治國平天下。宋儒上承韓愈而更著力於匡救政俗之弊害，試圖以堯、舜、禹「三代之治」來重建起於五代之亂的宋朝政治、文化秩序，正是在這一背景下，范仲淹、胡瑗等理學先驅開始以儒學之道來研究《中庸》，經周敦頤、張載、二程等人的努力，直至朱熹、陸九淵及其後學，胡宏與張栻等人都對《中庸》進行了研究。同時，儘管司馬光、陳襄、蘇軾以及葉適等人與前述諸人對《中庸》研究所持見解相左，但他們亦對《中庸》進行研究，大體而言，兩宋政治史的進程一直與宋儒對《中庸》的研究相頡頏。在這一過程中，《中庸》對宋朝皇帝及士大夫的影響逐漸由表及裏，由淺入深，最終得以與「治道」相勾連，其理論與方法亦隨這一過程深刻地浸潤了兩宋歷史的方方面面。〔註20〕

終兩宋之世，中庸之道倍受重視，宋代朝廷上下都將其視爲循致治道的根本所在，如宋哲宗時，平章軍國重事文彥博進故事曰：

> 太宗淳化三年二月詔以新印儒行中庸篇賜中書、密院、兩制、三館、御史中丞、尚書丞郎、給諫等人各一軸注。先是，御試進士日以儒行篇爲論題，帝意欲激勸士人敦修儒行，故特命雕印，至是首賜新及第舉人孫何等，次及宰輔近臣、臺閣臣僚並銓司選人，聖旨諭令依此修身爲治，仍各於聽事所展掛，終身遵奉之。眞宗大中祥符二年十一月，帝作文武七條，……又以禮記儒行篇賜親民釐務文臣，其幕職州縣官、監務使臣仍並賜，敕戒勵令崇文院刻板摹印，送閣門分給之，臣伏觀先朝賜臣僚儒行中庸篇及文武臣七條，所以激勵士大夫修飾行撿，及中外臣僚謹奉官箴，其出外任者朝辭日各賜一本，仍令閣門丁寧宣諭，凡在臣下，靡不恭授而奉行。慶曆中，先朝以久罷賜七條儒行中庸篇，嘗降詔書申明，然而後來臣僚久不受賜，無所警策，至有士行不完，進取無恥，官守失職，苟簡無功，臣欲乞舉行此法，依例於朝辭日閣門給賜及宣諭誡勵之。臣愚以謂

---

〔註20〕參見余英時著《朱熹的歷史世界：宋代士大夫政治文化的研究》，北京：生活‧讀書‧新知三聯書店 2004 年版。

敦獎士類，鎮靜風俗，激勸官吏，治守忠廉，斯乃爲治之大本，循
致太平之道，故敢竭此區區仰干宸聽，庶裨聖政，伏乞付外施行。
〔註21〕

據此可知，宋太宗、宋眞宗以來均以中庸之書賜予官員，以砥礪其風節
不至淪喪，而文彥博認爲，正是由於宋哲宗慶曆以來不遵此制而令官員「無
所警策，至有士行不完，進取無恥，官守失職，苟簡無功」，以至於國家未
能臻於治道之境。南宋孝宗時，亦有中書舍人梁克家上言朝廷：「臣今所講
《曲禮》，類多閨門鄉黨掃灑應對、飲食衣履之末，誠不足以開廣聰明，裨
助治道，臣實懼焉。……或許擇諸篇最要切者，如《王制》、《學記》、《中庸》、
《大學》之類，先次進講，庶幾有補聖德萬分之一。」朝廷因梁克家之言於
乾道三年九月二十四日，詔：進講《禮記》官，擇諸篇至要切者進講。〔註22〕

中庸方法論講求極高明而道中庸，在這一進路中，國家大治之「治道」
是高明之極，而國法清明是中庸之道。宋人將高明之極的治道追求寓於獄訟
無冤無濫、無枉無縱，無過無不及的中庸之道，力圖國泰民安，對此，宋代
皇帝及其士大夫多有論述，如張齊賢曾言：「刑獄繁簡，乃治道張弛之本。」
〔註23〕又如資政殿學士韓維亦上奏朝廷說：「法禁之無益治道者蠲之，則鬱塞
通矣。」〔註24〕又據《續資治通鑑長編》記載：

> 翰林侍讀學士、右諫議大夫張錫，講書禁中，帝歎其博學，飛
> 白書「博學」二字賜之，因問治道，錫對曰：「節嗜欲者，治身之
> 本；審刑罰者，治國之本。」帝改容曰：「卿言甚嘉，恨用卿晚。」
> 〔註25〕

極高明而道中庸關乎治道，因此，宋代皇帝是否能踐行這一認識即成爲
宋代皇帝蒞臨政事的首要問題，如熙寧元年右正言供諫職孫覺上言皇帝論朝
政曰：「朝廷之政未盡得先王之意，而先後之序未盡合聖人之道也。臣非以謂
朝廷無賢臣，左右無端士，顧恐陛下於學問之道未能極高明而道中庸，政事
之間未能先本務而後末業也。」〔註26〕熙寧二年，陳襄亦上奏箚說：「臣聞

---

〔註21〕《歷代名臣奏議》，卷四十二。
〔註22〕《宋會要輯稿》崇儒七「經筵」。
〔註23〕《續資治通鑑長編》卷二十二，太平興國六年十一月戊子，第488頁。
〔註24〕《續資治通鑑長編》卷三百五十七，神宗元豐八年六月丙子，第8529頁。
〔註25〕《續資治通鑑長編》卷一百六十七，仁宗皇祐元年七月丁酉，第4006頁。
〔註26〕《歷代名臣奏議》卷六。

為人君者在知至道，其次務得賢，其次務修法度，知斯三者則知所以治天下矣。至道之要，求之不遠，在乎養心治性擇乎中庸而已……方今天下之患者，皆謂黎民未乂，四方未恭，政令未明，財用不足，以臣思之不足爲患，所以過慮者，在陛下中庸之未擇，性理之未充，賢才之未多，法度之未立也。」〔註27〕直至南宋孝宗時，中書舍人虞儔仍有同樣的論奏曰：「蓋政治之得失每繫於君道轉移之間，民俗之利病實關於君政修廢之頃，士習之厚薄亦視夫君心之好尙者如何。陛下不屑屑於三者之計，必諄諄於本原之正者，豈非以用力於本原者既善，則三者之效特舉而措之耳，故中庸論爲天下國家有九經而曰所以行之者一。」〔註28〕

在皇帝與士大夫群體皆以中庸之道爲「稽考典刑，綜覈名實，謹憲度，振綱律」之大本的思想背景下，宋代士大夫的司法審判凸顯出鮮明的中庸方法論的特徵，並具體表現爲情、理、法三者的巧妙平衡。比如河陽節度判官張知白曾上疏曰：「先王垂訓，重德教而輕刑罰，所以見王道之盛也。今法令之文，大爲時所推尙，自中及外，由刑法而進者甚眾，雖有循良之吏，亦改節而務刑名也。然則刑法者治世之具，而不可獨任，必參之以德教，然後可以言善治矣。夫德教之大，莫若孝悌，若捨此而欲使民從化，是猶釋利璙而求濟於無涯之津也。故宜旌勸孝悌，以厚風俗。」〔註29〕而《筠州高安縣重修縣署記》亦對此有全面的記述，茲引如下：

> 大江之西，縣不滿五十，難理者三十，以風波之險、獄訟之繁，人固畏之而不來，……高安，劇邑也，籍在難理中，皇上以景祐冠年之初高陽許君舉進士登甲科、得秘書省校書郎試治茲邑，故得久於其政，君啟迪中道，斷奸構窮，罪之所在，雖強必刈，志有所守，雖威不移，吏畏其明而周欺，民信其令而必從。〔註30〕

從以上張知白奏疏及《筠州高安縣重修縣署記》可見中庸之道亦深入於宋代司法運行的過程之中，宋代司法官員不僅恪守中庸之道在情、理、法三者的平衡中作出司法判斷，而且謹守法律，雖強必刈，雖威不移，以其實際行動踐行中庸之道。

---

〔註27〕《歷代名臣奏議》卷三十五。
〔註28〕《歷代名臣奏議》卷九。
〔註29〕《續資治通鑑長編》卷五十三，咸平五年十一月庚申，第1155頁。
〔註30〕余靖撰《武溪集》卷六，《筠州高安縣重修縣署記》，影印文淵閣四庫全書本。

## 三、宋代司法的中庸理念及其方法

宋人的中庸之道，既蘊含著中庸的理性化觀念體系即理念，又包含著隨具體情況而「允執其中」即「時中」的方法，以下分而述之。

### （一）宋代司法審判的中庸理念

如前所論，中庸的核心是「中正不偏頗」，其最高境界是「中和」，這兩個層面的理念在宋人的言論中多有表現，現僅以《名公書判清明集》（以下簡稱《清明集》）所載「名公」的判詞爲對象加以考察。

在司法審判中，「中正不偏頗」是分清是非曲直的前提，倘若司法官員失去「中正」，失之偏頗，則官司不免冤濫。宋代司法官員認爲司法審判的「中正不偏頗」，首先要求司法官員去一己之私，以公心論案，因爲「官司爲國家行法、從公定斷」，〔註31〕若「私意一萌，則是非易位，」〔註32〕故「聽訟之法，公則平，私則偏。所謂私者，非必惟貨惟來也，止錄忿嫉多而哀矜少，則此心私矣，所以不能作平等觀。」〔註33〕只有在「去私」的基礎上，才可談論如何公平處斷以求和「中和」境界的問題。

在宋代司法官員看來，所謂司法審判的「中和」境界，即判決過程尤其是這一過程形成的判決結果須合法、合理、合情，這要求司法審判依傍法意，斟酌人情，平心決斷。以「據法」而論，《清明集》中所載判詞多有「在法」字樣，其下文皆爲審判官員所引現行法律條文，誠可爲明證。以「援情」而論，《清明集》所載判詞中多有論述，比如「庶幾覬覦之望塞，爭競之心息，人情、法理兩得其平，而詞訴亦可絕矣」〔註34〕之語，實際上，宋代司法官員多有以人情勸諭鄉民之舉，如胡穎遇「鄉鄰之爭勸以和睦」時，便說「人生在世，如何保得一生無橫逆之事，昔是平日有人情在鄉里，他自眾共相與遮蓋，大事也成小事，既是與鄉鄰仇隙，他便來尋針覓線、掀風作浪，小事也成大事矣。如此，則是今日之勝，乃爲他日之大不勝也。當職在鄉里，常常以此語教人，皆以爲至當之論。」〔註35〕以「合於理」而論，最典型的判詞爲「張運屬兄弟互訴墓田」，對於同一個祖父的張氏兩兄弟爲爭墓田而互訟一案，審判官員勸告雙方應當「各歸深思，翻然改悔，凡舊所釁隙，一切湔

---

〔註31〕《清明集》，第 376 頁。
〔註32〕《清明集》，第 2 頁。
〔註33〕《清明集》，第 361 頁。
〔註34〕《清明集》，第 267 頁。
〔註35〕《清明集》，第 393～394 頁。

洗，勿置胸中，深思同氣之義，與門戶之重，應憤悶事一切從公，與族黨共之，不必萌一毫私意。人家雍睦，天理昭著，他日自應光大，不必計此區區也。」〔註36〕

### （二）宋代司法審判的中庸方法：據法援情而合於理

宋代的司法官員依中庸之道據法援情而合於理作出判決自有其原因，一則國家法不可逾越，故法律是最主要的判斷依據，也是判決的邊界和底線，二則宋代雖然有興訟之風和健訟之徒的影響，但庶民畢竟不是個個精通法律，對法律的理解遠不如對情、理的揣摩那般直觀和形象，因此司法決斷之時，在法律的邊界和底線之內，只能是援情而合於理。

在這一模式之下，法律是必須首先遵循的依據和不容突破的底線，它是司法審判的「常經」，而情和理則是令判決結果能為庶民所接受的參照，其中情是司法審判的「權變」，理則是衡量據法援情判斷之結果是否正當的標準，宋代的司法審判往往呈現出這樣一種權不離經、經不離權，以經統權，以權補經的態勢，在此態勢之下，法、理、情三者各序其位而致中和，最終達到結案息訟之目的。這一點在《名公書判清明集》所載判詞之中多有體現：

以法為常經且合於理而論，則如胡穎（字石壁）在「侵用已檢校財產論如擅支朝廷封樁物法」判詞中稱「自當職到官以來，每事以理開曉，以法處斷，凡素稱險健者，率皆屈服退聽，未嘗有至再訟者。……本府之所處斷，……皆是按據條令。」〔註37〕蔡杭（字久軒）在判決一宗侵佔墓地的案件時有「一視同仁」之語，說「國家法禁，一視同仁，豈有所輕重哉！若劉自誠已安葬在彼，只當紹條監移、官司按法而行，若要如此委曲勸諭，幾時是了？」〔註38〕

以情為權變且合於理而論，則如范應鈴（字西堂）所論「祖宗立法，參之情理，無不曲盡。倘拂乎情，違乎理，不可以為法乎後世矣。……然斷天下之訟，盡於捨法而用禮，是以周公、孔子之道，日與天下磨礱浸灌，為羲皇之世矣。兩造具備，豈復有人。敕令格式之文不必傳，詳定一司之官不必建，條法事類之書不必編，申明指揮之目不必續，文人儒士固願為之，何待武弁始知有此。聖王垂訓，所以經世，祖宗立法，所以治訟，二者須並行而

---

〔註36〕《清明集》，第 858 頁。
〔註37〕《清明集》，第 281 頁。
〔註38〕《清明集》，第 328 頁。

不悖也。」〔註39〕

　　以下試舉一例以詳論在宋代司法審判中的中庸策略下法、理、情三者如何和諧的達到結案息訟之目的。

　　胡穎所判「兄弟之訟」，其全文如下：

　　　　鄒應龍兩月前曾當廳投狀，以訟其兄，當職覽其詞，觀其貌，便知其是一無理之人，書判之間已示懲戒之意。未幾，其兄應祥果訴其不恭，其弟應麟又訴其不友，竟不逃當職之所料。紾兄之臂而奪之食，猶且不可，況揮肱以折其齒，執梃以叩其脛乎？且應祥嘗養應龍之子爲子，已不幸短命而死，則又養其女以爲女矣、及笄而嫁之。爲兄如此，亦不可謂之不友矣。應龍何乃不念天顯，而不恭如此之甚邪？豈惟不恭而已哉，堂有慈親，年踰六十，義既乖於同氣，孝寧慰於母心，好貨財，私妻子之念一炎於中，遂至<u>不孝於母，不恭於兄，不友於弟，舉天下之大惡，一朝冒爲之而弗顧，若人也，眞禽獸之不若矣，尚何面目以戴天履地乎</u>！今應祥、應麟恐傷慈之懷，不欲終訟，固足以見不藏怒，不宿怨之心，但應龍罪惡不可勝誅，難盡從恕。<u>以恩掩義者，兄弟之至情也，明刑弼教者，有司之公法也，二者不可偏廢，鄒應龍從輕勘一百</u>。至若分產一節，雖曰在法，祖父母、父母在，子孫不許別籍異財，然紹熙三年三月九日戶部看詳，凡祖父母，父母願爲摽撥而照據者，合與行使，無出其說，以起爭端。應祥兄弟一戶財產，既是母親願爲摽撥，於此項中明指揮亦白無礙，今復混而爲一，固不失其爲美，但應龍頑嚚之心，終不可改，今日之美意，未必不復爲他日之屬階，固不若據摽撥，各自管業，以息紛爭之爲愈也。此非有司之所能決，母子、兄弟自擇利而圖之。〔註40〕

　　這一分家析產之案實起於二弟鄒應龍見大哥鄒應祥所得財產係出於三人之母「願爲摽撥」，遂覺不公，故先訟大哥鄒應祥，即使已遭懲戒，仍然不思悔改，對大哥鄒應祥揮肱折其齒、執梃叩其脛，遂爲大哥鄒應祥及三弟鄒應麟所訟，究其原因，在於鄒應龍「好財貨，私妻子」而「頑嚚之心，終不可改」。

〔註39〕《清明集》，第448～449頁。
〔註40〕《清明集》，第371～372頁，其文字下劃線爲筆者所加。

若僅從法律規定來看，因三兄弟在上有老母的情況下分家析產爲法律所不容——按《宋刑統》之規定，祖父母、父母在，子孫不得別居異財。然而鄒氏三兄弟之母在分家析產過程中「願爲標撥」，與紹熙三年三月九日戶部看詳之文相符，故官府應予受理。可見官府是否受理本案，其根本依據在於法律規定。出於同樣的原因——鑒於法律並未、亦無法對某一個案的財產分配額度作出詳細規定，胡穎亦明確指出家產分配的額度「非有司之所能決，母子、兄弟自擇利而圖之」。

倘若僅僅作此判決，便會導致是非不分，無法令當事人心服，亦無從平息兄弟紛爭。故胡穎轉而訴諸情、理，既舉鄒應龍「不孝」、「不恭」、「不友」三大惡狀，又對鄒應祥、鄒應麟「不藏怒，不宿怨」的慈懷加以褒揚，並對鄒應龍處以輕刑以示薄懲。實際上，胡穎對鄒應龍之惡行本可處以更重的刑罰，之所以「從輕勘一百」，實出於照顧「兄弟至情」——若嚴加責罰，以鄒應權「一無理之人」的慣狀，日後勢必再起紛爭而至兄弟之情盡毀。

由此可見，在此案中胡穎所作判決，充分體現出據法援情而合於理的中庸之道，使其判決於法、情、理三者無一偏廢，妥帖地寓教化庶民於解決兄弟爭訟的判決之中。實際上，胡穎認爲法、情、理三者本一脈相通，司法審判的旨趣恰恰蘊於三者的和諧之中，只有三者之和諧，才可眞正達到止爭息訟的「無弊」境界。這正如他在另一健訟之徒李邊贖田之訟的判詞中所言，「殊不知法意、人情，實同一體，徇人情而違法意，不可也，守法意而拂人情，亦不可也。權衡於二者之間，使上不違於法意，下不拂於人情，則通行而無弊矣。」〔註41〕雖然胡穎並未明說明「權衡於二者」之間的標準是什麼，但這一判詞的其他文字則明白無誤地點出了這一標準即公正、公平之理，在歷數健訟之徒李邊的種種惡跡之後，胡穎在書判中寫下這樣的判語：「採之輿論，皆謂其健訟有素，積罪已盈，倘於此時又獲幸免，則凡醜類惡物，好行凶德之人，稍識丁字者，皆得以士自名，而恣爲悖理傷道之事，官司終不得而誰何矣！此長惡之道也、豈爲政之方哉！」

在宋代士大夫的司法審判過程中，中庸之道既是作爲一種理念，亦是作爲一種方法，更是作爲一種高明的技巧而加以適用的。儘管從整體上觀察宋代的案件，可以發現法、情、理三者總是同時纏繞於案情之中，但就個案而言，每一案件中法、情、理三者各有不同，深入到案件事實中具體而微的細

節之後，如何運用中庸而達致結案息訟，很大程度上繫於司法官員自身的素質和能力，由此便不難理解爲什麼兩宋對於司法官員的選任至爲重視，進而理解宋代司法傳統中的中庸之道。同時，中庸之道在審判過程中的應用，不僅能促成司法官員從法、情、理三個向度更加全面地考察案件事實，以求得司法公正，另一方面也使得最終的法律判決更富人性色彩，進而令當事人順理成章地接受判決結果，從而消彌訴訟連年淹滯、難以結絕的弊端。宋朝創世垂統深三百餘年，其重要原因之一，就是兩宋皇帝與士大夫鑒於五代悍將驕兵左右司法而民不堪其苦，以獄訟清明爲「治道」之根本而著力於統治中貫徹中庸理念及其方法。

## 四、「中庸」之道的現代司法價值

總而言之，在制度設計、利益關聯、道德規範的制約之下，宋代司法審判的中庸理念及其方法大略表現爲司法官員以法律爲基礎，參酌情而合於理，依法審判以求得三者的圓融和諧，實現司法公正，進而取得良好社會效果。這種司法審判的模式誠爲今日中國司法審判所借鑒，換言之，今日之司法審判須以中庸的方法論一力貫徹，究其原因，大致有三：

其一，如前所論，中庸之道承認法、情、理的不同，並求得三者彼此之間的平衡與和諧。中國不乏以中庸之道化解、協調諸多社會矛盾，維持社會穩定之成功範例，其以「經」統「權」，以「權」保「經」的思想精華應爲今日轉型時期的中國司法審判所借鑒。

其二，實際上，社會的穩定，不可能經由一元的法律秩序的獨力而造成。這不僅是運用中庸之道所得到的認識結果，亦是歷史經驗現實的反映。司法審判的社會效果之好壞不獨由法律的判斷和適用爲唯一衡量標準，尤其是當前轉型時期的司法審判，必須直面多元文化背景下的諸多矛盾，故解決問題，自然以適用中庸方法爲宜。

其三，法、情、理三者，本無根基上的抵閡。今日的司法審判理念及其模式，大率舶來自西方，然驗諸事實，大略可知西方近代的司法審判亦不得不受到情、理之制約，更遑論中國是一個歷來重視情理傳統的大國了。

# 參考文獻

一、古籍類

1. （漢）司馬遷：《史記》，中華書局，1975 年。
2. （唐）房玄齡等撰：《晉書》，中華書局，1974 年。
3. （北齊）魏收等撰：《魏書》，中華書局，1974 年。
4. （梁）沈約：《宋書》，中華書局，1974 年。
5. （唐）魏徵：《隋書》，中華書局，1973 年。
6. （後晉）劉昫：《舊唐書》，中華書局，1975 年。
7. （宋）李昉等編：《太平廣記》，中華書局，1961 年。
8. （清）董誥等編：《全唐文》，中華書局，1983 年。
9. （宋）王欽若等編：《冊府元龜》，中華書局，1960 年。
10. （宋）歐陽修：《新五代史》，中華書局，1974 年。
11. （宋）歐陽修、宋祁等撰：《新唐書》，中華書局，1975 年。
12. （宋）王溥：《唐會要》，上海古籍出版社，2006 年。
13. （元）徐元端：《吏學指南》，楊訥點校，浙江古籍出版社，1988 年。
14. （唐）王梵志：《王梵志詩校輯》，張錫厚校輯，中華書局，1983 年。
15. 《中華傳世法典：唐律疏議》，劉俊文點校，法律出版社，1999 年。
16. 丁傳靖輯：《宋人軼事彙編》（上下冊），中華書局，2003 年版。
17. （清）王夫之：《宋論》，中華書局，1964 年。
18. （宋）司馬光：《資治通鑒》，中華書局，1956 年。
19. （宋）司馬光：《溫國文正司馬公文集》，四部叢刊初編本。
20. （宋）司馬光：《涑水記聞》，中華書局，1989 年。

21.（元）脫脫等：《宋史》（全四十冊），中華書局，1985年。

22.（宋）李燾：《續資治通鑑長編》（全二十冊），中華書局，2004年。

23.（清）黃以周等輯注、顧吉辰點校：《續資治通鑑長編拾補》（全四冊），中華書局，2004年版。

24.（清）徐松：《宋會要輯稿》（全八冊），中華書局，1957年。

25.（元）馬端臨：《文獻通考》（全二冊），中華書局，1986年。

26.（宋）李心傳：《建炎以來繫年要錄》（全四冊），中華書局，1988年。

27.（宋）李心傳：《建炎以來朝野雜記》，中華書局，2000年。

28. 國家圖書館善本金石組編：《宋代石刻文獻全編》（全四冊），北京圖書館出版社，2003年。

29.（宋）徐夢莘編：《三朝北盟會編》（全二冊），上海古籍出版社，1987年。

30.《宋大詔令集》，中華書局，1962年。

31. 四川大學古籍研究所編撰；曾棗莊、劉琳主編：《全宋文》（全三百六十冊），上海辭書出版社、安徽教育出版社，2006年。

32.（宋）謝深甫：《慶元條法事類》，戴建國點校，黑龍江人民出版社，2002年。

33.（宋）趙汝愚編：《宋朝諸臣奏議》，北京大學中古史研究中心校點整理，上海古籍出版社，1999年。

34. 佚名：《名公書判清明集》，中華書局，1987年。

35.（明）黃淮、楊士奇編：《歷代名臣奏議》，上海古籍出版社，1989年。

36.（宋）竇儀等撰：《宋刑統》，吳翔如點校，中華書局，1984年。

37.（宋）鄭樵撰：《通志》（全三冊），浙江古籍出版社，2000年。

38.（宋）黎靖德：《朱子語類》（全八冊），中華書局，1986年。

39.（宋）孟元老等：《東京夢華錄（外四種）》，上海古典文學出版社，1956年。

40.（宋）楊時撰，（明）程敏政編：《楊龜山先生全集》，臺灣學生書局，中華民國六十三年。

41.（宋）李元弼：《作邑自箴》，四部叢刊續編本。

42.（宋）陳襄：《州縣提綱》，叢書集成初編本。

43.（宋）胡太初：《晝簾緒論》，叢書集成初編本。

44.（宋）朱熹：《五朝名臣言行錄》，四部叢刊初編本。

45.（宋）司馬光：《司馬氏書儀》，叢書集成初編本。

46.（宋）戴表元：《剡源集》，四部叢刊初編本。

47.（宋）晁補之：《濟北晁先生雞肋集》，四部叢刊初編本。

48. （宋）袁采：《袁氏世範》，叢書集成初編本。

49. （宋）趙鼎：《家訓筆錄》，叢書集成初編本。

50. （宋）陸游：《放翁家訓》，叢書集成初編本。

51. （宋）真德秀：《西山先生真文忠公文集》，四部叢刊初編本。

52. （宋）陳淵：《默堂先生文集》，四部叢刊三編本。

53. （宋）文天祥：《文山先生全集》，四部叢刊初編本。

54. （宋）魏了翁：《鶴山先生大全集》，四部叢刊初編本。

55. （宋）朱熹：《晦庵先生朱文公文集》，四部叢刊初編本。

56. （宋）劉克莊，《後村先生大全集》，四部叢刊初編本。

57. （宋）范仲淹：《范文正公文集》，四部叢刊初編本。

58. （宋）陳傅良：《止齋先生文集》，四部叢刊初編本。

59. （宋）司馬光：《家範》，影印文淵閣四庫全書本。

60. （宋）陳著：《本堂集》，影印文淵閣四庫全書本。

61. （宋）薛季宣撰，薛旦編：《浪語集》，影印文淵閣四庫全書本。

62. （宋）胡寅：《斐然集》，影印文淵閣四庫全書本。

63. （宋）王藻：《浮溪集》，影印文淵閣四庫全書本。

64. （宋）樓鑰：《攻媿集》，影印文淵閣四部全書本。

65. （宋）蘇舜卿：《蘇學士集》，影印文淵閣四庫全書本。

66. （宋）陳文蔚：《克齋集》，影印文淵閣四庫全書本。

67. （宋）劉宰：《漫塘集》，影印文淵閣四庫全書本。

68. （宋）趙鼎：《忠正德文集》，影印文淵閣四庫全書本。

69. （宋）王洋：《東牟集》，影印文淵閣四庫全書本。

70. （宋）朱熹：《家禮》，影印文淵閣四庫全書本。

71. （宋）劉清之：《戒子通錄》，影印文淵閣四庫全書本。

72. （宋）孫覿：《鴻慶居士集》，影印文淵閣四庫全書本。

73. （宋）陳耆卿：《篔窗集》，影印文淵閣四庫全書本。

74. （宋）蘇頌撰、蘇攜編：《蘇魏公文集》，影印文淵閣四庫全書本。

75. （宋）劉攽：《彭城集》，影印文淵閣四庫全書本。

76. （宋）趙與時：《賓退錄》，影印文淵閣四庫全書本。

77. （宋）周煇：《清波別志》，影印文淵閣四庫全書本。

78. （宋）鄭剛中撰：《北山文集》，影印文淵閣四庫全書本。

79. （宋）胡宏撰、胡大時（編）：《五峰集》，影印文淵閣四庫全書本。

80. （宋）陳淳撰、陳榘編：《北溪大全集》，影印文淵閣四庫全書本。

81. （宋）張方平：《樂全集》，影印文淵閣四庫全書本。

82. （宋）陳藻撰、林希逸編：《樂軒集》，影印文淵閣四庫全書本。

83. （宋）王禹偁：《小畜集》，影印文淵閣四庫全書本。

84. （宋）歐陽守道：《巽齋文集》)，影印文淵閣四庫全書本。

85. （宋）蘇洵：《嘉祐集》，影印文淵閣四庫全書本。

86. （宋）游九言：《默齋遺稿》，影印文淵閣四庫全書本。

87. （宋）高斯得：《恥堂存稿》，影印文淵閣四庫全書本。

88. （宋）韓元吉：《南澗甲乙稿》，影印文淵閣四庫全書本。

89. （宋）呂祖謙撰：《東萊集》，影印文淵閣四庫全書本。

90. （宋）呂祖謙編：《宋文鑒》，影印文淵閣四庫全書本。

91. （宋）蔡戡撰：《定齋集》，影印文淵閣四庫全書本。

92. （宋）范濬撰：《香溪集》，影印文淵閣四庫全書本。

93. （宋）黃榦：《勉齋集》，影印文淵閣四庫全書本。

94. （宋）洪适：《盤洲文集》，影印文淵閣四庫全書本。

95. （宋）黃震：《黃氏日抄》，影印文淵閣四庫全書本。

96. （宋）袁燮：《絜齋集》，影印文淵閣四庫全書本。

97. （宋）郭彖：《睽車志》，影印文淵閣四庫全書本。

98. （宋）張舜民：《畫墁集》，影印文淵閣四庫全書本。

99. （宋）家鉉翁撰：《則堂集》，影印文淵閣四庫全書本。

100. （宋）吳曾：《能改齋漫錄》，影印文淵閣四庫全書本。

101. （宋）劉才邵：《檆溪居士集》，影印文淵閣四庫全書本。

102. （宋）劉跂：《學易集》，影印文淵閣四庫全書本。

103. （宋）張栻撰、朱熹編：《南軒集》，影印文淵閣四庫全書本。

104. （宋）秦觀：《淮海集》，影印文淵閣四庫全書本。

105. （宋）陳起編：《江湖小集》，影印文淵閣四庫全書本。

106. （宋）謝逸：《溪堂集》，影印文淵閣四庫全書本。

107. （宋）鄭獬：《郎溪集》，影印文淵閣四庫全書本。

108. （宋）王得臣：《麈史》，影印文淵閣全書本。

109. （宋）洪咨夔：《平齋集》，影印文淵閣四庫全書本。

110. （宋）林季仲：《竹軒雜著》，影印文淵閣四庫全書本。

111. （宋）張端義：《貴耳集》，影印文淵閣四庫全書本。

112. （宋）王柏：《魯齋集》，影印文淵閣四庫全書本。

113. （宋）朱彧：《萍州可談》，叢書集成初編本。

114. （宋）洪邁：《夷堅志》（全四冊），中華書局，1981 年。

115. （宋）洪邁：《容齋隨筆》（上下冊），中華書局，2005 年。

116. （宋）江少虞：《宋朝事實類苑》，上海古籍出版社，1981 年。

117. （宋）邵博：《邵氏聞見後錄》，中華書局，1983 年。

118. （宋）蘇轍：《欒城集》，上海古籍出版社，1987 年。

119. （宋）蘇軾：《蘇東坡全集》，中國書店，1986 年。

120. （宋）蘇軾：《蘇軾文集》，中華書局，1986 年。

121. （元）陶宗儀：《說郛》，中國書店，1986 年。

122. （宋）葉夢得：《石林燕語》，中華書局，1984 年。

123. （宋）王安石，《王文公文集》，上海人民出版社，1974 年。

124. （宋）陸游：《陸放翁全集》，中國書店，1986 年。

125. （宋）陸游：《陸遊集》，中華書局，1976 年。

126. （宋）李攸：《宋朝事實》，上海商務印書館，中華民國二十四年。

127. （宋）鄭克編撰：《折獄龜鑒譯注》，劉俊文譯注點校，上海古籍出版社，1988 年。

128. （宋）楊萬理：《誠齋集箋校》，中華書局，2007 年。

129. （宋）葉適：《葉適集》，中華書局，1961 年。

130. （宋）李覯：《李覯集》，中華書局，1981 年。

131. （宋）莊綽：《雞肋編》，中華書局，1983 年。

132. （宋）程顥、程頤：《二程集》，中華書局，2004 年版。

133. （宋）彭乘輯撰，《墨客揮犀》，中華書局，2002 年。

134. （宋）張載：《張載集》，中華書局，1978 年。

135. （宋）吳處厚：《青箱雜記》，中華書局，1985 年。

136. （宋）周敦頤：《周敦頤集》，中華書局，1990 年。

137. （宋）陳亮：《陳亮集》，中華書局，1987 年。

138. （宋）陸九淵：《陸九淵集》，中華書局，1980 年。

139. （宋）邵伯溫：《邵氏聞見錄》，中華書局，1983 年。

140. （宋）曾鞏：《曾鞏集》，中華書局，1984 年。

141. （宋）葉紹翁：《四朝聞見錄》，中華書局，1989 年。

142. （宋）魏泰：《東軒筆錄》，中華書局，1983 年。

143. （宋）趙令畤：《侯鯖錄》，中華書局，2002 年。

144. （宋）趙彥衛：《雲麓漫鈔》，中華書局，1996 年。

145. （宋）羅大經：《鶴林玉露》，中華書局，1983 年。

146. （宋）王辟之：《澠水燕談錄》，中華書局，1981 年。

147. （宋）周密：《癸辛雜識》，中華書局，1988 年。

148. （宋）周密：《齊東野語》，中華書局，1988 年。

149. （宋）陸游：《老學庵筆記》，中華書局，1979 年。

150. （宋）岳珂：《桯史》，中華書局，1981 年。

151. （宋）王栐：《燕翼詒謀錄》，中華書局，1981 年。

152. （宋）王銍：《默記》，中華書局，1981 年。

153. （宋）文瑩：《玉壺清話》，中華書局，1984 年。

154. （宋）范公偁：《過庭錄》，中華書局，2002 年。

155. （宋）歐陽永叔：《歐陽修全集》，中國書店，1986 年。

156. （宋）桂萬榮編撰，（明）吳訥刪正、續補：《棠陰比事選》，群眾出版社，1990 年。

157. 唐耕耦、陸宏基編：《敦煌社會經濟文獻真跡釋錄》，全國圖書館文獻縮微複製中心，1990 年。

158. 陳柏泉編著：《江西出土墓誌選編》，江西教育出版社，1991 年。

159. （清）陳登原：《國史舊聞》，中華書局，2000 年。

160. （宋）朱熹、呂祖謙編：《近思錄》，查洪德注譯，中州古籍出版社，2008 年。

161. （宋）司馬光：《司馬光奏議》，山西人民出版社，1986 年。

162. （清）潘永因：《宋稗類鈔》，書目文獻出版社，1985 年。

163. （宋）杜大矽：《名臣碑傳琬琰集》，上海古籍出版社，1990 年。

164. （明）陳邦瞻：《宋朝紀事本末》（全三冊），中華書局，1977 年。

165. （宋）孫應時纂修、鮑廉增補、（元）盧鎮續修：《琴川志》，宋元方志叢刊本。

166. （宋）范成大纂修：《吳郡志》，宋元方志叢刊本。

167. （宋）潛說友纂修：《咸淳臨安志》，宋元方志叢刊本。

168. （宋）趙不悔修，羅願纂：《新安志》，宋元方志叢刊本。

169. （宋）馬光祖修、周應合纂：《景定建康志》，宋元方志叢刊本。

170. （元）馬澤修，袁桷纂：《延祐四明志》，宋元方志叢刊本。

171. （宋）梁克家纂修：《淳熙三山志》，宋元方志叢刊本。

172. （宋）陳耆卿纂，齊碩等修：《嘉定赤誠志》，宋元方志叢刊本。

## 二、今人專著類

1. 包偉民：《傳統中國與社會960～1279年》，商務印書館2009年版。
2. 陳植鍔：《北宋文化史論》，中國社會科學出版社，1992年。
3. 陳景良等著：《當代中國法律思想史》，河南大學出版社，1998年。
4. 陳顧遠：《中國婚姻史》，商務印書館，1936年。
5. 陳振：《宋史》，上海人民出版社，2003年。
6. 陳志英：《宋代物權關係研究》，中國社會科學出版社，2006年。
7. 程民生：《宋代地域經濟》，河南大學出版社，1992年。
8. 程民生：《宋代地域文化》，河南大學出版社，1997年。
9. 程漢大主編：《英國法制史》，齊魯書社，2001年。
10. 柴榮：《中國古代物權法研究：以土地關係爲研究視覺》，中國檢察出版社，2007年。
11. 陸敏珍：《唐宋時期明州區域社會經濟研究》，上海古籍出版社，2007年。
12. 鄧小南：《祖宗之法——北宋前期政治述略》，三聯書店，2006年。
13. 杜維運：《變動世界中的史學》，北京大學出版社，2006年。
14. 戴建國：《宋代法制初探》，黑龍江人民出版社，2000年。
15. 樊崇義主編：《證據法學》，法律出版社，2003年。
16. 范忠信：《中國法律傳統的基本精神》，山東人民出版社，2001年。
17. 范愉：《糾紛解決的理論與實踐》，清華大學出版社，2007年版。
18. 馮友蘭：《貞元六書》，華東師範大學出版社，1996年。
19. 馮爾康等著：《中國宗族社會》，浙江人民出版社，1994年。
20. 費成康：《中國的家法族規》，上海社會科學院出版社，1998年。
21. 費孝通：《鄉土中國》，三聯書店，1985年。
22. 高其才：《中國習慣法論》，中國法制出版社，2008年。
23. 高道蘊等編：《美國學者論中國法律傳統》，清華大學出版社，2004年。
24. 高楠：《宋代民間財產糾紛與訴訟問題研究》，雲南大學出版社，2009年。
25. 郭成偉主編：《官箴書點評與官箴文化研究》，中國法制出版社，2005年。
26. 郭學信：《宋代士大夫文化品格與心態》，天津人民出版社，1997年。
27. 郭建：《中國財產法史稿》，中國政法大學出版社，2005年。
28. 郭道暉：《法理學精義》，湖南人民出版社，2005年。
29. 郭明瑞、房紹坤：《繼承法》，法律出版社，2003年。
30. 郭東旭：《宋代法制研究》，河北大學出版社，1997年版。

31. 郭東旭：《宋代法律與社會》，人民出版社，2008 年。

32. 郭東旭：《宋朝法律史論》，河北大學出版社，2001 年。

33. 顧元：《衡平司法與中國傳統法律秩序——兼與英國衡平法相比較》，中國政法大學出版社，2006 年。

34. 葛兆光：《中國思想史》（兩卷本），復旦大學出版社，2001 年。

35. 龔汝富：《明清訟學研究》，商務印書館，2008 年。

36. 谷更有：《唐宋國家與鄉村社會》，中國社會科學出版社，2006 年。

37. 胡旭晟：《解釋性的法史學——以中國傳統法律文化的研究爲側重點》，中國政法大學出版社，2004 年。

38. 何俊、范立舟：《南宋思想史》，上海古籍出版社，2008 年。

39. 何勤華：《中國法學史》（三卷本），法律出版社，2006 年。

40. 何忠禮：《科舉與宋代社會》，商務印書館，2006 年。

41. 何忠禮：《宋代政治史》，浙江大學出版社，2007 年。

42. 黃宗智：《清代的法律、社會與文化：民法的表達與實踐》，上海書店出版社，2001 年。

43. 黃寬重：《宋代的家族與社會》，國家圖書館出版社，2009 年。

44. 黃雲鶴：《唐宋下層士人研究》，河北人民出版社，2006 年。

45. 金毓黻：《宋遼金史》，上海商務印書館，1946 年。

46. 姜錫東：《宋代商人和商業資本》，中華書局，2002 年。

47. 姜密：《宋代「繫官田產」研究》，中國社會科學出版社，2006 年。

48. 江偉主編：《民事訴訟法》，高等教育出版社、北京大學出版社，2000 年。

49. 孔慶明等：《中國民法史》，吉林人民出版社，1996 年。

50. 柳詒徵：《中國文化史》，東方出版中心，1988 年。

51. 柳立言：《宋元時代的法律思想與社會》，國立編譯館，中華民國九十年。

52. 柳立言：《宋代的家庭與法律》，上海古籍出版社，2008 年。

53. 劉馨珺：《明鏡高懸——南宋縣衙的獄訟》，北京大學出版社，2007 年。

54. 劉俊文主編：《日本學者研究中國史論著選譯》第五卷《五代宋元》，索介然譯，中華書局，1993 年。

55. 李淑媛：《爭財競產——唐宋的家產與法律》，北京大學出版社，2007 年。

56. 李偉國：《宋代的財政和文獻考論》，上海古籍出版社，2007 年。

57. 李可：《宗教社會糾紛的解決機制——唐宋專題研究》，法律出版社，2009。

58. 李交法：《中國訴訟法史》，中國檢察出版社，2002 年。

59. 李志民：《中國古代民法》，法律出版社，1988 年。

60. 林文勳、谷更有：《唐宋鄉村社會力量與基層力量控制》，雲南大學出版社，2005 年。

61. 林端：《韋伯論中國傳統法律——韋伯比較社會學批判》，三民書局，2003 年。

62. 梁啓超：《中國歷史研究法》，東方出版社，1996 年。

63. 呂世倫主編：《西方法律思潮源流論》，中國人民大學出版社，2008 年。

64. 呂志興：《宋代法律特點研究》，四川大學出版社，2001 年。

65. 呂志興：《宋代法律體系與中華法系》，四川大學出版社，2009 年。

66. 毛國權：《宗法結構與中國古代民事爭議解決機制》，法律出版社，2007 年。

67. 馬小紅：《禮與法：法的歷史連接》，北京大學出版社，2004 年。

68. 《馬克思恩格斯選集》第四卷，人民出版社，1972 年。

69. 馬克思：《資本論》第三卷，人民出版社，1975 年。

70. 瞿同祖：《中國法律與中國社會》，中華書局，2003 年。

71. 漆俠：《中國經濟通史·宋代經濟卷》（上下冊），經濟日報出版社，1999 年。

72. 屈超立：《宋代地方政府民事審判職能研究》，巴蜀書社，2003 年。

73. 宋昌斌：《中國古代戶籍制度史稿》，三秦出版社，1991 年。

74. 史鳳儀：《中國古代家族與身份》，社會科學文獻出版社，1999 年。

75. 臺灣宋代官箴研讀會：《宋代社會與法律——〈名公書判清明集討論〉》，東大圖書公司，中華民國九十年。

76. 吳松弟：《南宋人口史》，上海古籍出版社，2008 年。

77. 王銘銘著、（英）王斯福主編：《鄉土社會的秩序、公正與權威》，中國政法大學，1997 年。

78. 汪聖鐸：《宋代社會生活研究》，人民出版社，2007 年。

79. 汪習根主編：《法律理念》，武漢大學出版社，2006 年。

80. 王玉波：《中國古代的家》，商務印書館國際有限公司，1995 年版。

81. 王善軍：《宋代宗族和宗族制度研究》，河北教育出版社，2000 年版。

82. 王曉龍：《宋代提點刑獄司制度研究》，人民出版社，2008 年。

83. 王雲海主編：《宋代司法制度》，河南大學出版社，1992 年。

84. 肖建新：《宋代法制文明研究》，安徽省人民出版社，2008 年。

85. 徐楊傑：《中國家族制度史》，人民出版社，1992 年。

86. 謝暉：《中國古典法律解釋的哲學向度》，中國政法大學出版社，2005 年。

87. 薛梅卿、趙曉耕：《兩宋法制通論》，法律出版社，2002 年。

88. 薛梅卿：《宋刑統研究》，法律出版社，1998 年。

89. 薛梅卿、趙曉耕：《兩宋法制通論》，法律出版社，2002 年版。

90. 刑鐵：《宋代家庭研究》，上海人民出版社，2005 年版。

91. 刑鐵：《家產繼承史論》，雲南大學出版社，2000 年。

92. 向燕南、張越編著：《勸孝——忍者的回報；俗約——教化的基礎》，中央民族大學出版社，1996 年。

93. 姚瀛艇：《宋代文化史》，河南大學出版社，1992 年。

94. 楊洪烈：《中國法律思想史》，中國政法大學出版社，2003 年。

95. 葉坦、蔣松岩著：《宋遼夏金元文化史》，東方出版中心，2007 年。

96. 葉孝信主編：《中國民法史》，上海人民出版社，1993 年。

97. 余英時：《士與中國文化》，上海人民出版社，1997 年。

98. 余英時：《朱熹的歷史世界——宋代士大夫政治文化的研究》，三聯書店，2004 年。

99. 俞榮根：《道統與法統》，法律出版社，1999 年。

100. 尤韶華：《中國法制史考證》甲編第五卷《歷代法制考‧宋遼金元法制考》，中國社會科學出版社，2003 年。

101. 張邦煒：《宋代婚姻家族試論》，人民出版社，2003 年。

102. 張晉藩：《中華法制文明的演進》，中國政法大學，1999 年。

103. 張晉藩：《中國民事訴訟制度史》，巴蜀書社，1995 年。

104. 張晉藩：《中國法律的傳統與近代轉型》，法律出版社，1997 年。

105. 張晉藩、郭成偉主編：《中國法制通史》第五卷宋，法律出版社，1999 年。

106. 張文顯主編：《法理學》，高等教育出版社、北京大學出版社，1999 年。

107. 張曉宇：《奩中物：宋代在室女「財產權」之形態與意義》，江蘇教育出版社，2008 年版。

108. 張中秋：《中西法律文化比較研究》，中國政法大學出版社，2006 年。

109. 張希清等：《宋朝典章制度》，吉林文史出版社，2001 年。

110. 張希清等主編：《10～13 世紀中國文化的碰撞與融合》，上海人民出版社，2006 年。

111. 周揚波：《宋代士紳結社研究》，中華書局，2008 年。

112. 朱瑞熙等著：《宋遼西夏金社會生活史》，中國社會科學出版社，1998 年。

113. 鄭學檬：《中國古代經濟重心南移和唐宋江南經濟研究》，嶽麓書社，2003年。

114. 趙旭東：《糾紛與糾紛解決原論——從成因到理論的深度分析》，北京大學出版社，2009年。

115. 鄒重華、栗品孝主編：《宋代四川家族與學術論集》，四川大學出版社，2005年。

116. 朱景文主編：《法社會學》，中國人民大學出版社，2005年。

117. （日）滋賀秀三等著：《明清時期的民事審判與民間契約》，王亞新等譯，法律出版社，1998年。

118. （日）滋賀修三：《中國家族法原理》，張建國、李力譯，法律出版社，2003年。

119. （日）斯波義信：《宋代江南經濟史研究》，方健等譯，江蘇人民出版社，2010年。

120. （美）馬丁·P·戈爾丁：《法律哲學》，齊海濱譯：三聯書店，1987年。

121. （意）密拉格利亞：《比較法律哲學》（下冊），朱敏章等譯，上海商務印書館，1940年。

122. （美）E·博登海默：《法理學：法律哲學與法律方法》，鄧正來譯，中國政法大學出版社，2004年。

123. （德）考夫曼：《法律哲學》，劉幸義等譯，法律出版社，2004年。

124. （意）貝奈戴托·克羅齊：《歷史的理論和實際》，傅任敢譯，北京商務印書館，1982年。

125. （法）勒內·達維德：《當代主要法律體系》，漆竹生譯，上海譯文出版社，1984年。

126. （美）伯爾曼：《法律與宗教》，梁治平譯，中國政法大學出版社，2003年。

127. （法）謝和耐：《中國社會史》，耿昇譯，江蘇人民出版社，1995年。

128. （美）賈志揚：《宋代科舉》，東大圖書股份有限公司，1995年。

129. （美）伊沛霞：《內闈——宋代的婚姻和婦女生活》，胡志宏譯，江蘇人民出版社，2004年。

130. （美）康芒斯：《制度經濟學》，於樹生譯，商務印書館，1967年。

131. 白凱：《中國的婦女與財產：960～1949》，上海書店出版社，2007年。

132. （德）馬克斯·韋伯：《儒教與道教》，洪天富譯，江蘇人民出版社，2003年。

133. （法）米歇爾·福柯：《規訓與懲罰》，劉北成、楊遠纓譯，三聯書店，1999年。

134. （英）安東尼・吉登斯：《民族——國家與暴力》，胡宗澤等譯，三聯書店，1998 年。

## 三、論文類

1. 畢巍明：《宋代的土地權利與國家》，中南財經政法大學法學院 2009 年博士論文。

2. 包偉民、尹成波：《宋代「別籍異財法」的演變及其原因闡釋》，《浙江大學學報（人文社會科學版）》，2009 年第 3 期。

3. 陳明光、毛蕾：《唐宋以來的牙人與田宅典當買賣》，《中國史研究》2000 年第 4 期。

4. 陳智超：《宋代的書鋪與訟師》，載陳智超：《陳智超自選集》，安徽大學出版社，2003 年。

5. 陳剛：《南宋江南士大夫與江南法律秩序的構建》，中南財經政法大學法學院 2009 年博士論文。

6. 陳景良：《試論宋代士大夫的法律觀念》，《法學研究》1996 年第 6 期。

7. 陳景良：《試論宋代士大夫司法活動中的德性原則與審判藝術——中國傳統法律文化研究之二》，《法學》1997 年第 6 期。

8. 陳景良：《文學法理、咸精其能——試論兩宋士大夫的法律素養》（上、下），《南京大學法律評論》1996 年秋季號、1997 年春季號。

9. 陳景良：《反思法律史研究中的「類型學」方法——中國法律史研究的另一種思路》，載《法商研究》2004 年第 5 期。

10. 陳景良：《訟師與律師：中西司法傳統的差異及其意義——立足中英兩國 12～13 世紀的考察》，《中國法學》2001 年第 3 期。

11. 陳景良：《訟學、訟師與士大夫：宋代司法傳統的轉型及其意義》，《河南省政法管理幹部學院學報》2002 年第 1 期。

12. 陳景良：《士大夫與宋代法律文化》，載李鳴主編：《青藍集》，法律出版社，2002 年。

13. 陳景良：《宋代司法傳統的現代解讀》，《中國法學》2006 年第 3 期。

14. 陳景良：《宋代「法官」、「司法」和「法理」考略——兼論宋代司法傳統及其歷史轉型》，《法商研究》2006 年第 1 期。

15. 陳志英：《宋代民間物權關係的家族主義特徵》，《河北法學》2006 年第 3 期。

16. 陳明光：《試論漢宋時期農村「計貲定課」的制度性缺陷》，《文史哲》2007 年第 2 期。

17. 陳曉楓、柳正權：《中國法制史研究世紀回眸》，《法學評論》2001 年第 2 期。

18. 杜正勝：《傳統家族試論》，載黃寬重、劉增貴主編：《家族與社會》，中國大百科全書出版社，2005 年。

19. 鄧勇：《論中國古代法律生活中的「情理場」——從〈名公書判清明集〉出發》，《法制與社會發展》2004 年第 5 期。

20. 鄧建鵬：《健訟與賤訟——兩宋以降民事訴訟中的矛盾》，《中外法學》2003年第 6 期。

21. 戴建國：《宋代的公正機構——書鋪》，《中國史研究》1988 年第 4 期。

22. 戴建國：《宋代的田宅交易投稅憑由和官印田宅契書》，《中國史研究》2001年第 3 期。

23. 范忠信：《健全的糾紛解決機制決定和諧社會——傳統中國社會治理模式對我們的啓示》，《北方法學》2007 年第 2 期。

24. 高楠：《宋代的家庭經濟糾紛》，河北師範大學 2002 年碩士學位論文。

25. 高楠《宋代民間財產糾紛與訴訟研究》，河北大學 2005 年博士學位論文。

26. 高楠、宋燕鵬：《墓田上訴——一項南宋民間訴訟類型的考察》，《安徽師範大學學報（人文社會科學版）》，2009 年第 1 期。

27. 高珣：《南宋民事法制與社會變遷》，載王立民主編：《中國法律與社會》，北京大學出版社，2006 年。

28. 顧旻娜：《宋代立嗣制度研究》，華東政法學院 2007 年碩士學位論文。

29. 郭東旭：《南宋的越訴之法》，《河北大學學報（哲學社會科學版）》1988年第 3 期。

30. 郭東旭：《宋代財產繼承法初探》，載漆俠主編：《宋代研究論叢》，河北大學出版社，1989 年。

31. 郭東旭：《宋代之訟學》，載漆俠主編：《宋史研究論叢》，河北大學出版社，1990 年。

32. 郭東旭：《宋代買賣契約制度的發展》，《河北大學學報（哲學社會科學版）》1997 年第 3 期。

33. 郭東旭、鄭迎光：《宋朝司法腐敗現象簡論》，《河北大學學報（哲學社會科學版）》2005 年第 5 期。

34. 郭東旭、王瑞蕾：《南宋儒家化法官的法治理念與司法實踐——以理學家胡穎爲例》，《河北大學學報（哲學社會科學版）》2007 年第 4 期。

35. 郭東旭、黃道誠：《宋代檢驗制度探微》，《河北法學》2008 年第 7 期。

36. 郭東旭、左霞：《宋代訴訟證據辨析》，《河北師範大學學報（哲學社會科學版）》2008 年第 6 期。

37. 郭東旭、魏磊：《宋代『乾證人』的法制境遇透視》，《河北大學學報（哲學社會科學版）》2008 年第 3 期。

38. 郭學信：《試論宋代士大夫的入世精神》，《西北師大學報（社會科學版）》2003 年第 4 期。

39. 黃冬雲：《宋代孀婦財産權淺析》，華東政法學院 2007 年碩士學位論文。

40. 金麗麗：《唐宋同居共財大家庭》，河北師範大學 2002 年碩士學位論文。

41. 劉小霞：《宋代家族財産析分研究》，陝西師範大學 2007 年碩士學位論文。

42. 劉馨珺：《爭山盜葬——唐宋墓田法令演變之探析》，載高明士編：《東亞傳統家禮、教育與國法（二）：家内秩序與國法》，華東師範大學出版社，2008 年。

43. 呂變庭：《『隨嫁田』與宋代富家婦女的經濟地位》，《史學月刊》2009 年第 3 期。

44. 呂志興：《宋代立嗣制度探析》，現代法學 2001 年第 3 期。

45. 李錫厚：《宋代私有田宅的親鄰權利》，《中國社會科學院研究生院學報》1999 年第 1 期。

46. 李智萍：《宋代女戶研究》，河南大學 2004 年碩士學位論文。

47. 李華：《宋代證據制度研究》，河北大學 2003 年碩士學位論文。

48. 雷家宏：《宋朝爭訟簡論》，載漆俠主編：《宋史研究論文集》，河北大學出版社，2002 年。

49. 雷家宏：《從民間爭訟看宋朝社會》，《貴州師範大學學報（社科版）》2001 年第 3 期。

50. 雷家宏：《北宋至晚清民間爭訟解決方式的文化考察》，《船山學刊》2003 年第 4 期。

51. 莫家齊：《從〈名公書判清明集〉看宋朝的繼承制度》，《法學雜誌》1986 年第 4 期。

52. 馬泓波：《〈宋會要輯稿·刑法〉整理與研究》，陝西師範大學 2005 年博士論文。

53. 裴汝誠：《宋代的『代寫狀人』和『寫狀抄書鋪』——讀〈名公書判清明集〉札記》，載《半粟集》，河北大學出版社，2000 年。

54. 屈超立：《宋代民事上訴案件的上訴程序考述》，《現代法學》2003 年第 2 期。

55. 宋東俠：《宋代厚嫁述論》，《蘭州大學學報（社會科學版）》2003 年第 2 期。

56. 唐代劍：《試論宋代大家庭的社會職能》，《社會科學》1993 年第 7 期。

57. 譚景玉：《宋代鄉村社會的多元權威——以民間糾紛的調解爲例》，《宋遼金元史》2007 年第 3 期。

58. 魏天安：《宋代的戶絕繼承法》，《中州學刊》2005 年第 3 期。

59. 魏天安：《宋代〈戶絕條貫〉考》，《中國經濟史研究》1988 年第 3 期。

60. 魏天安：《論宋代的親鄰法》，《中州學刊》2007 年第 4 期。

61. 魏道明：《中國古代遺囑繼承制度質疑》，載《歷史研究》2000 年第 6 期。

62. 王曾瑜：《宋朝的坊廓戶》，載《宋遼宋史論叢》（第一輯），中華書局，1985 年。

63. 王志強：《〈名公書判清明集〉法律思想初探》，《法學研究》1997 年第 5 期。

64. 王志強：《南宋司法裁判中的價值取向——南宋書判初探》，《中國社會科學》1998 年第 6 期。

65. 王善軍：《宋代家庭結構初探》，《社會科學戰線》2000 年第 3 期。

66. 王善軍：《從〈名公書判清明集〉看宋代的宗祧繼承與財產繼承的關係》，《中國社會經濟史研究》1998 年第 2 期。

67. 許懷林：《宋代福建的民間訴訟》，《福州師專學報（社會科學版）》2001 年第 6 期。

68. 許懷林：《宋代民風好訟的成因分析》，《宜春學院學報（社會科學）》2002 年第 1 期。

69. 刑鐵：《宋代的財產遺囑繼承問題》，《歷史研究》1992 年第 6 期。

70. 刑鐵：《宋代的奩田與墓田》，《中國社會經濟史研究》1993 年第 4 期。

71. 刑鐵：《從家產繼承方式說我國古代的所有制形式——以唐宋為中心的考察》，《中國經濟史研究》2007 年第 3 期。

72. 袁俐：《宋代女性財產權述論》，載杭州大學歷史系宋史研究室所編：《宋史研究集刊》（第二集），1988 年。

73. 俞江：《關於「古代中國有無民法」問題的再思考》，《現代法學》2001 年第 6 期。

74. 俞江：《近代中國的分家習慣與繼承法移植》，載王立民主編：《中國法律與社會》，北京大學出版社，2006 年。

75. 張國剛：《「唐宋變革」與中國歷史分期問題》，《史學集刊》2006 年第 8 期。

76. 張正印：《宋代獄訟胥吏研究》，中南財經政法大學法學院 2008 年博士論文。

77. 張文勇：《南宋州縣民事審判研究》，中南財經政法大學法學院 2008 年博士論文。

78. 張本順：《論宋代「田宅牙人」之弊及其法律控制》，《東嶽論叢》2009 年第 6 期。

79. 張本順：《無訟理想下的宋代訟師》，《社會科學戰線》2009 年第 5 期。

80. 顒靜莉：《眞德秀政法思想研究》，河北大學 2006 年碩士學位論文。

81. 鄭定、柴榮：《兩宋土地交易中的若干法律問題》，《江海學刊》2002 年第 6 期。

82. 趙曉耕：《試論宋代的民事法律規範》，《法學研究》1986 年第 3 期。

83. 趙曉耕：《兩宋法律中的田宅細故》，《法學研究》2001 年第 2 期。

84. （日）宮崎市定：《宋元時期的法制與審判機構——〈元典章〉的時代背景及社會背景》，載（日）川村康主編：《中國法制史考證》丙編第三卷《日本學者考證中國法制史重要成果選譯宋遼西夏元卷》，姚榮濤譯，中國社會科學出版社，2003 年。

85. （日）佐立治人：《〈清明集〉的『法意』與『人情』——由訴訟當事人進行解釋的法律痕跡》，載（日）川村康主編：《中國法制史考證》丙編第三卷《日本學者考證中國法制史重要成果選譯宋遼西夏元卷》，姚榮濤譯：中國社會科學出版社，2003 年。